*A presença dos mitos
em nossas vidas*

FUNDAÇÃO EDITORA DA UNESP

Presidente do Conselho Curador
Mário Sérgio Vasconcelos

Diretor-Presidente
José Castilho Marques Neto

Editor-Executivo
Jézio Hernani Bomfim Gutierre

Superintendente Administrativo e Financeiro
William de Souza Agostinho

Assessores Editoriais
João Luís Ceccantini
Maria Candida Soares Del Masso

Conselho Editorial Acadêmico
Áureo Busetto
Carlos Magno Castelo Branco Fortaleza
Elisabete Maniglia
Henrique Nunes de Oliveira
João Francisco Galera Monico
José Leonardo do Nascimento
Lourenço Chacon Jurado Filho
Maria de Lourdes Ortiz Gandini Baldan
Paula da Cruz Landim
Rogério Rosenfeld

Editores-Assistentes
Anderson Nobara
Jorge Pereira Filho
Leandro Rodrigues

MARY MIDGLEY

A presença dos mitos em nossas vidas

Com novo prefácio da autora

Tradução
Alzira Allegro

© 2004 Mary Midgley. Todos os direitos reservados
Tradução autorizada da edição em inglês publicada pela Routledge,
membro da Taylor & Francis Group.
© 2014 Editora Unesp
Título original: *The Myths We Live By*

Direitos de publicação reservados à:

Fundação Editora da Unesp (FEU)
Praça da Sé, 108
01001-900 – São Paulo – SP
Tel.: (0xx11) 3242-7171
Fax: (0xx11) 3242-7172
www.editoraunesp.com.br
www.livrariaunesp.com.br
feu@editora.unesp.br

CIP – Brasil. Catalogação na publicação
Sindicato Nacional dos Editores de Livros, RJ

M573p
Midgley, Mary, 1919-
  A presença dos mitos em nossas vidas / Mary Midgley; tradução
Alzira Allegro. – 1. ed. – São Paulo: Editora Unesp, 2014.

  Tradução de: *The Myths We Live By*
  ISBN 978-85-393-0581-0

  1. Mitologia – Psicologia.   2. Filosofia.   I. Título.

14-16451
                                    CDD: 155.3
                                    CDU: 159.922.1

Editora afiliada:

Para Eva, em retribuição a muitos mitos maravilhosos.

Sumário

Agradecimentos . 9

Prefácio à edição da Routledge Classics . 13

1 Como os mitos operam . 21

2 Nosso lugar no mundo . 33

3 Progresso, ciência e modernidade . 43

4 O pensamento possui muitas formas . 59

5 Os objetivos do reducionismo . 75

6 Dilemas dualistas . 89

7 Razões, materialismo e megalomania . 103

8 O que é ação . 111

9 Organizando o cenário interior: Por que os memes? . 127

10 O sono da razão gera monstros . 137

11 Livrando-nos do ego . 149

12 Evolução cultural? . *161*

13 Selecionando os selecionadores . *175*

14 A razão está ligada ao sexo? . *187*

15 O caminho que vai da liberdade à desolação . *199*

16 A biotecnologia e a sabedoria da repugnância . *215*

17 A nova alquimia . *227*

18 O engenheiro sobrenatural . *237*

19 Céu e terra, uma história incômoda . *251*

20 A ciência olha para os dois lados . *261*

21 Você é um animal? . *273*

22 Problemas relativos à parcimônia . *287*

23 Negando consciência aos animais . *295*

24 Animais **versus** biosfera? . *309*

25 Alguns dilemas práticos . *319*

26 Dificuldades de convivência com a alteridade . *329*

27 Mudando as noções acerca do mundo selvagem . *341*

Referências bibliográficas . *355*

Índice remissivo . *365*

Agradecimentos

O tema deste livro é a importância crucial do simbolismo em nosso pensamento e a consequente necessidade de levarmos a sério nossa vida imaginativa, mesmo quando estamos lidando com assuntos que nos parecem triviais.

Como eu pretendia me concentrar nessa questão do simbolismo, juntei aqui uma série de artigos nos quais eu havia abordado esse tópico anteriormente, reorganizando-os de uma forma que, espero, enfatize sua importância. Uma vez que as fontes desses artigos estão bastante dispersas, eu gostaria de agradecer a um grande número de pessoas que me ajudaram em meus esforços para compreender essa questão. Contei com a valiosa ajuda de muitos colegas que participaram dos interessantíssimos simpósios dos quais esses artigos se originaram. Excelentes sugestões vieram da equipe de professores do Hastings Center, que visitei várias vezes, e sobretudo de Strachan Donnelley. Meu filho, David, e meus colegas no agora extinto Departamento de Filosofia da Newcastle University sempre me deram apoio, e em tempos recentes aprendi muito com as discussões que tive com John Ziman, Steven e Hilary Rose,

Mary Midgley

James Lovelock, Evelyn Fox-Keller, Anne Primavesi, Martin Lockley, Raymond Tallis e Andrew Brown. Para concluir, gostaria de agradecer às casas editoriais e aos editores dos livros e periódicos em que esses artigos originalmente apareceram – não apenas por terem me dado permissão de republicá-los, mas também por sua colaboração e apoio durante o processo de publicação.

As fontes são as seguintes:

Os primeiros quatro capítulos baseiam-se em uma palestra intitulada "The myths we live by" [Os mitos que nos conduzem], que apresentei como parte da série The Values of Science [Os valores da Ciência] – da coleção *Amnesty Series* em 1997. Em 1999, o texto foi publicado em um livro sob aquele título, editado por Wes Williams, da Westview Press, Colorado.

Os capítulos 5 a 7 baseiam-se em um artigo intitulado "Reductive megalomania" [Megalomania redutiva], publicado em *Nature's Imagination: the frontiers of scientific vision*, editado por John Cornwell e publicado pela Oxford University Press, Oxford, em 1995.

O capítulo 8 baseia-se em "Do we even act?" [Nós, de fato, agimos?, publicado em *The New Brain Sciences*, editado por D. A. Rees e S. P. R. Rose, Cambridge University Press, 2004.

Os capítulos 9 a 10 têm como fonte "Why Memes?" [Por que os *memes*?], publicado em *Alas, Poor Darwin: arguments against evolutionary psychology*, editado por Hilary e Steven Rose e publicado pela Jonathan Cape, Londres, 2000.

Os capítulos 12 e 13 vêm de "The evolution of cultural entities" [A evolução de entidades culturais], publicado em *Proceedings of the British Academy*, n.112, 2002, p.119-33, e em *The Evolution of*

Cultural Entities, editados por M. Wheeler, J. Ziman e M. Boden, e publicados pela British Academy and Oxford University Press, Londres e Oxford, 2002, p.119-32.

Os capítulos 14 e 15 baseiam-se em "The soul's successors: philosophy and the 'body'" [Os sucessores da alma: a filosofia e o "corpo"], que foi publicado em *Religion and the Body*, editado por Sarah Coakley, Cambridge University Press, Cambridge, 1997.

Os capítulos 16 a 18 têm como fonte "Biotechnology and monstrosity: why we should pay attention to the 'Yuk' Factor" [Biotecnologia e monstruosidade: por que devemos prestar atenção ao fator "sabedoria da repugnância"], publicado no *Hastings Center Report*, set.-out. 2000, v.30, n.5.

Os capítulos 19 e 20 baseiam-se em "Heaven and earth, an awkward history" [Céu e terra: uma história incômoda], publicado em *Philosophy Now*, dez. 2001-jan. 2002.

Os capítulos 21 a 23 têm como fonte "Are you an animal?" [Você é um animal?], publicado em *Animal Experimentation: the consensus changes*, editado por Gill Langley e publicado pela Macmillan, Londres, 1999.

Os capítulos 24 e 25 baseiam-se em "Beasts *versus* the Biosphere?" [Animais *versus* biosfera?], publicado em *Environmental Values*, v.1, n.2, verão 1992.

Os capítulos 26 e 27 têm como fonte "The Problem of Living with Wildness" [O problema de conviver com o mundo selvagem], publicado em *Wolves and Human Communities: biology, politics and ethics*, editado por Virginia A. Sharpe, Bryan Norton e Strachan Donnelley e publicado pela Island Press, Washington D.C., 2001.

Prefácio à edição da Routledge Classics

O tema deste livro concentra-se na ideia de que nossas visões imaginativas são cruciais para nossa compreensão do mundo. Elas não significam um alheamento de nossos pensamentos, mas sim uma parte necessária deles. E – o que talvez seja mais surpreendente – muitas das visões que agora dominam nossas controvérsias são visões que parecem ter se baseado na ciência, mas, na verdade, são alimentadas pela fantasia. Desde a época em que o prestígio das ciências físicas atingiu níveis elevados, uma variedade de princípios sobre assuntos de todo tipo vem usando representações científicas para ganhar a autoridade que corretamente pertence à ciência propriamente dita. Como tais representações parecem técnicas, científicas, as pessoas interpretam sua mensagem simbólica como verdade literal. Ademais, mesmo em ideologias, que, de fato, se constroem com base em ideias científicas genuínas, as verdadeiras noções científicas, muitas vezes, não são claramente diferenciadas de noções extrínsecas a elas. Como resultado, muitos dos contos de fadas favoritos de nossa era – os mitos que hoje moldam nossos pensamentos e ações – são fantasias que devem sua força ao fato de terem surgido mascaradas como científicas.

Os sete anos que transcorreram desde a publicação do primeiro livro não tornaram desnecessário, acredito, dizer essas coisas. As pessoas ainda tendem a pensar que todo pensamento conceitual sensato – inclusive a ciência – é um processo lógico, distinto, autossustentável. Elas o veem como separado do turbilhão de atividade imaginativa e emocional que preenche a maior parte de nossa vida e acreditam que esse turbilhão é algo que realmente não será criticado. Na verdade, entretanto, essas coisas são parte de uma teia única. O arcabouço conceitual do pensamento científico precisa surgir de algum lugar; portanto, ele surge do restante de nossos pensamentos e sempre traz consigo vestígios de sua origem. Como apontei na página [124] deste livro, arcabouços não se manifestam de forma nua. "Conceitos são incorporados em mitos e fantasias, em imagens, ideologias e meias verdades, em expectativas e receios, em vergonha, orgulho e vaidade. Como os grandes filósofos do passado que ajudaram a moldar nossa tradição, precisamos começar a perceber tais conceitos". Nada há de errado com o fato de que nossa imaginação desempenha sua parte na moldagem de nossa visão de mundo. Precisamos dela para fazê-lo. Mas também precisamos perceber como ela o faz.

Você pode perguntar se o Iluminismo não nos livrou desse problema ao eliminar de nosso pensamento, por completo, os mitos e os contos de fadas. Em geral, as pessoas acham que sim, mas infelizmente isso está muito longe da verdade. Na realidade, isso é, por si mesmo, um mito, ou seja, uma verdade parcial baseada em nossa visão imaginativa, estimulada por um conjunto específico de ideais, um sonho que pode ajudar a moldar nossas iniciativas, mas que poderá nos enganar se confiarmos apenas nela. O que o Iluminismo fez foi desenvolver

A presença dos mitos em nossas vidas

seu próprio conjunto de mitos e imagens surpreendentes, cujo fascínio, em geral, concentra-se na sedução do Reducionismo – o prazer de afirmar que as coisas são muito mais simples do que parecem. Com frequência, isso aparece sob a revigorante forma de "nada além de", ou seja, "nada especial". Proposições do tipo "um ser humano vale apenas 5 libras de produtos químicos", ou "a ação humana é apenas comportamento exterior", ou "a consciência é apenas a interação entre os neurônios", são atraentes porque parecem tornar a vida mais simples, uma vez que elas próprias são simples. A dificuldade só aparece quando tentamos elaborar o que elas significam e relacioná-las ao restante do mundo.

Essas afirmações particulares são, evidentemente, casos um pouco radicais, flores colhidas no ponto mais distante do espectro reducionista. Não obstante, todas elas têm grande influência. Como outras reduções mais modestas, elas mostram uma confiança surpreendente – uma presunção de autoridade muito ampla baseada em *status* científico, mesmo que sejam, na verdade, especulações gerais sem base em qualquer evidência científica em especial. Elas dependem de uma suposição geral da "onicompetência da ciência" – isto é, a capacidade da ciência física de responder a todos os tipos de perguntas – que se desenvolveu aos poucos como o resultado paradoxal do sucesso da física e da química modernas. Esse sucesso, na verdade, deveu-se à maneira como os cientistas do século XVII limitaram rigidamente essas ciências, lidando apenas com as questões que eram relevantes a eles. Entretanto, o sucesso naturalmente levou teóricos de outras áreas a copiar particularidades de seus métodos na esperança de obter os mesmos resultados. As imitações que fizeram produziram um tipo especial de conto de fadas, cuja linguagem científica e cujos detalhes pareciam fornecer a mágica necessária para subverter visões tradicionais da vida comum. Assim, uma vez que se declarou que o cérebro era apenas um computador feito de carne e que casas eram apenas máquinas feitas para vivermos dentro delas, tudo começou a parecer diferente.

Minha impressão é de que o efeito imaginativo de tudo isso ainda não foi suficientemente notado. Como os símbolos não eram diferenciados da verdade geral nesse ponto, disseminou-se a impressão de que uma verdade literal é a única forma de verdade – de que os símbolos são algum tipo de extra opcional – e que a verdade literal só pode ser encontrada nas ciências físicas. Conforme comento na página [42] deste livro, o problema com os mitos do Iluminismo, quando fogem do controle, é que "eles tendem a exaltar a forma em detrimento da substância do que está sendo dito, o método em detrimento do objetivo de uma atividade, e a precisão do detalhe em detrimento da completude do invólucro". A imagem da máquina utilizada nesses dois últimos casos é um exemplo explícito disso. Ela surgiu do fascínio do século XVII pelo mecanismo do relógio e continuou a figurar em todas as áreas de nosso pensamento como uma espécie de quimera – um exemplo ideal e imaginado de pensamento metódico – um modelo de método acadêmico em contraste com impressões meramente subjetivas.

A representação que Newton fez do universo como um enorme relógio foi um caso inicial e rudimentar disso. Tal imagem arrebatou de tal forma todos os tipos de pensadores que, muitas vezes, eles esperavam produzir igual clareza em suas próprias e complicadas áreas de competência, imitando aquela imagem de simplicidade. Foi assim que Hume justifi-

A presença dos mitos em nossas vidas

cou sua confiança no efeito da utilidade como uma explicação universal das erráticas variedades das motivações humanas, comentando que "a principal regra do filosofar de Newton" foi sempre a utilização de uma única força para explicar muitos efeitos diferentes. Isso não era verdade; entretanto, essa impressão continuou disseminada. A ambição de ser o Newton da psicologia, simplificando tudo, apoderou-se de muitos pensadores e levou consigo uma carga crescente de imagens mecânicas – analogias com máquinas literais, utilizadas para explicar cada vez mais aspectos da vida humana.

É evidente que os defeitos dessa abordagem foram percebidos há muito tempo. John Stuart Mill protestou contra ela no terceiro capítulo de *On Liberty* [*Sobre a liberdade*]:

> Supondo que fosse possível que máquinas – autômatos sob a forma humana – construíssem casas, cultivassem milho, travassem batalhas, julgassem uma ação judicial, e até mesmo erigissem igrejas e orassem; seria uma enorme perda trocar esses autômatos até mesmo pelos homens e mulheres que atualmente habitam as partes mais civilizadas do mundo. [...] A natureza humana não é uma máquina a ser construída de acordo com um modelo, um conjunto construído para fazer exatamente o trabalho que lhe foi prescrito; ela é uma árvore que necessita crescer e se desenvolver de todos os lados, conforme a tendência das forças internas que fazem dela uma coisa viva.

Como disse Mill, as máquinas não são exatamente como as pessoas; as analogias entre ambas precisam ser tratadas com muita cautela. E esse tipo de queixa não ficou circunscrita à área das humanidades. No outro extremo da hierarquia científica, a física absolutamente não mais vê a matéria operando como um relógio. As partículas sólidas e impenetráveis que Newton entendia como sendo a base da matéria já se foram há muito tempo, levando com elas a ideia newtoniana de que todo movimento resultava do fato de que tais partículas colidem umas com as outras. A matéria, seja ela o que for, deixou de ser mecânica. Isso significa que toda a ideia do materialismo realmente precisa ser repensada, e a física atual é complicada demais para fornecer uma boa base para a construção de mitos.

Entretanto, além da ainda vigorosa imagem física de mecanicismo, os mitos preferidos de hoje concentram-se mais na biologia e operam explorando principalmente a ideia da evolução como uma forma de celebrar a competição. Portanto, discussões a respeito de investidas rivais, rancorosas e ingênuas, jogos de guerra, genes egoístas e assim por diante, são, sem dúvida, basicamente míticas. Sabemos que os estranhos seres sobrenaturais que parecem se manifestar nessas histórias não são supostamente reais; essa é uma maneira de se falar sobre tendências e forças naturais. Tal personificação não é condenável em si mesma. A questão é: aqui, ela transmite o tipo certo de significado? Muitos mitos são, de fato, úteis – afinal de contas, o Contrato Social é um mito; mas alguns mitos são muito mais proveitosos e confiáveis do que outros.

O ponto crucial é – como venho sugerindo – que precisamos levar o simbolismo do mito a sério; precisamos compreender e criticar o pensamento por trás das imagens que nos encantam, em vez de apenas nos deixar levar por elas. Até mesmos os contos de fadas mais conhecidos precisam ser entendidos de maneira apropriada. Histórias como "Cinderela", "Rapunzel", "Jack, o Caçador de Gigantes" ou "A roupa nova do Rei" não

A presença dos mitos em nossas vidas

são apenas entretenimento; elas têm um sentido e tiveram seu papel na formação de nossa cultura. Da mesma forma, quando observamos os mitos evolutivos de hoje, precisamos compreender a mensagem geral que existe por detrás deles, e normalmente essa mensagem é bastante clara.

Porém, há um deles cuja mensagem não está clara, em que é difícil ver qualquer razão válida por que, afinal de contas, a maquinaria sobrenatural foi invocada – ou seja, o postulado dos *Memes*. Esse mito descreve os *memes* como entidades que operam como genes de cultura, parasitando-nos ao produzirem todas as nossas ideias e hábitos, de forma a expandir seu próprio domínio. Ora, Guilherme de Occam [1285-1347], com muito bom senso, já nos aconselhava a não inventar entidades sem necessidade. E não há necessidade aqui; toda essa mitologia não tem absolutamente nenhuma função explicativa. As fontes gerais das ideias e costumes humanos já estão perfeitamente entendidas. Sabemos que ideias e costumes emergem de maneira familiar das complexidades de nossa vida. E nos casos em que não sabemos como algumas ideias e costumes especiais surgem, toda uma galáxia de disciplinas históricas e sociais já existe para nos ajudar a rastreá-las. *Aqui não há espaço algum para um conjunto rival de causas* – uma população de demônios a interferir, os quais, é claro, não têm existência física; no entanto, afirma-se que eles agem como indivíduos independentes – criaturas "egoístas" que buscam ativamente seus próprios interesses invadindo-nos.

A única questão nessa história em particular (além de gerar um suave *frisson* diante da ideia de demônios) parece ser a de ampliar o padrão de seleção natural insensata para além da reprodução física na esfera da cultura – uma esfera em que ela

19

não pode, na verdade, fazer qualquer sentido, pois até mesmo a cultura mais simples precisa ser construída por mentes. O mito mais geral em operação por trás disso é a ideia mais ou menos selvagem de que uma seleção natural insensata é o mecanismo básico que conduz todo o universo. Na verdade, essa esdrúxula opinião agora é atribuída a Darwin, embora o próprio Darwin tenha se preocupado em apontar de forma categórica que ele tinha certeza de que a seleção natural não era a única causa nem mesmo da evolução biológica – e ele claramente jamais considerou invocá-la em qualquer outro lugar de sua obra. Esse é apenas um exemplo de um local em que o jardim de mitos precisa urgentemente de capinação, e neste livro tentei indicar alguns outros.

1
Como os mitos operam

Simbolismo e significação

Temos o hábito de considerar os mitos em oposição à ciência. Na verdade, porém, eles são parte central dela – a parte que decide a importância que a ciência tem em nossa vida. Portanto, é muito importante que os compreendamos.

Mitos não são mentiras; e também não são histórias neutras. São modelos imaginativos, redes de símbolos poderosos que sugerem maneiras particulares de interpretarmos o mundo, moldando seu significado. Por exemplo, a imagem da máquina, que começou a permear nosso pensamento no século XVII, ainda é muito forte atualmente. Com frequência, ainda mostramos certa tendência de nos vermos, e também de vermos os seres vivos ao nosso redor, como peças de um relógio: itens de um tipo que nós próprios podemos fabricar e decidir refazer, se acharmos mais adequado. Daí, a linguagem confiante da "engenharia genética" e dos "componentes básicos da vida".

Além disso, o quadro atomista e redutivo de explicação sugerindo que a maneira correta de entender totalidades complexas é sempre fragmentando-as em suas menores partículas, leva-nos a pensar que a verdade é sempre revelada na ponta daquela outra invenção do século XVII: o microscópio. Nas situações em que os microscópios dominam nossa imaginação, sentimos que as grandes totalidades com as quais lidamos em nossa experiência diária são meras aparências. Somente as partículas reveladas no fundo do microscópio são reais. Dessa forma, em um nível desconhecido em épocas anteriores, nossa tecnologia dominante modela nosso simbolismo e por meio dele nossa metafísica, nossa visão acerca do que é real. O homem não civilizado, em sua cegueira, dobra-se diante da madeira e da pedra – do aço e do vidro, do plástico, da borracha e do silício – de sua própria feitura e os vê como a verdade derradeira.

É evidente que essa figuração mecanicista não governa sozinha. Mitos mais antigos sobrevivem e ainda são poderosos, mas, muitas vezes, eles são dotados de uma forma reducionista e tecnológica. Assim, por exemplo, ainda utilizamos a familiar imagem do contrato social que nos considera cidadãos individuais essencialmente separados e autônomos. Contudo, é menos provável que agora defendamos essa noção com base em razões humanistas ou religiosas do que recorrendo a uma visão neodarwinista de competição universal entre entidades separadas num mundo atomizado, facilmente vistas como maquinário – dentes de engrenagens distintas ou *bytes* montados dentro de um mecanismo maior. O atomismo social soa-nos científico.

O mesmo quadro atomista redutivo agora leva muitos pesquisadores a propor soluções bioquímicas para problemas sociais e psicológicos atuais, oferecendo a cada cidadão Prozac, mais e melhorado, em vez de primeiro lhe perguntar o que o tornou infeliz. A sociedade parece ter se dividido em organismos, e estes organismos em engrenagens constitutivas. O único contexto mais amplo, facilmente identificável como um que abarca todas essas partes, é a evolução, compreendida (de uma maneira que teria deixado Darwin surpreso) como uma projeção cósmica da economia do século XIX, uma arena competitiva que se impregnou no desenvolvimento não apenas da vida, mas também de nosso pensamento e de todo o universo físico.

No presente, quando as pessoas se conscientizam dessa imagem, elas se inclinam a vê-la apenas como uma superfície vestida de metáforas isoladas — como uma espécie de tinta decorativa opcional que, algumas vezes, é acrescentada a certas ideias depois que elas se formam, de modo a torná-las claras aos *outsiders*, aos forasteiros. Na verdade, porém, tal simbolismo é parte integrante da estrutura de nosso pensamento, pois ele faz um trabalho crucial com relação a todos os tópicos, não apenas em algumas áreas supostamente mais periféricas, como religião e emoção, onde, se sabe, os simbolismos se sentem em casa, mas também em relação a todo o nosso pensar. A maneira como imaginamos o mundo determina o que nele achamos importante, o que dele selecionamos para nossa atenção dentre o turbilhão de fatos que constantemente nos inundam. Somente depois que tivermos feito essa seleção é que poderemos começar a formar nossos pensamentos e descrições oficiais e literais. É por essa razão que precisamos ter consciência desses símbolos.

Quão neutra é a ciência?

Qual, então, é o lugar correto de tais visões imaginativas em nosso pensamento mais sério e profundo? Em especial, como elas se relacionam com a ciência? Essa questão se impôs a mim quando a Anistia Internacional me pediu para contribuir em sua série de palestras intitulada "Os valores da Ciência". Pareceu-me surpreendente que, atualmente, as pessoas respondam a questões sobre os valores da ciência de duas maneiras opostas.

Por um lado, muitas vezes elas elogiam a ciência por ser isenta de valor: objetiva, imparcial, neutra, fonte genuína de fatos. Entretanto, da mesma forma, muitas vezes elas falam da ciência como sendo, ela própria, uma fonte de valores – talvez, de fato, a única fonte de valores verdadeira. Por exemplo, em 1941, o grande evolucionista Conrad Waddington afirmou que a "Ciência, *em si mesma,* pode fornecer à humanidade uma forma de vida que é [...] autoconsistente e harmoniosa. [...] Da forma como entendo, a atitude científica da mente é *a única atitude* que, nos tempos atuais, é capaz de fazer isso"[1]. Como veremos também, muitos teóricos respeitáveis têm argumentado que a ciência é "onicompetente", isto é, tem condições de responder a todo tipo de questão. E isso deve, naturalmente, incluir questões sobre valor.

O eminente biólogo molecular Jacques Monod percebeu essa dificuldade e – numa atitude heroica – sugeriu que a ciência deveria assumir esse território aparentemente estranho do pensamento como um todo:

---

1 Waddington, *The Scientific Attitude*, p.170, grifos meus.

A presença dos mitos em nossas vidas

A ciência ataca valores. Não diretamente, já que ela não os julga e *precisa* ignorá-los; mas ela subverte cada uma das ontogenias míticas nas quais a tradição animista, desde os aborígines australianos até os materialistas dialéticos, baseou a moralidade: valores, deveres, direitos, proibições [...]. O verdadeiro conhecimento ignora valores, mas precisa estar fundado em um juízo de valor, ou melhor, em um valor *axiomático* [...]. Com o propósito de estabelecer a *norma* para o conhecimento, o princípio da objetividade define um *valor*; esse valor é o próprio conhecimento objetivo [...]. A ética do conhecimento que criou o mundo moderno é a única ética compatível com ele, a única ética capaz de, uma vez compreendida e aceita, guiar sua evolução.[2]

Não é surpresa que, por algum tempo, Monod foi o autor predileto de muitos cientistas. Uma vez que o que ele queria dizer com "conhecimento" era exclusivamente conhecimento científico, seu parecer sugeria que os únicos juízos de valor que restaram seriam juízos que indagavam se uma proposição da ciência era verdadeira ou não.

Esse, no entanto, não teria sido um arranjo conveniente para o restante da vida. O conflito continuou e, como de costume, a verdade a respeito dele era mais complicada do que parecia. A palavra "ciência" tem, sem dúvida, um significado diferente nessas duas afirmações. De fato, algumas vezes, vemos a "ciência" exatamente como um imenso depósito de fatos objetivos, dados inquestionáveis sobre coisas como, por exemplo, medições, temperaturas e composição química. Porém, um depósito não é, por si só, muito entusiasmante.

---

2 Monod, *Chance and Necessity*, p.160-4, grifos do autor.

O que faz da ciência algo muito mais grandioso e interessante do que isso é a estrutura imensa e sempre em mutação das ideias que os cientistas criam para conectar, compreender e interpretar esses fatos. Os conceitos gerais, as metáforas e as imagens que constituem essa estrutura não podem ser objetivos e antissépticos na mesma proporção. Eles surgem de imagens derivadas da experiência diária, porque esse é o único lugar onde se pode obtê-los. Eles ligam a teoria à vida diária e pretendem influenciá-la. Esses conceitos e imagens estão em constante mudança, da mesma forma que muda o modo de vida a seu redor. E depois que foram utilizados na ciência, eles, amiúde, refletem de volta na vida diária, mas de maneiras diferentes, aparentemente dotadas de nova autoridade científica.

Neste livro, consideraremos várias ideias muito vigorosas que, dessa maneira, se deslocaram do pensamento comum e afetaram o curso da ciência, para depois retornarem ao uso exterior, remodeladas pelo uso científico. De imediato, poderíamos mencionar o conceito de *máquina*, de *indivíduo centrado em si mesmo* e de *competição* entre tais indivíduos. Conceitos metafóricos como esses são utilizados muito apropriadamente por cientistas, mas não são meras peças passivas de aparelhos tais como termostatos. Eles exercem sua própria influência. São partes vivas de poderosos mitos – modelos imaginativos que tomamos por certos – dramas que se desenvolvem, dentro dos quais vivemos nossa vida. Esses modelos moldam os mapas mentais aos quais retornamos quando queremos reconhecer alguma coisa. Tais ideias não são apenas um desvio de atenção ao pensamento real, como sugeriam os positivistas. Também não são uma doença. Elas são a matriz do pensamento, a base que molda nossos hábitos mentais. Elas decidem o que achamos importante e o que ignoramos. Elas fornecem as ferramentas com as quais organizamos a massa de dados entrantes. Quando ruins, podem causar um grande dano, distorcendo nossa seleção e tornando nosso pensamento tendencioso. É por essa razão que precisamos observar esses conceitos metafóricos com tanta cautela.

De que forma as ideias mudam?

Essa questão é especialmente relevante em tempos de mudanças rápidas, porque modelos de pensamento realmente úteis em determinados períodos podem criar sérios problemas no período seguinte. Eles não precisam ser necessariamente descartados; precisam, na verdade, ser remodelados – ou balanceados – em outros modelos de pensamento para que as falhas sejam sanadas.

Nesse processo, os mitos não se modificam da forma rápida, por atacado, como muitas representações contemporâneas sugerem. A crença na mudança ideológica instantânea é, em si mesma, um mito favorito dos tempos recentes, e estamos agora começando a abusar dele, vendo-o como "moderno". Descartes pode tê-lo iniciado quando lançou sua ainda popular metáfora do planejamento de cidades, comparando o todo do pensamento corrente a uma cidade de padrão insatisfatório que deveria ser destruída e substituída por outra melhor:

Aquelas cidades antigas que eram originalmente meros distritos e se tornaram grandes cidades no decorrer do tempo são, via de regra, mal planejadas, quando comparadas com aquelas cidades de padrão regular, planejadas por um arquiteto em uma planície aberta para se adequarem a sua fantasia. [...] poderíamos dizer que foi o acaso que as fez dessa forma, não a vontade de homens que usavam a razão.[3]

Também hoje, outra imagem poderosa, proveniente de Nietzsche, opera com base nos moldes do obituário de um jornal. Nesse caso, apenas comunicamos a morte de algo: ou Arte, ou Poesia, ou História, ou o Autor, ou Deus, ou Natureza, ou Metafísica, ou o que quer que seja; publicamos o obituário e depois esquecemos dele.

O problema em relação a isso é que tais itens em larga escala não desaparecem subitamente. Ideias importantes não podem morrer enquanto os problemas que surgem no interior delas não são resolvidos. Elas não são apenas um tipo de parasita externo. Não são organismos estranhos, vírus: *"memes"* que, por acaso, nos invadem e podem ser descartados com o inseticida correto (proposição que discutiremos no capítulo 9). Trata-se de partes orgânicas de nossas vidas, hábitos cognitivos e emocionais, estruturas que modelam nosso pensar. Portanto, elas seguem as leis da conservação que nele existem. Em vez de morrer, elas se transformam, aos poucos, em algo diferente, algo que, muitas vezes, é difícil de reconhecer e compreender. O modelo marxista da revolução total completa não é, de forma alguma, apropriado aqui. É melhor falarmos organicamente de nosso pensamento como um ecossistema que tenta a duras penas se adaptar a mudanças no mundo a seu redor.

---

3 Descartes, *Discourse on Method*, parte 2, introdução.

A presença dos mitos em nossas vidas

A desvantagem do drama

Iniciarei este livro concentrando-me em certos mitos especiais com os quais convivemos desde o Iluminismo e que agora estão causando problemas, embora eu vá também mencionar vários outros que devem ser considerados. Os conceitos do Iluminismo carecem de nossa atenção porque tendem a ser especialmente simples e abrangentes. A simplicidade dramática tem sido um de seus principais atrativos e também sua fraqueza crônica, uma fraqueza grave, quando tais conceitos precisam ser aplicados em detalhes. Por exemplo, a ênfase predominante do Iluminismo na liberdade amiúde entra em conflito com outros ideais igualmente importantes, tais como justiça ou compaixão. Liberdade comercial completa, por exemplo, ou liberdade total para portar armas pode causar sérios danos e injustiças. Precisamos, então, suplementar o ofuscante *insight* original a respeito de liberdade com um sistema de prioridades mais criterioso. E, repetindo, a insistência na individualidade que tanto tem enriquecido nossa vida degenera – se não a examinarmos criticamente – no tipo de competitividade irracional que hoje é tão destrutiva. Ela empobrece a vida, porque encerra as pessoas em uma solidão sem sentido.

No caso das ciências físicas, já sabemos que as ideias do Iluminismo são por demais ingênuas e perigosas. Elas sugeriam que se podia esperar que a física revelasse um tipo muito mais simples de ordem no mundo do que acabou acontecendo. Evidentemente, essa simplificação desempenhou um importante papel no sentido de tornar possível o espantoso sucesso das ciências físicas. Deu à civilização ocidental uma compreensão de "mecanismos" naturais (como ainda os chamamos) muito além do que qualquer outra cultura, e uma riqueza tecnológica com a qual outras culturas jamais sonharam. E é correto celebrarmos esse tremendo feito. Mas nós, herdeiros desse vasto império intelectual, na verdade, não precisamos nos reunir simplesmente para enaltecê-lo.

Ora, não precisamos dizer um ao outro que a ciência é uma coisa boa, da mesma forma que não precisamos dizer que a liberdade ou a democracia também o são. Como ideais, essas noções estão estabelecidas em nossa sociedade. Porém, quando se estabelecem ideais particulares e se supõe que eles estejam funcionando, nós precisamos lidar com as instituições inventadas para exprimi-los. Hoje, claramente, algumas pessoas *não* acreditam que a ciência seja, como um todo, uma coisa boa. Às vezes, há dúvidas semelhantes acerca de conceitos como democracia e liberdade. Nesses casos, aqueles de nós que se importam com os ideais precisam se perguntar o que está acontecendo de errado com a maneira como eles estão sendo incorporados ao mundo. Precisamos pensar na melhor forma de compreender a atual situação da ciência, na melhor forma de conviver com suas dificuldades e responsabilidades, e na melhor forma de moldar seu desenvolvimento posterior de modo a evitar essas distorções.

Para tentar fazer isso, iniciarei com uma discussão sobre três mitos atuais: o mito do contrato social, o mito do progresso e o mito da ciência onicompetente. Esses três mitos estão interligados, não apenas porque são todos excessivamente dramáticos e carecem de um repensar, mas porque o último deles dificulta nossos esforços para lidar com os dois primeiros — e também com muitos outros problemas.

A presença dos mitos em nossas vidas

Ideias exageradas e distorcidas sobre o que a ciência física pode fazer por nós levaram, durante os séculos XIX e XX, ao surgimento de ideologias supostamente científicas, tais como o marxismo e o behaviorismo. Na verdade, é claro que esses sistemas não são parte da ciência física, mas, ao reivindicar a autoridade dela, prejudicaram-lhe a imagem. Aqueles que hoje querem defender a ciência precisam tratar com seriedade excessos desse tipo e dar-se algum trabalho para compreender de que forma ela se relaciona com esses excessos. É igualmente indispensável livrarmo-nos do argumento absurdo e constrangedor da "onicompetência". A ciência, que tem seu próprio e magnífico trabalho a fazer, também não precisa se apressar e assumir certas questões extrínsecas (históricas, lógicas, éticas, linguísticas ou afins). Os apaixonados pela ciência física podem se sentir felizes por vê-la como ela é, ou seja, como um grande departamento do pensamento humano entre vários outros que cooperam com nosso esforço de compreensão do mundo. Essa é uma condição muito mais honrosa do que aquela de um poder político do século XIX, tentando expandir seu império por meio da conquista universal.

2
Nosso lugar no mundo

O horizonte em expansão

Os três mitos que mencionei ainda moldam nosso pensamento intelectual e moral, embora o mundo tenha mudado radicalmente nos últimos três ou quatro séculos, desde que eles foram criados. O mais extraordinário é que nosso drama – a peça em que estamos todos atuando – deslocou-se para um palco muitíssimo maior. Vivemos agora em um mundo maior. Ele é maior porque o número de humanos simplesmente triplicou no último século e porque estamos agora mais bem informados sobre eles, e também – o que é até mais crucial – por causa da maneira como nosso poder aumentou. Nós, humanos urbanos, nos tornamos capazes de causar sérios danos a todo o mundo, tanto a seus habitantes humanos como não humanos. Isso é algo realmente novo na história da humanidade. Na verdade, provavelmente é a maior mudança que nossa espécie já vivenciou, com certeza a maior desde a invenção da agricultura. Não é surpresa se isso nos lança no choque de culturas e nos faz mudar nossos conceitos.

Mary Midgley

Atualmente, os problemas que surgem aqui em relação ao nosso dever perante humanos distantes espacialmente muitas vezes são discutidos separadamente daqueles que dizem respeito ao uso errôneo que fazemos de outros animais, e ambos são, em geral, isolados dos problemas ambientais. Diferentes departamentos acadêmicos e diferentes órgãos políticos lidam com essas três questões. Contendas sempre surgem entre eles. A divisão entre as ciências naturais e as humanidades aumenta a cisão, mas os elos entre elas são fundamentais (discutiremos isso nos capítulos 19 e 24). A súbita ampliação de nosso poder transformou todas essas questões de forma igual. Em todas essas direções, a tecnologia multiplicou tremendamente tanto o escopo de assuntos que nos dizem respeito quanto nossa habilidade de afetá-los. E embora essa habilidade, muitas vezes, pareça estar fora de nosso controle como indivíduos, nossa civilização como um todo é, sem dúvida, responsável por causar toda essa situação. Nosso comércio, nosso investimento e nossa expressão de opinião pública, de fato, afetam todos os tipos de eventos distantes.

Achamos difícil acreditar em toda essa expansão. Será mesmo verdade que somos responsáveis por coisas que acontecem a pessoas e países tão distantes de nós? E – o que é ainda mais estranho – será que somos responsáveis pelo reino não humano? Nossa atual tradição moral dificulta nossa compreensão dessas coisas; não deixa espaço para elas. Mesmo assim, as mudanças são reais. Sem dúvida, elas exigem algum tipo de adaptação de nossa parte, adaptação de uma moralidade que se formou para um tipo de mundo bem diferente, um mundo mais administrável. Não podemos continuar a agir como se estivéssemos ainda naquele mundo. Se seguirmos por aquele caminho, não haverá saída para nós.

A presença dos mitos em nossas vidas

Os direitos humanos e o contrato social

Essa dificuldade manifesta-se com muita intensidade nos tempos atuais com relação ao conceito de direitos humanos universais. Essa noção é antagônica à ideia do Iluminismo de que a moralidade é, em sua essência, apenas um contrato estabelecido livremente entre cidadãos para fins cívicos e, em última instância, por interesse individual. Alguns teóricos políticos, que, curiosamente, são conhecidos como realistas[1], argumentam que não podemos ter deveres em relação às pessoas que não pertencem ao nosso Estado-nação porque elas não são contratantes em nossa sociedade, e os *direitos* (dizem eles) surgem apenas a partir do contrato. Essa é a ideia que os políticos estão exprimindo quando reafirmam que os interesses britânicos devem, é claro, sempre vir em primeiro lugar.

O mito do contrato social é uma simplificação típica do Iluminismo. Foi desenvolvido (muito apropriadamente) como uma resposta à doutrina dos direitos divinos dos reis, uma defesa contra as guerras religiosas e as opressões que os monarcas passaram a praticar nos séculos XVI e XVII. Ele baseava a autoridade política no consentimento dos governados, o que é excelente. Entretanto, sua limitação está no fato de que esse contrato que não deixa espaço para deveres em relação aos *outsiders*, aos que não pertencem ao grupo. Isso faz que ele entre em conflito com outra ideia igualmente fundamental do Iluminismo, ou seja, a harmonia entre todos os membros da

---

[1] Para um questionamento radical dessa afirmação, ver Booth, Human rights and international relations, *International Affairs*, n.71, p.103-26, 1995.

raça humana. *Essa* ideia propõe que se a opressão é algo errado, é errado em todo o mundo; portanto, qualquer um que puder fazer alguma coisa em relação a ela, deve fazê-lo. Não muito depois, esse conceito mais amplo manifestou-se por meio de uma corajosa conversa não contratual sobre os Direitos do Homem, o que possibilitou campanhas disseminadas e efetivas contra questões como, por exemplo, a escravidão.

O choque entre essas duas noções não é um choque entre culturas diferentes. Ele surge entre duas noções intimamente relacionadas dentro da mesma cultura e ainda está entre nós porque ambas as noções ainda nos são cruciais. Ambas são parte da mesma corajosa tentativa de tornar a sociedade humana mais justa e menos brutal. Elas eram, em sua origem, bastante toscas e precisaram de repetidos ajustes. A ideia de um contrato foi o lado formal, jurídico e redutivo dessa campanha humanitária. A noção de direitos universais exprimia o sentimento cordial, generoso, solidário que movimentou a campanha no início. A dificuldade de conciliar esses dois elementos acarretou muitos problemas e, com frequência, é apresentada como um conflito supostamente irresolvível entre razão e sentimento.

Essa é sempre uma noção confusa, porque todo raciocínio é movido pelo sentimento e todo sentimento sincero implica algum raciocínio como sua base. Raciocínio e sentimento não são adversários, da mesma forma como não o são forma e tamanho. São aspectos complementares que aparecem em ambos os lados de qualquer argumento, questão que discutiremos mais adiante, no capítulo 16. Polarizar os dois como opostos é, entretanto, sempre tentador. Quanto à questão dos direitos humanos, é bastante relevante perceber que o modelo redutivo e contratual era visto como o modelo racional e que era o modelo respaldado pelas ciências físicas. A visão de que as pessoas são indivíduos solitários e independentes, na verdade indivíduos egoístas que não se relacionariam com seus vizinhos de forma alguma se houvesse um contrato, parecia racional porque refletia a teoria atômica da época, uma teoria que, de maneira semelhante, reduzia a matéria a átomos desconectados, rígidos, impenetráveis como bolas de bilhar. Esses dois modelos – atomismo político e científico – pareciam fortalecer um ao outro, e, durante algum tempo, cada um emergiu como o único modelo verdadeiramente racional e científico de compreensão em sua própria esfera. O atomismo social, que se manifesta como individualismo político e moral, recebeu apoio pouco merecido das imagens utilizadas na ciência.

Sem dúvida, atualmente, a física trata de partículas de natureza muito diversa, partículas que são, essencialmente, domínios, ou seja, modelos de conexão. Porém, no que diz respeito à cena humana, e na biologia, um atomismo social bastante irrealista ainda está bem vivo e atuante, e ainda se considera científico. O tipo de individualismo que trata as pessoas e, na verdade, outros organismos, como entidades basicamente separadas e em competição – ignorando o fato de que a competição não pode começar de forma alguma sem haver grande cooperação para torná-la possível – tem sido a ideologia dominante das últimas décadas. Hoje, esse tipo de individualismo está sendo combatido, o que resulta em muita controvérsia.

Esse debate não foi apenas um jogo fútil de soma zero. Em seus bons tempos, ele produziu uma tensão criativa, uma dialética fértil, em que cada elemento ajudou o outro a se tornar mais adequado e viável. Discussões sobre direitos humanos são planejadas para exprimir o entendimento que atualmente se faz notar entre essas duas percepções complementares. A maioria das pessoas interessadas parece agora realmente disposta a usar as palavras "direitos humanos". Apesar das enormes diferenças entre as várias culturas, acreditamos, sinceramente, que há, de fato, algumas coisas que não devem ser feitas a ninguém, em nenhum lugar do mundo. Sejam quais forem as dúvidas acerca de direitos, todos nós podemos reconhecer os erros humanos.[2] Portanto, qualquer um que puder protestar efetivamente contra essas coisas tem condições de fazê-lo, seja qual for a cultura a que pertence. Esse tipo de crença não está, acredito, confinado ao Ocidente. Pessoas oprimidas nos mais diferentes países agora recorrem a ela. E, em geral, não parece que elas estejam usando o protesto meramente como uma língua estrangeira, mas como um tipo de dialeto intercultural que todos entendem e que nos ajuda a selecionar as questões distantes que, de fato, pedem nossa intervenção, a despeito dos abismos que dividem nossas sociedades.[3]

Dessa maneira, podemos tentar juntar o elemento sociável e generoso do pensamento iluminista com o elemento limitado, formal e legalista. Em princípio e, em certa medida, até mesmo na prática, podemos combinar a força imperativa do termo cívico "direitos" com o âmbito universal da solidariedade entre as

---

2 Para mais discussões sobre esse útil conceito, ver Dunne e Wheeler, *Human Rights in Global Politics*.
3 Discuti o tipo de relativismo que faria esse argumento parecer impossível em *Can't We Make Moral Judgements?* e, de forma mais sucinta, em On trying out one's new sword, cap.5, *Heart and Mind*.

espécies. A tarefa de conciliação dessas noções ainda precisa de um rígido pensamento ético (que é diferente do pensamento científico, embora igualmente necessário), mas para fins práticos, o conceito é conveniente. Organizações como a Anistia Internacional fazem diferença no mundo. Não há dúvida de que essa diferença é ínfima, mas nossa moralidade oficial tem, com certeza, espaço para ampliação. Ela não nos obriga a ser chauvinistas fatalistas, como seria o caso se nossa ética, de fato, se limitasse ao pensar a respeito do contrato. Não estamos sobrecarregados, como poderíamos estar, com as noções morais que paralisariam completamente nossos esforços no sentido de colaborar.

Avançando para além da humanidade

Nada mais a acrescentar em relação aos humanos distantes. Mas o que dizer a respeito das reivindicações do restante da natureza? É preciso que fique claro que, mesmo que não nos importemos com a natureza selvagem por si mesma, todos nós, humanos, compartilhamos um interesse comum na preservação da biosfera da qual dependemos; mas nossa cultura tem uma dificuldade surpreendente em compreender isso.

O principal motivo relaciona-se ao fato de que, sem dúvida, o alarme ambiental é muito mais recente do que o alarme social. As más notícias – que a casa pegou fogo – só chegaram durante a última metade do século passado, e muitas pessoas ainda têm esperança de que, se não o encorajarem, dando-lhe a atenção devida, ele irá embora. Mais profundamente, no entanto, existe um problema, porque é muito mais difícil levantar essa questão dentro do arcabouço de um contrato.

A ideia de concidadãos *humanos* universais é ligeiramente mais familiar. Várias imagens de um superestado ou uma supercidade universal já existem para relacioná-la com o pensamento cívico. Os estoicos falavam da Cidade-Mundo, a Cosmópole, e Santo Agostinho falava da Cidade de Deus. Mas ninguém ainda conseguiu fazer dos recifes de coral e nem da tundra siberiana nossos concidadãos, e não é fácil visualizar como isso poderia ser feito. Esses não são seres como os que vivem em cidades ou que pleiteiam nas cortes de justiça. Eles não fazem contratos. Portanto, com base no modelo familiar, era difícil perceber como podem ter *direitos*. E com isso, aparentemente, fica muito difícil para algumas pessoas levarem a sério nossos deveres em relação a elas.

Esse é, com certeza, um ponto em que a perspectiva das ciências naturais pode, de fato, nos ajudar. Para muitos cientistas, o amor e o respeito pelo mundo natural que eles estudam têm sido um motivo poderoso, ao passo que esse amor e respeito têm sido menos importantes para os aspectos humanistas da cultura ocidental. De fato, alguns tipos de humanismo excluíram-no deliberadamente. O pensamento iluminista muitas vezes negligenciou a natureza não humana, sobretudo desde a Revolução Industrial, embora Rousseau não o tenha feito, e alguns poetas como Blake e Wordsworth tenham feito o possível para protestar contra essa ideia preconcebida. É esse concentrarmo-nos em nossa própria espécie que dificulta tanto para nós agora aceitar os fatos da destruição ambiental ou reagir de forma efetiva contra eles. Por tradição, aceitamos o sistema natural de apoio como algo absolutamente normal.

Os cientistas que se ocupam de questões ecológicas podem nos ajudar muito nesse ponto – mesmo que, atualmente, eles próprios, na verdade, tenham dificuldade em admitir essa atitude amigável e reverente em relação à natureza. Isso porque tal comportamento foi considerado, durante algum tempo, algo bastante "fora de moda" dentro da própria ciência, pois associava-se com "historiadores naturais" – isto é, observadores pacientes, de visão ampla, como Darwin – mais do que com os *experts* de laboratório, estudiosos de microbiologia, durante um bom tempo vistos como o único modelo possível do "científico". No entanto, essa perspectiva estreita e redutiva tem dado sinais de que está se modificando. O sociobiólogo Edward O. Wilson exalta a *Biophilia* – amor por todos os seres vivos – como algo absolutamente central à ciência.[4] E, uma vez mais, a teoria de "Gaia", formulada por James Lovelock, que expressa nosso respeito genuíno pelo planeta, ao mesmo tempo que sugere instrumentos científicos para o diagnóstico de seus problemas, não é mais vista como algo delirante.[5] Ela está começando a receber a devida atenção que merece dentro das ciências. Na verdade, os dois aspectos da ciência estão começando a se juntar novamente, um processo que necessita de muito encorajamento.

Deveríamos, então, dizer que esse amor e esse respeito pela natureza fazem parte dos "valores da ciência"? Se, afinal, pretendemos falar acerca de tais valores, sem dúvida eles fazem parte dela. Na verdade, talvez sejam os únicos valores que, em algum sentido, são especiais às ciências naturais. Os outros valores que consideramos científicos são virtudes intelectuais tais como honestidade, imparcialidade, perfeição, ousadia imaginativa,

---

4 Ver seu livro *Biophilia: the human bond with other species*.
5 Ver Lovelock, *Gaia: the practical science of planetary medicine*.

devoção à verdade. Essas virtudes são, de fato, científicas, mas elas o são no sentido mais antigo e mais amplo do termo, que não se restringe às ciências físicas. Elas pertencem a cada tipo de raciocínio disciplinado e metódico, à história e à lógica, à ética e à matemática, à linguística e ao direito, da mesma forma que pertencem às ciências naturais. Entretanto, essas indagações não lidam tão diretamente com o mundo não humano ao nosso redor, com as plantas, os animais e as estrelas, que devemos, com toda a certeza, honrar e respeitar, como o fazem as ciências naturais. O amor por essas coisas e, em especial, o amor pelos seres vivos – a "biofilia", como Wilson o denomina – desempenha uma parte especial no pensamento da maioria dos grandes cientistas e é um elemento vital que seus sucessores podem trazer para nos despertar para os perigos atuais.

Se conseguirmos realmente absorver essa perspectiva mais ampla, ela irá, sem dúvida, tornar nossa posição moral mais complicada em vez de mais simples. De qualquer forma, entretanto, isso deve acontecer. Já temos que arbitrar em muitos conflitos entre interesses dos humanos e dos não humanos – por exemplo, elefantes ou árvores. As pessoas que fazem isso em uma base contratual eliminam de antemão o grupo dos não humanos. Porém, esse princípio simples não nos convence mais e, honestamente, não podemos continuar a usá-lo. Esses conflitos exigem algum tipo de conciliação. Mesmo que, no curto prazo, os interesses das duas partes nem sempre entrem em conflito, no longo prazo, muitas vezes eles convergem fortemente. Se os habitantes locais são forçados a destruir o habitat, então eles também serão logo destruídos, juntamente com as árvores e os elefantes. Essa convergência fica, com certeza, especialmente clara em relação aos povos indígenas, com suas frequentes e heroicas campanhas em defesa do seu habitat.

3
Progresso, ciência e modernidade

Os prazeres da onicompetência

Até aqui, venho discutindo o primeiro mito que mencionei, o mito do contrato social. Venho sugerindo que esse padrão de pensamento – radical e monolítico –, utilizado com boas razões por pensadores do Iluminismo, agora atrapalha nosso raciocínio. O limitado estereótipo cívico dificulta nossa adaptação a um mundo que se modificou e que nos deu mais poder, e isso torna o pensamento tradicional do contrato social desastrosamente provinciano.

Entretanto, esse é apenas um caso entre muitos em que o pensamento iluminista, depois de suas conquistas iniciais, torna-se excessivamente simples e procustiano. Muitas vezes, ele aprende um padrão especial de pensamento como o único capaz de ser adequadamente chamado de racional e o estende para tópicos pouco apropriados. Esse imperialismo intelectual prioriza sempre a forma em detrimento da substância do que está sendo dito, o método em detrimento do objetivo de uma atividade e a precisão do detalhe em detrimento da completude da apresentação. Na verdade, esse viés formal não é, de forma alguma, especialmente racional, embora se pense com frequência que ele seja.

Venho sugerindo que esse hábito simplista é hoje, de maneira geral, motivo de queixa das pessoas quando estigmatizam o pensamento recente como "moderno". O termo real "moderno" é bastante inadequado aqui. Sem dúvida, não é possível que ele continue para sempre a ser usado dessa maneira para descrever o que está manifestamente desatualizado. Além disso, é vago demais. Precisamos de palavras mais claras, mais específicas para essa série de defeitos. Para os propósitos presentes, creio que os termos necessários são, muitas vezes, palavras como "dogmático", "unilateral", "simplista" e "monolítico".

O mesmo tipo de problema surge com relação aos nossos dois próximos exemplos: as noções encadeadas de progresso inevitável e onicompetência da ciência. Aqui, certas maneiras de pensar que se comprovaram muitíssimo bem-sucedidas no desenvolvimento inicial das ciências físicas foram idealizadas, estereotipadas e tratadas como as únicas formas possíveis de pensamento racional dentro do âmbito total de nosso conhecimento. Como ocorre no caso do contrato social, o problema não está nos métodos em si, que são excelentes em seu próprio alcance. A questão está na abrangência, no extraordinário entusiasmo, no ingênuo imperialismo acadêmico que insiste em exportar esses modos de pensar para toda sorte de outros tópicos.

O mito do progresso inevitável é um mito presente, de maneira geral, desde o final do século XVIII. Naquela época, ele surgiu para exprimir um novo tipo de confiança na humanidade e nos feitos humanos, substituindo a antiga confiança cristã em Deus e na vida pós-morte – no Paraíso. Hoje, ele está muitas vezes associado à ideia de evolução, embora essa ligação pertença a Lamarck mais do que a Darwin e esteja enraizada na satisfação do desejo ou na religião, não na biologia. É provável, entretanto, que essa associação tenha ajudado a dar à noção de progresso uma aura bastante indevida de respeitabilidade científica. E também é provável que ela tenha fortalecido a ideia de que a crença no progresso exigia fé na onicompetência da ciência.

Desde a época de H. G. Wells, o futuro tem sido visto como uma espécie de país imaginário, o país que vemos em programas de televisão como, por exemplo, *Tomorrow's World*, um país gotejando toda a ciência e tecnologia mais recentes. No início, essa terra do futuro foi abordada com uma confiança eufórica, mostrada por meio de uma conversa odiosa sobre a necessidade de, "aos chutes e berros, trazer as pessoas para o século XX" (felizmente, não parece que estejamos falando dessa maneira sobre o novo milênio). Mais tarde, é claro, houve desilusão, assunto que iremos considerar em breve. Entretanto, antes que a desilusão se estabelecesse, os profetas cientificistas proclamaram sua total confiança na onicompetência da ciência.

Tal citação não é apenas uma paródia satírica da fé manifestada por eles. Ela foi utilizada de uma forma bem literal por vários teóricos influentes para alegar que algo chamado "ciência" poderia, de fato, encerrar toda a gama do pensamento humano sobre todos os assuntos. Auguste Comte, fundador do positivismo, esboçou originalmente essa afirmação, e os filósofos do Círculo de Viena cristalizaram-na logo após a Primeira Guerra Mundial. Foi assim que Rudolf Carnap decretou: "Quando dizemos que o conhecimento científico é ilimitado, queremos dizer que *não há pergunta cuja resposta seja, em princípio, inatingível pela ciência.*"[1] Essa extraordinária afirmação é ainda respaldada por alguns escritores contemporâneos como Peter Atkins[2], embora, é claro, muitos cientistas atualmente não demostrem qualquer desejo de fazê-lo.

O mais importante é que essa afirmação tem exercido muita influência no mundo externo – tanto que não causa surpresa alguma se as pessoas agora reagem contra ela. Muitos leigos, inclusive alguns em altas posições, declaram uma crença abrangente e multiuso na ciência. Pandit Nehru, ao discursar no Instituto Nacional de Ciências, na Índia, comentou em 1960:

> *Somente* a ciência pode resolver os problemas da fome e da pobreza, da falta de saneamento e do analfabetismo, da superstição e dos entorpecedores costumes e tradição e dos vastos recursos que chegam ao desperdício, de um país rico habitado por pessoas que passam fome [...]. O futuro pertence à ciência e àqueles que se tornam amigos da ciência.[3]

O mais interessante aqui não é apenas a confiança de Nehru, mas o que ele quis dizer com ciência, uma questão que mencionei no início e que agora torna-se fundamental. Ele claramente

---

1 Carnap, *The Logical Structure of the World*, p.290, grifo do autor. Para uma discussão mais completa sobre essas afirmações, ver Sorell, *Scientism: philosophy and the infatuation with science*, cap. 1.

2 Ver seu artigo The limitless power of science, em *Nature's Imagination: the frontiers of scientific vision*, p.122-33.

3 *Proceedings of the National Institute of Science of India*, v.27, p.564, 1960, grifo meu.

não quis dizer apenas um banco de memórias, um depósito de informações neutras. Nehru quis dizer toda uma nova ideologia, uma abordagem moral que justificaria o uso desses fatos para mudar a sociedade de uma maneira muito especial. E no decorrer de grande parte do século XX, o termo "científico" foi constantemente usado nesse sentido, carregado de valor. Muitas vezes não representou qualquer forma específica de conhecimento científico, mas uma nova escala de valores, um novo sistema de prioridades, conduzindo a projetos políticos especiais. Estudiosos como B. F. Skinner, que afirmaram que "vivemos em uma era científica", não apenas quiseram dizer uma era que utilizava a ciência. Eles quiseram dizer uma era *guiada* pela ciência, uma era que, de alguma maneira, escolhe seus ideais bem como seus remédios e o que comer no café da manhã com base em motivos fornecidos pela pesquisa científica. Sem dúvida, esse novo sistema não era visto como algo isento de valor, mas como uma sinalização moral que poderia tomar o lugar da religião.

Somente a ciência?

Nehru, Waddington e Carnap falaram aqui por todo um grupo de contemporâneos seus para os quais a ciência significava muito mais do que simplesmente informação correta. Não há dúvida de que se pode dizer que a informação por si mesma é "isenta de valor", mas isso ocorre porque a informação em si mesma não tem valor. Ela começa a ter valor apenas quando supre uma necessidade, quando é trazida em contato com algum sistema existente de objetivos e propósitos e preenche uma lacuna nesse sistema, quando ela se torna relevante às crenças e atitudes das pessoas. "Pura curiosidade" é um desejo de compreender, não um desejo de mera informação. Quando pensamos no conhecimento como valioso em si mesmo, estamos sempre supondo algo acerca do tipo de conhecimento que sustenta e conecta as diversas informações para formar uma visão de mundo coerente. Essa visão não pode surgir tão somente da ciência, porque ela envolve um contexto mais amplo na vida que circunda aquele que tem o conhecimento.

Assim, os grandes cientistas que tanto se esforçaram para moldar nossa maneira atual de pensar fizeram-no manifestando essa visão abrangente, uma visão que eles não extraíram apenas das ciências. Eles sabiam que, essencialmente, precisavam considerar outras noções em sua cultura e muitas vezes discutiram essas fontes com muito ardor. Galileu e Huxley, Einstein e Bohr, Schrödinger, Heisenberg e J. B. S. Haldane – todos filosofaram consciente e deliberadamente, usando com muita habilidade noções muito perspicazes extraídas daqueles que haviam pensado a respeito de grandes problemas antes deles. Nenhum desses pensadores teria aceitado por um único momento a ideia de ciência como um poder imperial isolado, em guerra com outras disciplinas, ansioso apenas por dominá-las.

Como, então, os autores imperialistas que vimos considerando se ajustam a essa tradição? Com toda a certeza, eles estão dentro dela na medida em que também visam a promover uma visão de mundo particular em vez de simplesmente fornecer fatos neutros. De forma bem explícita, todos esses autores quiseram dizer com "ciência" um tipo especial de espírito ou atitude que inclui muito mais do que um mero conjunto de fatos ou uma curiosidade a respeito dos fatos. Nehru viu essa atitude mais ampla não como neutra, mas como portadora de novos valores, como uma força moral que, *sozinha*, poderia resolver todos os problemas dele. Ele a personificou, falando "daqueles que se tornam amigos da ciência", em vez de apenas daqueles que a utilizam. Ele a viu não como simples ferramenta, mas como uma poderosa aliada do secularismo na batalha contra a "superstição e os entorpecedores costumes e tradição".

Suponhamos as seguintes perguntas a Nehru: é possível realmente confiar *apenas* na ciência? Não serão necessárias também boas leis, administradores eficientes, políticos honestos e inteligentes, novos e bons costumes para substituir os antigos, talvez até mesmo uma compreensão sensível das tradições que o senhor pretende eliminar? O senhor não precisaria nem mesmo conhecer bem a história e a antropologia antes de iniciar sua arrasadora limpeza da tradição? Ora, Nehru sabe, é claro, que irá precisar de tudo isso, mas ele está supondo que essas coisas estão todas incluídas no que ele quer dizer por ciência. Em "ciência" ele inclui a visão total de mundo que acredita ser subjacente a ela, ou seja, a atitude decente, humana, liberal, da qual ela, de fato, surgiu. Na verdade, Nehru espera comprar todo o Iluminismo como parte do pacote. Ele acredita tanto na ética humanista do Iluminismo quanto nas descobertas químicas que nele ocorreram. E espera que o espírito científico abarque o uso sábio e benevolente dessas descobertas. Sem dúvida, ele não está pensando na ciência como algo que provavelmente irá produzir poluição industrial, nem na invenção de métodos sofisticados de tortura ou de oportunidades de obtenção de lucros excessivos, nem na concentração de armamentos, nem no uso excessivo de produtos químicos em lavouras, nem em vírus de computador, nem na transação irresponsável de moedas que se tornou possível com os computadores mais recentes, nem no desperdício de recursos em parafernálias.

Os profetas desse movimento cientificista esperavam, daquilo que chamavam "ciência", nada mais nada menos do que uma ética nova e melhor, um fundamento para a moralidade, um conjunto distinto de valores seculares que substituiriam os antigos valores fornecidos pela religião. Esperavam que a ciência suplantasse e substituísse a corrupção e a confusão do pensamento moral tradicional. Eles não perceberam — e, até agora, nem seus sucessores — que o componente ético desse pacote é algo muito mais abrangente e, na verdade, muito independente da ciência. No início, e de forma muito simples, eles relacionaram (como fez Nehru) seus novos valores científicos com aqueles que o Iluminismo havia introduzido como uma reação ao cristianismo, valores que já eram aceitos como parte da cultura ocidental. Contudo, no decurso do tempo, eles se tornaram mais ousados e se empenharam em produzir algo novo. Com esse espírito mais confiante, eles consideraram — e seus sucessores ainda consideram — os novos valores científicos não como contribuição a uma cultura ética existente, não como uma excrescência dela, nem mesmo como algo em harmonia com ela, mas como um invasor vitorioso que precisava substituí-la.

Essa crença impulsionou a enorme exaltação da ciência que fascinou tantos aspirantes a reformadores desde meados do século XIX e até o final do século XX. Ela prometia uma nova sabedoria, um decisivo avanço espiritual e moral. Nossa desilusão com essa abordagem seguramente está até mais centralizada no fracasso desse projeto espiritual e moral do que nos resultados heterogêneos da verdadeira prática científica. É claro que novas tecnologias muitas vezes resultam tanto em danos quanto em benefícios, mas os danos se devem em grande parte à falta da prometida nova sabedoria.

Com certeza, precisamos nos perguntar agora por que tantas pessoas esperavam que essa sabedoria surgisse. Tal expectativa estabeleceu uma espécie de culto à carga, que somente agora está cedendo lugar ao total desencanto. De Hobbes e Bacon a Auguste Comte e Marvin Minsky, os profetas cientificistas vêm regularmente cometendo o mesmo equívoco de Nehru, ou seja, o de esperar da ciência o tipo de coisa errada. São aduladores inconscientes que deram a ela o tipo de reputação equivocada. O que eles promoveram como pensamento científico foi, na verdade, uma série de ideologias não criticadas, que aos poucos foram divergindo do pensamento convencional do Iluminismo, tomando várias direções diferentes e alarmantes.

A primeira ideologia que alegava ser especificamente científica dessa maneira foi o marxismo. Mas o marxismo, pelo menos, surgiu como um sistema de pensamento. Defendido por argumentos, ele esteve francamente aberto a ataques filosóficos. Seus herdeiros, entretanto, mostraram certa tendência em contornar essa fase perigosa, afirmando, em vez disso, que eram partes da própria ciência e que compartilhavam da absoluta autoridade dela. É por isso que, quando ocorreu o desencanto, foi a própria ciência que ficou desacreditada. E esse desencanto estava fadado a acontecer, em parte porque as boas coisas que esses profetas prometeram não se concretizaram, e em parte porque, de qualquer forma, algumas das suas promessas não eram boas.

A objetividade enquanto transformação de pessoas em coisas

Então, o que era essa nova ideologia? A questão mais óbvia a respeito dela – sua hostilidade em relação à religião – é, na verdade, uma questão superficial. É verdade que, a partir do século XVIII, os profetas cientificistas tendiam a ser anticristãos, sustentando a noção de que o cristianismo não conseguia purificar a sociedade e devia, de alguma maneira, ser substituído pela ciência. A Revolução Russa perseguiu ardentemente esse projeto, mas os resultados foram decepcionantes. O ateísmo do Estado acabou se tornando, em cada detalhe, uma desculpa tão conveniente para o crime e para a insensatez quanto a religião do Estado o havia sido, e não está de todo claro que o próprio ateísmo – que é uma posição metafísica – tenha qualquer relação com a ciência física. De qualquer forma, sejam quais forem os defeitos da religião, a ciência não pode, de maneira sensata, tomar o seu lugar. Tentativas de expandi-la em uma religião invertem a brilhante proposição que Galileu e seus colegas fizeram quando estreitaram os domínios da física, excluindo dela todas as questões acerca de propósitos e significados.

As funções da ciência e da religião dentro de uma sociedade são por demais diferentes para que essa ideia de competição entre elas faça algum sentido, quando se começa a considerá-la com seriedade. A rivalidade aqui só pode parecer plausível quando ambos os elementos são colocados em sua forma bruta (como, é claro, eles geralmente são), ou quando os grupos no poder que os controlam conflitarem no plano político. O entrelaçamento entre política e grupos no poder tem tido um efeito nocivo tanto sobre a religião quanto sobre a ciência, que hoje está sendo cada vez mais sugada para dentro das lutas de poder do mercado.

Todavia, no decorrer do século XX, os profetas cientificistas repetidamente disseram a um público desconcertado que,

A presença dos mitos em nossas vidas

na realidade, políticas que tinham pouco a ver com a ciência deveriam ser aceitas, porque os especialistas haviam demonstrado que elas eram científicas e objetivas. Um exemplo relevante disso é o princípio behaviorista de que a psicologia, para tornar-se científica, precisa lidar apenas com o comportamento exterior das pessoas, ignorando motivações e emoções, consideradas não apenas incognoscíveis, como também triviais e ineficazes em suas causas. Isso redundou em muitas políticas práticas bizarras, como, por exemplo, o conselho que J. B. Watson e B. F. Skinner deram aos pais, ou seja, que eles não deviam abraçar nem beijar seus filhos, que deviam tratá-los de maneira desapegada e distante, como "pequenos adultos". Esse tratamento (diziam eles) era necessário porque era científico e objetivo.[4]

É interessante notar que o que fez essa abordagem parecer científica não foi, com certeza, o fato de que ela repousava em pesquisa, mostrando o sucesso desses métodos de educação de filhos (se tivesse havido qualquer pesquisa nesse sentido, ela teria produzido o resultado oposto). Em vez disso, a atitude dos behavioristas parece, sem dúvida, ter sido, ela própria, um comportamento emocional, um temor de ver um comportamento afetivo como algo perigosamente humano, algo abaixo da dignidade de cientistas. Ela derivou de um temor mais geral dos conflitos e das complicações presentes nos sentimentos

---

4 Ver Watson, *Psychological Care of Infant and Child*, p.5-6, 9-10 e 82-3, e uma interessante discussão sobre essas passagens por Barbara Ehrenreich e Deirdre English em *For Her Own Good: 150 years of the experts' advice to women*, p.183-5. Sobre Skinner e utopia, ver seus projetos em relação à educação de crianças em um de seus primeiros livros, *Walden Two* (1948).

humanos comuns. Para escapar desses problemas, os psicólogos estereotiparam a emoção, em geral, como algo "suave", algo que era ocupação das humanidades, não das ciências. O mesmo tipo de preconceito vem também operando na medicina, sobretudo na psiquiatria, em que um recuo semelhante, evitando atentar aos sentimentos dos pacientes, também vem sendo muitas vezes recomendado como "objetivo" e "científico". Em tais casos, o mero fato de inverter uma tradição e atacar os sentimentos comuns é, amiúde, suficiente para insinuar que a afirmação era científica, como mostra a linguagem utilizada por Nehru.

Entretanto, o exemplo mais notável dessa abordagem distorcida talvez seja o taylorismo industrial, que ficou mais conhecido simplesmente como gestão científica. É a filosofia da esteira rolante, a visão de que os operários devem ser tratados como qualquer outro componente físico na linha de produção. Qualquer referência ao ponto de vista deles era vista como subjetiva e, portanto, uma perturbação ilegítima, não científica. Os economistas que desenvolveram essa abordagem – e Henry Ford a acatou – não a consideraram meramente como uma maneira rápida de ganhar dinheiro. Eles a viram como algo muito mais grandioso, como o progresso científico, uma louvável extensão da ciência física dentro dos domínios antes controlados pelo sentimento e pela superstição. Parecia-lhes óbvio que é "subjetivo" prestar atenção à subjetividade.[5]

Outra maneira favorita de dar a aparência de científico é, com certeza, simplesmente mencionar quantidades em vez

---

[5] Ver o fascinante livro de Bernard Doran, *From Taylorism to Fordism: a rational madness*.

de qualidades. Assim, planos de ação podem ser chamados de científicos se envolverem a contagem ou medição de algo, e não importa se esse algo em especial necessita ser contado ou não, e não importa que uso está sendo feito dos dados resultantes. Qualquer um que esteja usando alguma estatística pode fazer essa alegação. A confiança no índice de citações, em exames e nas estatísticas que comparam resultados de exames, são exemplos desse hábito. De forma semelhante, o marqueteiro norte--americano Dick Morris reivindicou para si *status* científico, afirmando que tudo o que ele faz é "reduzir os misteriosos caminhos da política a avaliações e teste científicos".

Também muitas vezes se considera científico falar como se as pessoas fossem real e literalmente máquinas. Essa imagem da máquina tem sido tão útil em diversos contextos científicos que muitas pessoas não pensam mais nela como uma metáfora, mas como um fato científico. Assim, por mais que digam "fuligem é apenas carbono" ou "pinguins são apenas aves", elas comentam *en passant* que o cérebro humano é apenas um computador feito de carne. De maneira alguma pensam nisso como uma metáfora.

Essa imagem da máquina ficou bem estabelecida na aurora da ciência moderna, porque no século XVII os cientistas estavam fascinados, como não poderia deixar de ser, pelos engenhosos autômatos, que tinham a precisão de relógios da época. Naturalmente, eles esperavam ampliar esse padrão de mecanismo do relógio que, durante algum tempo, funcionou bem para o sistema solar, para que cobrisse a totalidade do conhecimento e, à medida que a Revolução Industrial prosseguia, essa esperança parecia cada vez mais natural. Porém, agora, a física, a fonte original desse sonho, em grande parte a abandonou. O modelo de precisão do relógio provou ser inadequado para muitos propósitos básicos, juntamente com a teoria atômica simples que se ajustava a ele. De fato, a física descartou por inteiro a noção de que a estrutura básica da matéria precisa comprovar-se perfeitamente simples, uma noção que parecia óbvia aos pensadores do século XVII e que faz as abstrações do modelo da máquina parecerem plausíveis. Hoje, com o discurso do espaço-tempo em onze dimensões, da não localidade e de universos múltiplos, essa esperança de simplicidade evaporou-se. Tanto para a matéria inorgânica quanto para os organismos vivos, o nome do jogo agora é complexidade. A ideia de que algum dia os físicos encontrarão uma única e abrangente "teoria do tudo" é mera especulação. Alguns cosmologistas respeitados a professam, outros a rejeitam inteiramente. Porém, mesmo que se chegasse a tal teoria, seria impossível que ela fosse simples; não há dúvida de que ela seria muitíssimo complexa. E não seria uma teoria do tudo – apenas de certas abstrações que são discutidas na física teórica.

Universal?

Em uma pesquisa muito interessante sobre as visões atuais em relação a esse problema, Paul Davies expõe as dificuldades. Como ele afirma, a demanda atual por uma "teoria do tudo" é, na verdade e em grande parte, apenas um esforço para combinar dois sistemas de pensamento distintos e aparentemente em guerra no interior da própria física, sistemas que agora reinam em diferentes áreas do estudo. A desconexão entre eles ainda bloqueia os esforços contemporâneos para resolver a questão central que ele propõe, ou seja: O que faz o universo funcionar?

A presença dos mitos em nossas vidas

No século XX, a física foi construída com base nas revoluções gêmeas da mecânica quântica (uma teoria da matéria) e na teoria de Einstein acerca do espaço. Mas é extremamente decepcionante encontrar duas descrições definitivas da realidade quando procuramos apenas uma.[6]

Depois de discutir várias sugestões para unificá-las e chegar a uma coleção de perguntas não respondidas, subitamente ele introduz um ângulo bastante diferente:

De onde vem a consciência? Por que alguns padrões elétricos em espiral, tais como os do cérebro, têm pensamentos e sensações conectados, enquanto outros, como aqueles da rede elétrica nacional, supostamente não os têm? [...] Devem os físicos responder até mesmo a essas perguntas?

Alguns acham que os físicos devem respondê-las – incluo-me entre eles. Relacionar o mundo mental com o físico é algo que a maioria dos físicos evita, mas *se a física alega ser uma disciplina universal*, então ela precisa, no fim das contas, incorporar uma descrição da consciência.[7]

Em que sentido a física afirma ser uma disciplina universal? Como ele diz, a maioria de seus colegas responde a essa questão mostrando sua preferência, isto é, simplesmente não visitando tópicos fora do que é agora reconhecido como o aspecto físico ou material das coisas. Eles não compartilham a ambição de Carnap, que é lidar com uma ciência que possa responder a

---

6 Davies, Seven Wonders, *New Scientist*, n.21, p.28, set. 2002.
7 Ibid., p.33, grifo meu.

todo tipo de questão. Embora lidem com importantes questões a respeito de assuntos tais como o tempo e a natureza da matéria, eles se sentirão felizes se puderem terminar suas discussões sobre essas coisas elaborando um conjunto coerente de equações, e se alguém conseguir conciliar as duas linguagens físicas discordantes nesses termos, ficarão contentes. Não pediriam uma conexão entre elas e outros aspectos do mundo.

Davies, contudo, sempre mostrou interesse pelo aspecto espiritual das coisas, e quer relacionar o mundo mental com o mundo físico. Ele se importa com a mente. Sem dúvida, isso é admirável. E, é claro, como físico, ele está totalmente capacitado a ir até o fim na concretização desse interesse. Trata-se de um interesse que ele compartilha com a maioria dos grandes físicos do passado — de Arquimedes a Einstein. Entretanto, como ocorreu com Arquimedes e Einstein, ao fazê-lo, ele não estará tentando descobrir outros fatos físicos; estará tentando combinar sistemas de pensamento diferentes que lidam com aspectos diferentes do mundo. A conexão da física com outros estudos não faz, por si só, parte da física. É uma parte da "tubulação" filosófica. Considerando-se que a maioria dos físicos atualmente tem uma cultura estreita, essa é uma necessidade premente e devemos desejar a Davies todo o sucesso em seus esforços.

4
O pensamento possui muitas formas

Complexidade não é escândalo

Talvez não seja necessário revisarmos os casos que vimos discutindo, nos quais termos como "científico", "objetivo" e "máquina" são utilizados em um sentido equivocado e tendencioso. Nós os encontramos sempre. E espero que agora esteja claro que, ao expor essas tentativas retóricas de transformar a ciência em uma ideologia abrangente, não estou atacando a ciência, mas defendendo-a de interpretações equivocadas e perigosas.

Esses princípios não são parte do trabalho científico, mas atitudes parcialmente conscientes que subjazem a ele, produzindo resultados que distorcem sua imagem. Não é surpresa que eles provoquem um sentimento "anticiência". Aqueles que hoje temem a ciência sentem-se perturbados, sobretudo, pela maneira como essas ideologias imperialistas trazem padrões irrelevantes e não humanos para aspectos não científicos da vida e levam as pessoas a negligenciar os padrões relevantes. Em todas as ciências sociais e, frequentemente, nas humanidades também, ideias distorcidas acerca do que significa ser "científico" e "objetivo" ainda direcionam grande parte da vida e grande parte da pesquisa. O dualismo primitivo que trata a mente e o corpo como coisas separadas, desconectadas, ainda leva as pessoas a tomar partido entre ambos e a supor que, tendo optado pelo corpo, elas precisam simplificar a cena, ignorando a mente. O problema está na exclusividade, na abordagem do tipo ou/ou, na convicção de que apenas uma única e muito simples forma de pensar é racional.

Mesmo dentro da própria ciência, essa abordagem simplista está começando a gerar problemas. Nosso estereótipo familiar de racionalidade científica ainda é modelado com base nos métodos da física do século XVII. Como mencionei, para muitos propósitos a física moderna se distanciou daqueles métodos, mas nem todo mundo no campo da biologia recebeu a notícia dessa mudança. Muitos biólogos ainda tendem a ver o mecanicismo como o único padrão de pensamento verdadeiramente científico, porque ainda acreditam que ele seja central à física. E durante algum tempo essa crença fez que eles concentrassem grande parte de sua atenção em questões de microbiologia, levando-os a negligenciar questões de maior escala como, por exemplo, o comportamento de organismos por inteiro.

Atualmente, vários biólogos sugerem que essa negligência está desequilibrando seriamente a biologia.[1] Se Darwin tivesse hoje solicitado uma bolsa para seu projeto de pesquisa, que

---

1 Dois excelentes livros para leitura: *How the Leopard Changed its Spots*, de Brian Goodwin, e *Lifelines: Biology, Freedom and Determinism*, de Steven Rose (ver dados completos nas referências bibliográficas).

A presença dos mitos em nossas vidas

envolvesse integralmente o estudo do comportamento de organismos por inteiro e de espécies, ele teria poucas chances de obtê-la. Seus orientadores teriam que instigá-lo a mudar o projeto para algo relacionado com moléculas. Já que essa não parece ser uma situação sensata, estão sendo empregados esforços para, mais uma vez, trazer essas unidades maiores sob foco e, dessa maneira, "devolver a vida à biologia", como disseram Lynn Margulis e Dorion Sagan[2]. Até mesmo a maior unidade de todas – Gaia, a biosfera dentro da qual todos nós vivemos – deixou de ser proscrita como não científica e está começando a servir como um foco útil de investigação ecológica.

Na psicologia (para finalizar essa turnê relâmpago bastante rudimentar), o tabu que os behavioristas impuseram ao estudo da consciência foi recentemente revogado. Aquele assombroso "Muro de Berlim" finalmente veio abaixo. A consciência, finalmente, foi reconhecida como algo significativo e está sendo estudada, com resultados confusos, mas que, com toda a certeza, serão férteis. Portanto, essa é mais uma área em que regulamentos distorcidos sobre *o que significa ser científico* estão se desmantelando com muita rapidez.

Esperanças delirantes

Como vimos, o problema com os mitos do Iluminismo, quando saem do controle, é que eles tendem a exaltar a forma em detrimento da substância do que está sendo dito, o método em detrimento do objetivo de uma atividade, e a precisão de detalhes em detrimento da completude do invólucro. Em todas

---

2 Em Margulis e Sagan, *What Is Life?*, p.1.

as áreas da ciência que acabamos de mencionar, a ideologia pseudocientífica que vimos considerando fez isso. Em todas elas, essa ideologia agora está sendo questionada e com certeza precisamos intensificar esse processo.

Precisamos parar de tratar a "ciência" como se ela fosse uma entidade monolítica única, um reino sólido posicionado para combater reinos rivais. Por um lado, as várias ciências diferem enormemente entre si. A ecologia e a antropologia não são, de forma alguma, iguais à física e nem à biologia; isso não é desastroso porque não é necessário que seja assim. E, por outro lado, precisamos parar de tratar essa entidade chamada "ciência" como um império em expansão, destinado a assumir um dia todo o mundo intelectual. Nossas dificuldades atuais acerca do meio ambiente e acerca dos direitos humanos são grandes problemas que precisam do trabalho conjunto de todo tipo de disciplina intelectual – da ética à computação, da antropologia ao direito e da ciência do solo à história russa. A intensa especialização acadêmica que prevalece hoje já torna essa cooperação bastante difícil, e sem o acréscimo dos obstáculos extras impostos por guerras tribais.

O imperialismo científico tem sido intimamente associado com a tentativa de reduzir todas as várias ciências em um modelo único, como fica claro a partir da maneira como o Movimento de Unidade da Ciência [Unity of Science Movement], nos Estados Unidos, vem se dedicando a insistir na onicompetência. Ambos os equívocos, na verdade, provêm em igual medida de um conceito de racionalidade indevidamente estreito e monopolista, um conceito que, basicamente, ainda extraímos de filósofos do século XVII, como Descartes (esse é apenas mais um exemplo em que aqueles que se recusam a manter qualquer relação com a filosofia tornaram-se escravos de formas antiquadas dela).

Quando Descartes se lançou em sua famosa busca pela certeza absoluta, ele não partiu, como seus escritos sugerem, com a mente totalmente aberta em relação a onde poderia encontrá-la. Seu olhar já havia pousado em Galileu. Ele já havia decidido que o tipo de clareza lógica encontrada nessa nova física matemática poderia torná-la prova contra o erro. Portanto, acreditava que essa era a única luz que o intelecto humano poderia seguir com segurança. Isso significava que os métodos característicos daquela ciência precisavam, de alguma forma, se estender para abarcar todos os outros temas além da física. Um dia, ela uniria a totalidade do conhecimento em uma Teoria do Tudo, um sistema racional unificado e solidamente equilibrado sobre uma base única.

Assim, desde o início, a noção do Iluminismo em relação à ciência física foi uma noção imperialista. Desde seu surgimento, a ideia dessa ciência esteve associada a duas afirmações estranhamente ambiciosas: a infalibilidade e a unidade formal da totalidade do pensamento. Sabemos agora que essas duas formidáveis ambições não podem se realizar e que nem há necessidade de que sejam. A racionalidade não exige que sejamos infalíveis, nem que tenhamos todo o nosso conhecimento rigorosamente organizado com base no modelo da matemática. Porém, ainda somos perseguidos pela noção de que isso é necessário.

A despeito de seu próprio interesse pela consciência, Descartes colocou a física em uma posição que mais ou menos a obrigou a reivindicar um monopólio intelectual sobre o todo do conhecimento. Esse arranjo exigiu uma espécie de materialismo que, no fim das contas, deixaria a mente sem qualquer espaço aparente no universo. Filósofos posteriores perceberam isso com bastante clareza, mas a maioria deles estava tão convencida quanto Descartes de que precisavam de um sistema unificado e abrangente. Assim, em vez de tentar transpor o estranho vácuo que ele havia colocado entre mente e matéria, os idealistas e materialistas reagiram travando batalhas para decidir qual dessas duas superpotências deveria controlar todo o sistema.

Até os dias atuais convivemos com esse conflito. Por um lado, o idealismo, embora não seja agora muito mencionado, ainda funciona como um pano de fundo obscuro para muitas doutrinas "pós-modernas" e céticas, como, por exemplo, o construtivismo. Por outro lado, os materialistas dogmáticos ainda veem esse feudo metafísico como uma questão viva, uma batalha que precisa ser vencida. Precisamos dar um passo para trás e perguntar o que, na verdade, gera essa desarmonia. O que, de fato, surpreende em relação aos contestantes é, sem dúvida, o que eles têm em comum. Ambos ainda estão convencidos de que tal sistema de pensamento abrangente é necessário e possível. Eles não acreditam que possamos ser racionais sem ele.

A objetividade possui diferentes níveis

Então, nossas próximas questões são: como nos arranjaríamos sem tal sistema? Supondo que grande parte – na verdade, a maior parte – de nosso raciocínio perfeitamente legítimo e necessário encontra-se fora da ciência física, qual é a relação entre essas duas províncias? Como (em especial) podemos combinar subjetividade e objetividade em nosso pensamento? O que podemos usar para substituir o atual modelo que mostra a matéria, descrita por um sistema objetivo único chamado "ciência", de um lado do abismo, em confronto com uma massa de experiência subjetiva, de descrição impossível, do outro lado?

Neste ponto, precisamos ver quão extraordinário sempre foi o mito da noção desse vácuo. Na realidade, nossa experiência não é rigidamente dividida em fantasma e máquina, mente e matéria, em pontos de vista subjetivos e pontos de vista objetivos; ela se estende por um campo contínuo. Praticamente todo o nosso raciocínio integra material extraído tanto dos ângulos objetivos quanto dos subjetivos. E agora temos conceitos muito úteis formados para fazer isso. Portanto, os dentistas não se sentem desconcertados quando têm que juntar os fatos objetivos que constituem seu conhecimento profissional aos relatórios subjetivos que os pacientes fornecem de suas várias dores. Com efeito, os dentistas podem, por sua vez, ser, eles próprios, pacientes. Quando esses dentistas pensam ou falam a respeito de sua própria dor de dente, eles podem usar todo um *kit* de ferramentas familiares relativas a esquemas conceituais que conectam, de forma inteligível, a posição interior e a exterior.

Objetividade, de fato, não é apenas um ponto de vista único. É uma de duas direções em que o pensamento pode se movimentar. Como Thomas Nagel afirma, quando queremos adquirir uma compreensão mais objetiva de algum aspecto da vida no mundo,

> [...] nós recuamos da visão inicial que temos dele e formamos um novo conceito que aquela visão tem e sua relação com o mundo

como seu objeto. [...] O processo pode se repetir, produzindo uma concepção ainda mais objetiva. [...] A distinção entre visões mais subjetivas e mais objetivas é realmente uma questão de grau. [...] *O ponto de vista da moralidade é mais objetivo do que o da vida privada, porém menos objetivo do que o ponto de vista da física.*[3]

Assim, comparamos de várias maneiras elementos derivados de dois ou mais ângulos, que se ajustam às diferentes questões que estamos discutindo, maneiras que diferem muito e de acordo com o propósito de nosso pensamento no momento. Talvez façamos isso quase da mesma maneira como combinamos os muito diferentes dados da visão e do tato em nossa percepção sensorial. Como aponta Nagel, nem sempre objetividade maior é uma virtude, e também nem sempre ela é útil para explicações. Um dentista ou um psiquiatra que decide se tornar mais objetivo, ignorando a dor de seus pacientes, não irá, com isso, se tornar mais hábil ou mais bem-sucedido em sua profissão.

Na realidade, como, então, conseguimos relacionar essas diferentes maneiras de pensar e seus diferentes níveis de objetividade, quando as usamos juntas em nossas vidas? O padrão reducionista moderno nos diz que, para conectar diferentes famílias de conceitos, devemos organizá-los em uma sequência linear, indo do superficial ao fundamental e terminando com o grupo mais básico de todos, a saber, a física.[4] Essa hierarquia preenche todo o espaço disponível para explicação. Os padrões de pensamento mais básicos são então chamados de "rígidos" e

---

3 Nagel, *The View from Nowhere*, p.5, grifo meu.
4 Uma afirmação clara e tipicamente confiante dessa visão ortodoxa pode ser encontrada em Wilson, *On Human Nature*, p.7-10.

os superiores, "suaves". Essa metáfora tátil bastante misteriosa significa que as camadas superiores ou mais suaves são apenas temporárias. Elas são mais superficiais, amadorísticas e ingênuas, porque ficam aquém da explicação final. Classificadas como psicologia popular, essas camadas precisam ser toleradas apenas como expediente de ocasião, para uso até que a verdadeira explicação científica esteja disponível, ou quando ela for incômoda demais para ser conveniente. São apenas fases no caminho da única ciência plenamente madura, ou seja, a física.

Infelizmente, a metáfora de *níveis*, que com tanta frequência é usada para descrever a relação entre essas várias maneiras de pensar, confirma esse padrão linear. Como Descartes originalmente a criou, falar de um nível básico simplesmente invocava a imagem da necessidade de alicerce para uma construção ("meu objetivo maior era atingir a segurança e descartar a terra solta e a areia de forma a atingir uma rocha ou o barro"). Entretanto, ele acoplou essa modesta comparação a outra que é muito mais ambiciosa. Ele escreve: "Arquimedes pediu apenas um ponto fixo e imóvel para deslocar toda a terra do espaço que ela ocupava; portanto, posso ter grandes esperanças se encontrar mesmo que seja a última coisa inabalavelmente certa."[5] Ou seja, seu objetivo era encontrar uma verdade única e sólida da qual fosse possível ver seguirem-se todas as outras, da mesma forma que as proposições da geometria seguem-se a seus axiomas. Assim, a busca de um "alicerce" tornou-se a busca desse suporte derradeiro, dessa razão externa, da qual resultaria todo o sistema. Sem essa cadeia, todo o conhecimento era inseguro e suspeito.

---

5 Descartes, *Philosophical Writings*, p.8, 66.

O uso que Descartes faz dessa imagem gravitacional, como defesa contra o ceticismo de sua época e sua confiante moldagem da física como o rés do chão salvador, tem exercido uma influência duradoura em nossa imaginação. Não obstante, sabemos que a gravitação não funciona dessa maneira. Sua força não é linear, mas convergente. Não é de um derradeiro andar que precisamos no fundo do universo, mas simplesmente de um planeta com uma boa tração, uma tração forte e tranquilizadora que nos mantenha juntos e evite que despenquemos dele. Existimos, na verdade, como partes interdependentes de uma rede complexa, não como itens isolados que precisam ser sustentados em um vácuo.

Quanto ao nosso conhecimento, também ele é uma rede envolvendo todos os tipos de ligações laterais, um sistema em que os mais diversos tipos de conexão podem ser relevantes para nos ajudar a responder a vários tipos de perguntas. A ideia de empilhar tudo em uma única torre nunca foi muito plausível, e a imensa proliferação de diferentes métodos intelectuais que se desenvolveu desde os tempos de Descartes torna-a ainda mais absurda. Teríamos que imaginar um arranha-céu em constante expansão – um arranha-céu em cujos lados está sendo construída sacada sobre sacada. Esse é um quadro nada encorajador da segurança pretendida.

Também não fica claro como esse padrão de hierarquia unidimensional poderia alguma vez ser aplicado. Ele só poderia funcionar se a relação entre a física e a química (que é seu modelo original) pudesse se repetir incessantemente, não apenas para a biologia, mas além dela, para colonizar outros ramos do pensamento, como a história, a lógica, o direito, a linguística, a ética, a musicologia e a matemática, e para traduzi-

-los, no fim, em termos físicos. Não está claro como alguém possa até mesmo começar a fazer isso. Sozinha, a história é um exemplo impossível, porque os métodos históricos são complexos e muito diferentes daqueles normalmente citados como essenciais à ciência física. E já que são necessários métodos históricos dentro da própria ciência, onde quer que um processo singular seja descrito – por exemplo, na cosmologia e no estudo da evolução –, esse fracasso deve encerrar a questão.

Muitos mapas, muitas janelas

Por que, então, é ainda tão forte o fascínio por esse modelo linear redutivo? Qual é o valor especial da metáfora gravitacional? Por que, em especial, devemos escolher representar o desenvolvimento de nosso conhecimento sempre em termos de *construção*, em vez de, por exemplo, uma interação com o mundo a nosso redor, levando ao crescimento?

A imagem gravitacional, sem dúvida, representa um ponto importante se quisermos testar o funcionamento detalhado de algum fragmento específico do raciocínio para verificar se está seguro. E é principalmente nesse sentido que ela se mostrou útil. Porém, grande parte de nosso pensamento não envolve esse tipo de teste. Durante boa parte do tempo estamos explorando questões desconhecidas – ou parcialmente conhecidas – e usamos quais forem as formas de pensamento que venham a ser necessárias para elas. Via de regra, são os nossos poderes de percepção que são centrais à tarefa, mais do que o raciocínio consecutivo, que pode ser facilmente testado. E em qualquer situação humana, precisamos invocar poderes especiais de percepção social e de imaginação que não são, de forma alguma, realmente formuláveis (isso é especialmente importante quando estamos avaliando a força do testemunho humano, da qual, é claro, as respostas a outros tipos de questões muitas vezes dependem). Não podemos testar tudo e nem precisamos começar a fazê-lo, a menos que alguma coisa resulte em erro. Os sistemas de raciocínio conectados – que permitem um teste – vêm mais tarde.

Para esse entendimento geral e inicial, a imagem da exploração me parece muito mais adequada do que a da gravitação. Os exploradores não se preparam para suas viagens simplesmente certificando-se de que suas cordas e picaretas de gelo jamais falharão, testando-as até destruí-las. Um equipamento infalível seria de pouco uso para eles, se não soubessem para onde estavam indo. Eles se concentram primeiro em descobrir tudo o que podem sobre a região que estão explorando. Sua primeira necessidade, portanto, é um mapa. E esse é, no início, um mapa mental provisório e vago, que eles próprios precisam estruturar a partir do material que conseguirem encontrar, material que eles nem sempre podem testar de antemão. O mais importante é que esse mapa inicial seja abrangente – que ele diga algo sobre todos os principais fatores que podem ser encontrados.

Acontece, com frequência, que vários dos mapas existentes, ou os informantes que eles utilizam, parecem contradizer uns aos outros. Quando isso ocorre, nossos heróis não precisam escolher um deles com antecedência, considerando-o infalível. Em vez disso, é melhor que eles os guardem todos na mente, procurando tudo o que possa ser útil em todos eles. Em campo, eles podem posteriormente testar uma sugestão no lugar de outra, mas nem sempre é necessário que uma delas acabe sendo considerada errada. O rio que diferentes mapas anteriores mostram em locais diferentes pode, na verdade, ser vários rios diferentes. A realidade sempre acaba sendo muito mais complexa do que as pessoas esperam.

Essa analogia entre diferentes mapas e diferentes fontes de conhecimento parece-me muito proveitosa. Eu a desenvolvi mais plenamente em outro momento, para mostrar que precisamos de *pluralismo científico* — o reconhecimento de que há muitas formas e fontes de conhecimento independentes — em vez de reducionismo, a convicção de que uma forma básica sustenta todas e resolve tudo.[6] O exemplo central e mais útil para a analogia do mapa é talvez aquele dos muitos mapas do mundo, que são encontrados nas primeiras páginas dos atlas. Não cometemos o erro de achar que esses mapas conflitam. Sabemos que o mundo político não é um mundo diferente do mundo climatológico; sabemos que é o mesmo mundo visto de outra perspectiva. Diferentes perguntas são feitas para as quais há, naturalmente, diferentes respostas.

Da mesma forma, os diferentes ramos de nosso pensamento — a história, a geologia, a literatura, a filosofia, a antropologia, a física e o restante, bem como nossos modos de experiência menos formais — têm como alvo nosso mundo individual a partir de diferentes ângulos, conduzidos por interesses diversos. No longo prazo, eles devem chegar a um acordo, mas não é surpresa que, no início, muitas vezes eles pareçam colidir, porque o mundo simplesmente não é nada simples. Diferentes especialistas podem estar falando sobre rios bem diferentes. Muitas vezes, vale a pena investigar esses conflitos; eles podem levar a discernimentos importantes. Porém, eles jamais signi-

---

6 Ver meu *Science and Poetry*, cap. 7, p.81-3.

ficam que uma dessas especialidades seja sempre correta e o restante, superficial ou equivocado.

Além do modelo dos muitos mapas, outra imagem que acho útil nesse sentido é a do mundo como um imenso aquário. Do alto, não conseguimos vê-lo como um todo; então, nós o observamos atentamente através de várias pequenas janelas. Lá dentro, a iluminação nem sempre é boa, e há pedras e algas usadas como esconderijo pelos seus habitantes. Será que aquele peixe que está ali adiante é o mesmo que acabamos de ver saindo lá atrás? E o que são aquelas coisas ali, pedras ou estrelas do mar? No fim, podemos dar sentido a esse habitat se juntarmos pacientemente os dados a partir de diferentes ângulos. Entretanto, se insistirmos que nossa própria janela é a única através da qual vale a pena observar, não iremos muito longe.

Ficará claro que, ao usar ambas essas imagens, estou dando como certo que, de fato, existe um mundo exterior lá fora e que, em algum sentido, nós não "construímos" a coisa por inteiro. A noção acerca de nós como causas não causadas de tudo – criadores espontâneos e universais do mundo –, sugerida por alguns construtivistas radicais, não me parece fazer muito sentido. Mais uma vez, a metáfora tecnológica da *construção* – do construir – é inadequada. É um daqueles excessos do poder humano que iremos encontrar repetidas vezes neste livro.

Evidentemente, nosso ponto de vista individual faz uma grande diferença na maneira como vemos as coisas; mas essa diferença é muito melhor descrita como seleção do que como construção. É bem verdade que, quando olhamos para o Himalaia, cada um de nós o vê de forma diferente. Porém, nenhum de nós pode querer que ele desapareça, tampouco achar que foi o primeiro a vê-lo ali.

A presença dos mitos em nossas vidas

Toda percepção acolhe apenas uma fração do que lhe é oferecido, e todo pensamento estreita ainda mais essa fração ao tentar fazer sentido dela. Isso significa que o que vemos é real o suficiente, mas é sempre algo parcial. E grande parte desse estreitamento está dentro de nosso próprio controle.

O mundo real que existe independentemente de nós não é, então, um estranho fantasma metafísico, uma entidade misteriosa para sempre escondida de nós atrás de uma tela de aparência ilusória. É apenas o todo do que está lá. Vislumbramos apenas aquela pequena parte de sua riqueza que está dentro de nosso alcance, e dentro desse âmbito precisamos sempre escolher as partes ainda menores nas quais iremos nos concentrar. A noção disso é o que Kant chamou de *ideia reguladora*: uma parte necessária de nosso aparelho de raciocínio, não o nome de algo que, no fim, encontraremos.

5
Os objetivos do reducionismo

Reduzir o quê a quê?

Por que, então, com tanta frequência, ainda se toma por certo que o reducionismo é parte necessária da racionalidade? O que lhe confere esse *status*? É válido examinar a abordagem reducionista como uma atitude geral, em vez de examinar apenas as formas das reduções reais.

Tais formas variam. O reducionismo ocorre em duas fases. Primeiro, trata-se da proposição monista, através da qual explicamos um grande espectro de coisas como apenas aspectos de uma única coisa. Assim, Tales de Mileto diz que todos os quatro elementos são, na verdade, apenas água, e Nietzsche diz que todas as motivações são apenas formas da vontade de potência. Segundo, algumas vezes, segue-se a proposição atomística em separado, criada por Demócrito e pelos físicos do século XVII, em que explicamos essa própria coisa básica como, de fato, apenas uma montagem de partículas irredutíveis. Então, as totalidades que se formam dessas partículas são secundárias e relativamente irreais.

Essas duas drásticas proposições podem ser úteis quando são feitas como o primeiro estágio para uma análise mais completa. Porém, ambas, se feitas por si mesmas, podem ter consequências muito estranhas. Com toda obviedade, a psicologia de Nietzsche era excessivamente simples. E se quisermos ver as limitações do atomismo, basta considerarmos um botânico a quem tenha sido solicitado (talvez por um explorador ou um arqueólogo) identificar uma folha. Esse botânico não tritura simplesmente a folha, coloca-a na centrífuga e faz uma lista das moléculas resultantes; muito menos, é claro, ele faz uma lista de seus átomos, prótons e elétrons constitutivos. Em vez disso, ele examina primeiro sua estrutura e considera o possível *background* mais amplo, perguntando-se de que tipo de árvore ela se originou, em qual ecossistema, em que tipo de solo cresceu, em que tipo de clima e o que aconteceu com a folha depois que ela deixou sua árvore. Essa abordagem "holística" não é folclore, mas uma parte da ciência, tão fundamental e necessária quanto a busca atomística. Portanto, é de se estranhar que, hoje em dia, muitas pessoas pareçam acreditar que a ciência é mera e essencialmente reducionista num sentido que inclui ambas as fases que acabo de mencionar.

Parcimônia, austeridade e neutralidade de valor

Por que, então, se considera a redutibilidade como necessária? São muitas as formas de redução, mas o uso especial do termo "redutivo" indica algo que se supõe que essas formas tenham em comum. Esse elemento não parece ser apenas um elemento formal. A questão não é apenas que todas essas sejam maneiras de simplificar o cenário conceitual; tem a ver com a intenção que fundamenta essa simplificação.

A presença dos mitos em nossas vidas

Examinar essa intenção não é uma parte irrelevante da psicanálise. Reduções formais não surgem por si mesmas, como erva daninha num jardim. Elas não são isentas de valor; são sempre parte de alguma operação mais ampla, algum projeto de remodelagem de toda a paisagem intelectual e muitas vezes também de nossa atitude geral perante a vida. Quando estamos seriamente envolvidos em uma operação reducionista, seja como defensores, seja como opositores, normalmente estamos reagindo a esses projetos mais amplos.

Não é difícil perceber o apelo imaginativo geral do reducionismo ideológico. Em nosso mundo cada vez mais confuso, o quadro do conhecimento, conforme modelado com base em um sistema simples e despótico de governo, é atraente. Sem dúvida, não é por acaso que o método do reducionismo tenha triunfado no século XVII, na época em que as guerras religiosas se espalhavam pela Europa, provocando um caos aterrorizante. O modelo monolítico de conhecimento parecia, então, capaz de impor ordem ao caos intelectual, exatamente como Luís XIV e os outros governantes despóticos da época fizeram em relação à guerra civil. Esse era um estilo que se harmonizava com as noções políticas e religiosas daquele período. A confiança ilimitada que Thomas Hobbes demonstrou nessas duas aplicações era típica de seu tempo.

Hoje, na política, essa visão simples de unidade já não merece respeito; entretanto, no mundo intelectual, ela ainda não está de todo desacreditada. Nele, a monocultura ainda parece oferecer ordem e simplicidade – que são, é claro, objetivos absolutamente apropriados para a ciência – a um preço muito razoável, evitando as complicações que com tanta frequência impedem esses ideais. Sistemas intelectuais excessivamente simples são bem-vindos, porque contrastam com o caos que, na prática, nos cerca, e nós não os criticamos de forma contundente quando o atalho especial que eles oferecem sugere uma visão de mundo que apreciamos. Eles ampliam modelos que já nos satisfazem em relação a áreas que, de outra forma, acharíamos incômodas; expressam visões que nos atraem e obscurecem possibilidades alternativas.

De maneira geral, o primeiro ponto que interessa aqui é que precisamos ter consciência desses dramas subjacentes e discuti-los abertamente, mesmo quando eles nos levam para muito além de nossas especialidades. Não é resolvendo as pequenas questões lógicas que podemos resolver indiretamente as questões grandes, iminentes e vulgares. Não é possível deslocar um monte de húmus com uma colher de chá. O segundo ponto – acerca do reducionismo em especial – é que os grandes projetos de *background* aí envolvidos nunca são apenas destrutivos. Eles também sempre visam alguma coisa positiva.

Em nossos dias, a redução devastadora apresenta-se como puramente negativa, um mero exercício de higiene lógica, algo tão obviamente necessário quanto jogar fora o lixo. Porém, isso pressupõe que já temos como certo aquilo que queremos jogar fora e aquilo para o qual queremos abrir espaço. A parcimônia é um ideal respeitável, mas não faz muito sentido em si mesmo. No pensamento – como na vida – pode existir falsa economia. Não podemos determinar o que devemos economizar enquanto não decidirmos o que queremos comprar com nossas economias. É claro que existem avarentos declarados, poupadores conduzidos por pura mesquinhez. E há avarentos intelectuais também, céticos que se orgulham de ser inteligentes demais para acreditar em qualquer coisa ou em qualquer um. Mas a maioria de nós não é assim. Pensamos em economizar como um meio para um fim.

Na verdade, a racionalidade não exige a explicação mais econômica que se possa conceber. Ela exige a explicação mais econômica *que nos dê a explicação de que necessitamos.* Para obter isso, precisamos considerar cuidadosamente que linhas perseguir: o quão ampla nossa explicação precisa ser, o quão importante é nossa pergunta e que outras perguntas estão vinculadas a ela. Mapear essas áreas circundantes é função essencial de uma boa explicação.

Então, aqueles que tendem ao reducionismo têm todo o direito de economizar e gastar o que guardaram durante a construção de estruturas explicativas em outra parte, a fim de equilibrar com aquelas que destroem. As coisas só acabam erradas quando eles não percebem que estão agindo dessa forma e, consequentemente, deixam de criticar suas próprias construções. Eles acreditam que seu trabalho é muito mais fácil do que de fato é, porque têm certeza, de antemão, do que querem abolir. Muitas vezes, não percebem o quanto estão acrescentando.

Que tipo de austeridade?

Esse tipo de confiança por parte dos reducionistas pode resultar em uma estranha complacência. Ao preparar suas notas para uma palestra sobre esse tópico, John Cornwell falou da "austera perspectiva do reducionismo"; e entre aqueles que defendem o reducionismo, um orgulho dessa austeridade é, sem dúvida, amplamente sentido. Porém, não há motivo para se pensar na redução como algo necessariamente austero.

Puritanos intelectuais, como outros tipos de puritanos, em geral, desejam alguma recompensa, alguma indulgência imaginativa para compensar seus rigores de superfície. Essa recompensa pode ser algo bastante respeitável e necessário, mas precisamos saber do que se trata. Em casos extremos, o reducionismo encontra sua recompensa em visões imaginativas bem indisciplinadas, que podem ser chamadas de porções de megalomania reducionista. Mais adiante tecerei outros comentários acerca disso, mas, para o caso de alguém não saber o que quero dizer, é válido dar algumas amostras aqui.

1. De Nietzsche:

> Esse mundo é a vontade de potência e nada além...
> A própria vida é *essencialmente* apropriação, malefício, conquista do que é estranho e mais fraco, anulação, rigor, imposição de suas próprias formas, incorporação e – na menor e mais suave das circunstâncias – exploração.[1]

2. De Richard Dawkins:

> O argumento deste livro é que nós – e todos os outros animais – somos máquinas criadas por nossos genes. [...] Como gângsteres bem-sucedidos de Chicago, nossos genes sobreviveram, em alguns casos, milhões de anos em um mundo altamente competitivo. Isso nos dá o direito de supor certas qualidades em nossos genes. Afirmo que uma qualidade predominante a se

---

1 Nietzsche, *The Will to Power*, § 1067, e *Beyond Good and Evil*, § 269 e 36.

esperar de um gene bem-sucedido é um egoísmo impiedoso [...]. Se desejamos [...] construir uma sociedade em que os indivíduos cooperem generosa e altruisticamente por um bem comum, podemos esperar pouca ajuda da natureza biológica. Tentemos ensinar generosidade e altruísmo, porque nascemos egoístas.[2]

3. De J. D. Bernal:

Uma vez aclimatizados à vida no espaço, é pouco provável que o homem se acomode enquanto não tiver explorado e colonizado a maior parte do universo sideral – isso talvez até mesmo seja o fim. No fim das contas, o homem não se sentirá satisfeito em ser parasita das estrelas; ele as invadirá e as organizará de acordo com seus próprios propósitos [...]. As estrelas não terão permissão para continuar a ser como eram antigamente; serão transformadas em máquinas térmicas [...]. Graças a uma organização inteligente, a vida no universo poderia se prolongar milhões e milhões de vezes em relação ao que ela seria sem essa organização.[3]

Isento de valores?

Em passagens como as acima registradas, embora o tom seja rigorosamente reducionista, não há dúvida de que as propostas positivas que foram feitas não são econômicas. Elas são consequências especulativas e exuberantes, criadas para estimular a imaginação dos leitores, levando-a a mover-se em direções inesperadas, em vez de disciplina-la. Evidentemente, nem todas

---
2 Dawkins, *The Selfish Gene*, p.2-3.
3 Bernal, *The World, the Flesh and the Devil*, p.35-6.

as reduções transportam uma carga tão surpreendente, e você pode bem se perguntar se se justifica dizer – como, de fato, quero dizer – que a redução nunca é neutra de valor, nunca visa apenas à simplicidade; que ela é sempre parte de alguma campanha de divulgação e de promoção. Você pode perguntar: a redução sempre visa a, de alguma forma, menosprezar ou depreciar o pensamento mais complexo que ela simplifica para exaltar alguma outra coisa?

Então, com certeza, os tipos de depreciação envolvidos são os mais variados, e alguns são tão sutis que mal são percebidos. Talvez o tipo mais sutil possível seja a relação entre a química e a física. Seria essa, por acaso, apenas uma conexão formal, apenas uma questão de estabelecer a intertraduzibilidade? Ela não marca qualquer diferença de valor entre a física e a química?

É bem verdade que as pessoas que apontam essa relação não estão atacando a química, nem fazendo campanha para se livrar dela. Mas ainda existe um juízo de valor envolvido aqui, um juízo de uma espécie mais sutil e mais interessante. Tem a ver com o que é considerado como mais "real", mais "fundamental". Aqui vence a física, porque é ela que está mais próxima do fim da busca que dominou a ciência desde os tempos de Galileu até recentemente: o projeto atomístico de explicação completa do comportamento da matéria, analisando-a em suas partículas sólidas finais movidas por forças definidas, "os "componentes básicos derradeiros", como as pessoas, significativamente, ainda costumam dizer. Considerando essa busca e considerando a confiança de que ela, afinal, proporcionaria a única explicação correta de tudo, a química, inevitavelmente, emergiu como o parceiro subordinado, e todos os outros estudos como mais subordinados ainda.

A presença dos mitos em nossas vidas

A química moderna cresceu com esse *status*, e é provável que os químicos, em geral, não se ressintam disso. Alguns deles, entretanto, têm afirmado que essa orientação exclusiva para a física distorce a química. Muitas vezes, queixas semelhantes têm sido feitas a respeito da distorção da biologia, e é interessante notar que Francis Crick, ele próprio um entusiasmado "redutor", está entre aqueles que se lamentam. Como ele aponta, os efeitos acumulados da evolução dão à biologia uma espécie de complexidade peculiar:

> Tudo isso pode tornar muito difícil para os físicos se adaptarem à maior parte da pesquisa biológica. Os físicos mostram muita disposição para procurar os tipos errados de generalizações, para inventar modelos teóricos por demais organizados, por demais poderosos e por demais claros. Não surpreende que tais modelos raramente se adéquem bem aos dados. Para produzir uma teoria biológica realmente satisfatória, é preciso tentar ver através da desordem produzida pela evolução, até chegar aos mecanismos básicos subjacentes [...]. O que para os físicos parece ser um processo irremediavelmente complicado, pode ter sido o que a natureza achou mais simples, porque a natureza só poderia construir a partir do que já estava lá.[4]

Precisamos, então, perguntar apenas o que significa a suposta primazia da física. Ela não diz respeito apenas a uma hierarquia interna em relação às ciências. Desde o início, esperava-se que explicações físicas se estendessem muito, que fossem muito além dos limites da química. Descartes estabe-

---

4 Crick, *What Mad Pursuit?*, p.139.

leceu a suposição de que, uma vez que as partículas físicas se moviam com base no modelo de máquinas, as coisas que delas são feitas, inclusive corpos humanos, precisam fazer isso também. Essa suposição conduziu o império da física diretamente para dentro do território das questões humanas e, enquanto o modelo mecânico simples reinou, forneceu ali uma espécie de explicação que parecia ter o direito de suplantar todas as outras formas de pensamento.

Embora o próprio Descartes não tivesse sujeitado a mente a essa máquina, outros rapidamente perceberam que ela também poderia ser reduzida para se ajustar ao quadro. Thomas Hobbes (sempre um obstinado defensor do reducionismo) fez isso com muito entusiasmo, para além do cenário psicológico:

> Quando a ação do mesmo objeto prossegue a partir dos Olhos, Ouvidos e outros órgãos até o Coração, *o efeito verdadeiro lá nada mais é do que movimento ou esforço*, que consiste de Apetite ou Aversão pelo objeto que está se movendo. Porém, é a aparência, ou o sentido desse movimento, que chamamos ou de DELEITE OU DE ATRIBULAÇÃO MENTAL.
> – A própria vida é apenas movimento.[5]

Explicações físicas tiveram primazia porque – muito simplesmente – revelavam a realidade, ao passo que a experiência subjetiva era "apenas aparência". Psicologizadores reducionistas como Hobbes não percebiam que poderia haver fatos objetivos acerca da experiência subjetiva, que uma aparência é, ela própria, um fato, e que algumas aparências – por exemplo,

---

5 *Leviathan*, parte I, cap.6, grifo meu.

a experiência da dor ou da tristeza, do deleite ou da atribulação mental – podem ser parte absolutamente central dos fatos que nos afetam. Essas coisas não apenas parecem ter importância; elas, de fato, têm importância. Portanto, necessitamos extremamente de esquemas conceituais apropriados para discuti-las.

O contraste simples que Hobbes faz entre realidade e aparência é facilmente entendido como o familiar contraste entre realidade e ilusão. A vida comum do dia a dia é vista (de uma maneira deveras incoerente) como algum tipo de sonho ou equívoco. Assim, Einstein estava convencido de que o tempo comum e irreversível é uma ilusão, já que não tinha lugar na sua teoria da física. Seu amigo íntimo Michèle Besso tentou durante muito tempo convencê-lo de que isso não podia estar certo, mas Einstein continuou inflexível. Quando Besso morreu, Einstein escreveu em uma carta de condolências à família do amigo: "Michèle deixou este estranho mundo antes de mim. Isso não tem importância. Para nós, físicos convictos, *a distinção entre passado, presente e futuro é uma ilusão, embora uma ilusão persistente.*"[6] Entretanto, dizer que alguma coisa não é importante não justifica chamá-la de ilusão. Da mesma forma, Stephen Hawking (embora, é claro, sua noção acerca do tempo seja diferente) sente-se feliz em dizer que o "assim chamado tempo imaginário é tempo real e [...] o que denominamos tempo real é apenas fantasia de nossa imaginação."[7] A expressão "tempo imaginário" é, sem dúvida, um termo técnico usado por físicos

---

6 Einstein; Besso, *Correspondence 1903-1955*. Citado por Prigogine e Stengers em *Order out of Chaos: man's new dialogue with nature*, p.294, grifo meu.
7 Hawking, *A Brief History of Time*, p.139.

com um significado bem diferente de seu uso normal. Hawking, porém, ao usar em paralelo a expressão comum "fantasia de nossa imaginação", acaba escorregando e usando o termo, ao mesmo tempo, em ambos os sentidos.

Quando as pessoas que falam dessa maneira são pressionadas a se explicar e responder se realmente acham que a parte de nosso conhecimento que extrapola a física – que é quase a totalidade de nosso conhecimento – é pura ilusão, elas tendem a vacilar e, de certa forma, recuam. "Não", dizem elas, "não é exatamente falsa ou ilusória, mas é um tanto superficial e temporária. É uma espécie de conjectura amadora, porque não foi ainda devidamente conferida pelos cientistas". E em um artigo publicado na *New Scientist*, Peter Atkins gentilmente abre espaço para outros estudos, admitindo que

> [...] sempre haverá espaço para produzir questões que embalam outros grupos de questões mais profundas, formando unidades apropriadas ao nível do discurso. [...] *Jamais será apropriado exterminar a história, o direito e assim por diante*, da mesma forma como não será apropriado insistir que todo discurso da biologia deve ser expresso em termos de física de partículas. É preciso permitir que os conceitos operem em um nível pragmático.[8]

Isso, todavia, afirma Atkins, acontece pela simples razão de que a explicação científica mais profunda é, lamentavelmente, "incômoda demais para o uso cotidiano", e não porque qual-

---

[8] Atkins, Will science ever fail?, *New Scientist*, 8 ago. 1992 (grifo meu), em resposta a um artigo meu, estranhamente intitulado pelo editor como Can science save its soul?, *New Scientist*, 1º ago. 1992.

A presença dos mitos em nossas vidas

quer outra investigação poderia, de fato, acrescentar alguma coisa útil a ela. A ciência — significando basicamente apenas a física e a química, já que Atkins indica a biologia entre as camadas de superfície — continua "onicompetente". Ela consegue, afirma Atkins, responder no nível mais profundo todas as questões que possam surgir em qualquer investigação.

Perspectivas de tradução

Qualquer um que sinta anseio de completar nosso conhecimento dessa forma deveria tentar traduzir alguma afirmação histórica simples nas verdades físicas mais profundas, consideradas subjacentes a ele. O que dizer, por exemplo, de uma sentença factual como "Finalmente, George teve permissão para sair da prisão e ir para casa no domingo"? Como irá a linguagem da física transmitir o significado de "domingo" ou "casa" ou "permissão" ou "prisão" ou "finalmente"? Ou, na verdade, "George" (na física não existem indivíduos). O significado de todos esses termos diz respeito a sistemas de relação social muito complexos e de amplo alcance, não aos detalhes físicos de um caso em especial.

Para uma tradução, todos esses conceitos sociais teriam de desaparecer e ser representados por termos que descrevem as interações de grupos de partículas movidas por várias forças. O problema com essa nova versão *não* é, como Atkins afirma, que ela seja "incômoda demais para o uso cotidiano", mas que ela não transmite o significado do que, afinal, é dito. A frase, como está, não se refere apenas aos itens físicos envolvidos. Com efeito, a maior parte dos detalhes físicos é irrelevante para ela (não importa, por exemplo, onde é a prisão ou que caminho ou meio de transporte George usou para vir para casa). O que a frase descreve é uma transação simbólica entre um indivíduo e um imenso *background* social de justiça penal, estruturas de poder, legislação e decisões humanas. As palavras lá utilizadas preenchem de modo adequado esse *background* social e histórico. Sem tais conceitos, todo o significado da frase desapareceria.

Esse pedaço de história – essa pequena frase narrativa – não é algo esboçado ou provisório; não é uma cópia heliográfica que precisa de validação científica. Não é apenas uma expressão emotiva ou amadora de "psicologia popular". É informação sólida exatamente do tipo que é necessário. É precisa na maneira como necessita ser, e se for necessária mais precisão – como, por exemplo, por que ele teve permissão para sair –, isso também pode ser fornecido através de conceitos do mesmo tipo. E se alguém tentar o mesmo experimento com uma frase extraída do direito, esse alguém se verá mais desnorteado ainda.

6
Dilemas dualistas

Contraceticismo: a redução idealista

Os apologistas do reducionismo sentem que ainda existe algo de não oficial em relação à linguagem do dia a dia, porque ela fala de entidades como, por exemplo, seres humanos, casas e prisões que não constam do repertório da física, entidades que não podem, portanto, ser muito reais. No entanto, questionar sua realidade é invocar não a física, mas a metafísica. O que "real" significa aqui? De qual realidade mais profunda estamos falando? Por que (primeiro) há essa profunda crença na possibilidade de ampliar indefinidamente o sistema explicativo mecânico, e por que (segundo) tal crença se expressa nessa linguagem violentamente ontológica de aparência – ou de ilusão – e de realidade?

Claramente, o modelo atomístico de explicação em termos de movimentos das partículas irredutíveis e indivisíveis ainda exerce um forte poder em nossa imaginação. Embora os físicos não acreditem mais nessas partículas irredutíveis, o tipo de simplificação prometida por esse modelo é muito atraente e, sem dúvida, amiúde funciona muito bem. Ademais, do ponto de vista da desqualificação, reduzir totalidades a partes é sempre uma boa maneira de minimizar seu valor. Como dizem, "afinal de contas, quando você vê de perto, um corpo humano vale apenas cinco libras de produtos químicos...".

Entretanto, há também um desejo muito mais sério e respeitável de combinar explicações da mente e da matéria em algum tipo de relação inteligível. A divisão que Descartes fez do mundo entre essas duas superpotências, a mente e o corpo, que mal conseguiam manter um diálogo, é muito insatisfatória. Uma vez que o padrão de unificação pela conquista tenha sido proposto como uma maneira de ajudar o pensamento a atravessar tais abismos entre indagações, parecia natural levá-la mais adiante. Os materialistas que reduziram a mente à matéria com certeza acreditavam estar simplesmente seguindo o exemplo da física, mas esse exemplo não pode decidir *qual* das superpotências deve prevalecer.

Formalmente, é tão fácil absorver a matéria na mente adotando-se uma atitude de ceticismo acerca da existência de objetos externos quanto é absorver a mente na matéria. O fenomenalismo funciona tão bem quanto o materialismo. David Hume elaborou uma redução cética e idealista que removeu a matéria física como uma entidade desnecessária, da mesma forma que removeu Deus e a alma imorredoura. Esse triunfo da parcimônia geral deixou Hume com um mundo muito obscuro, que consistia apenas de percepções especiais, átomos da mente sem qualquer proprietário real. Porém, Hume acreditava que sua economia se baseava no exemplo da ciência moderna. Ao justificar sua redução de todas as motivações para a busca da serventia, ele citou o exemplo de Newton e, esperançoso, escreveu:

A presença dos mitos em nossas vidas

É perfeitamente consonante com as regras da filosofia, e até mesmo do senso comum – em que qualquer princípio que se considere como uma grande força e energia em alguma instância –, atribuir a ela uma energia similar em todos os casos semelhantes. Essa é, de fato, a principal regra do filosofar de Newton.[1]

Isso revela muito bem o quão tentador é ver casos como "similares", uma vez que tenhamos conseguido uma fórmula, que esperamos, se ajuste a todos eles. Ao defender essa tendência fatal, Hume afirma, um tanto quanto ingenuamente, como se a simplicidade fosse sempre uma questão do número real de princípios invocados:

> [...] portanto, sem qualquer obstáculo ou dificuldade, estabelecemos duas verdades: de que é a partir de princípios naturais que essa variedade de causas estimula o orgulho e a humildade, e de que não é por um princípio diferente que cada causa é adaptada à sua paixão. Prosseguiremos agora e investigaremos como podemos *reduzir esses princípios até chegarmos a um número menor*, e assim encontrarmos entre as causas alguma coisa em comum da qual sua influência depende.[2]

Esse hábito precipitado tem sido responsável por toda uma coleção tosca e demasiado simples de teorias redutivas da motivação. Entretanto, é claro que ela não resolveu a questão: deve a mente se reduzir à matéria ou deve a matéria se reduzir à mente? Formalmente, os projetos parecem muito semelhantes.

---

1 Hume, *Enquiry Concerning the Principles of Morals*, seção III, parte ii, § 163.
2 Id., *Treatise of Human Nature*, livro II, parte 1, seção 4.

Ambos provêm da forte demanda por unidade, da convicção de que a realidade simplesmente não pode ser dividida de forma arbitrária em duas partes iguais. Mas essa demanda formal por unidade não pode nos ajudar a tomar partido. E ela também não tem o tipo de força que seria necessária para fazer as pessoas prosseguirem, como elas têm feito, aceitando os estranhos paradoxos que emergem mais tarde, quando tentam aplicar, de forma consistente, seja o materialismo monolítico seja o idealismo monolítico. Nesse ponto, toda a simplicidade se perde. Portanto, se a busca da simplicidade fosse o objetivo verdadeiro, as pessoas desistiriam naturalmente do projeto reducionista.

Ideais norteadores

O que faz os pensadores levarem a redução adiante deve ser, então, não uma busca formal da ordem, mas a busca de um ideal. Embora os teóricos sempre afirmem que suas visões metafísicas não envolvem qualquer viés moral, a metafísica geralmente exprime algum tipo de atitude moral em relação à vida, e não há razão alguma neste mundo por que não deva fazê-lo. Não há nada desonroso em alimentar ideais. O que é necessário é que eles sejam sensatos e abertamente expressos para discussão. Não se pode contrabandear preconceitos para dentro deles como se se tratasse de uma questão técnica acessível apenas a especialistas.

No caso da mente e da matéria, o conflito de ideais aí envolvidos é, com frequência, óbvio em termos do dia a dia. Por exemplo, na medicina e sobretudo na psiquiatria, muitas vezes há uma escolha entre ver os pacientes fundamentalmente como organismos físicos ou como agentes conscientes. Conforme

A presença dos mitos em nossas vidas

mostra a experiência atual, a escolha pode ter poderosas consequências práticas para o tratamento; na verdade, ela pode decidir todo o destino do paciente. Mesmo assim, ela é amiúde vista como sendo determinada antecipadamente, e de forma abstrata, por concepções acerca do que é científico.[3] A noção metafísica de que somente o corpo físico é verdadeiramente *real*, ao passo que falar sobre a mente ou a alma é mera superstição, pode aqui exercer uma influência surpreendente na conduta. A insensatez oposta – ignorar o corpo e tratar apenas a mente – também tem seu próprio reforço metafísico, mas esse reforço tende a ser mais explícito e, de maneira geral, não é redutivo. Psiquiatras freudianos e existencialistas não presumem que corpos sejam, de fato, irreais. Eles não são cientistas cristãos; não defendem seus métodos por meio de uma metafísica idealista. O caminho de Hume – do idealismo reducionista – é, na verdade, obscuro demais para influenciar a conduta da maneira que o materialismo reducionista o fez.

Pensamentos vistos como apitos

É essa assimetria entre nossas atitudes em relação à mente e ao corpo que torna nossa noção atual de "redução" tão confusa. Ela não está, é claro, restrita à psiquiatria. A concepção de que mente e matéria competem entre si, de que apenas uma delas pode determinar a conduta, há muito tempo exerce grande influência. Sua forma predileta hoje em dia é a "epifenomenalista", criada por T. H. Huxley, que afirma que a consciência não é exatamente irreal, mas meramente espuma de superfície,

---

3 Ver Slavney e McHugh, *Psychiatric Polarities, Methodology, and Practice*.

um extra ineficaz. Nosso pensamento (disse Huxley) é como o vapor liberado pelo apito de uma locomotiva quando é dada a partida do motor; ele faz muito barulho e pode parecer que está conduzindo o trem, mas a causa real da locomoção está na caldeira (aqui, novamente, a imagem tecnológica faz sua contribuição especial). O corpo faz o que, de qualquer forma, iria fazer, e a mente simplesmente pinta o cenário para esse processo, cenário que, de alguma maneira, persuade o proprietário de que é ele quem está no comando. Ou, como B. F. Skinner colocou a questão:

> A punição do comportamento sexual muda o *comportamento* sexual, e quaisquer sentimentos que possam surgir são, na melhor das hipóteses, subprodutos [...]. De fato, sentimos certos estados do corpo associados ao comportamento, mas [...] eles são subprodutos e não devem ser confundidos com causas [...].[4]

Não posso aqui adentrar nas fascinantes confusões incorporadas no epifenomenalismo (elas foram discutidas no capítulo 10 do meu livro *Science and Poetry* [Ciência e poesia]). Uma questão interessante é, sem dúvida, de que maneira corpos, como, por exemplo, os de Huxley ou de Skinner, conseguiram ser tão inteligentes a ponto de fazer toda essa teorização, se suas mentes realmente não lhes deram qualquer assistência. Outra questão – que, recentemente, foi enfatizada – é como, afinal, a consciência pode ter se desenvolvido se ela realmente não teve qualquer tipo de efeito no mundo. De fato, a ideia de que algo ocorra sem produzir efeito é uma noção muito estra-

---

4 Skinner, *Beyond Freedom and Dignity*, p.20-1.

nha. O epifenomenalismo é, na verdade, mais uma distorção desesperada, produzida pela violenta separação que Descartes faz entre mente e corpo. Uma vez que ambos são vistos como itens totalmente distintos, incapazes de afetar um ao outro, é simplesmente impossível reconectá-los de forma adequada. Assim, repetidas vezes, os filósofos "redutores" tentam se livrar de uma parte ou de outra, com resultados que nunca são, de fato, inteligíveis.

É necessário que haja algo que se assemelhe a uma descrição de aspecto duplo, em que *não falamos de maneira alguma de dois tipos diferentes de coisas, mas de dois pontos de vista complementares*: o interior e o exterior, o subjetivo e o objetivo. Os seres humanos são totalidades altamente complexas, a respeito das quais não sabemos muito. O conhecimento parcial que, de fato, temos acerca deles nos vem de duas maneiras: do exterior e do interior. Em geral, nenhuma dessas maneiras de conhecer tem precedência fixa uma sobre a outra. Ambas são úteis para diferentes propósitos; por exemplo, a visão e o tato são úteis de diferentes maneiras para nosso conhecimento do mundo exterior. E, conforme mencionamos antes, há algumas situações, como a alegria, a dor, a tristeza e outros sentimentos afins, em que o ângulo subjetivo é fundamental. Thomas Nagel, em seu livro *The View from Nowhere* [*Visão a partir de lugar nenhum*], propôs que relacionar esses pontos de vista de maneira apropriada é um problema filosófico essencial, um problema que vem sendo repetidamente distorcido por vários tipos de dualismo. Ele assevera:

Quero descrever uma maneira de ver o mundo e de viver nele que seja *adequada para seres complexos, sem um ponto de vista naturalmente unificado*. Ela se baseia em um esforço deliberado de justapor as visões internas e externas, ou subjetivas e objetivas, com plena força, a fim de alcançar a unificação, quando possível, e de reconhecer claramente quando não for possível. Em vez de uma visão de mundo unificada, temos a interação desses dois tipos de concepção desconfortavelmente relacionados e o esforço basicamente não completível de conciliá-los.[5]

Considerações morais

É importante perceber que a decisão de enfatizar seja o ângulo subjetivo, seja o objetivo em nosso raciocínio, acarreta sérias consequências. Não podemos simplesmente lançá-las a esmo e escolher de forma aleatória. Quanto a algumas questões morais, há uma razão séria para darmos precedência a um desses ângulos. Em nossa tradição, um motivo essencial para a redução materialista tem sido a indignação moral contra a Igreja. Os grandes filósofos reducionistas, em sua maioria, têm sido veementemente anticlericais, muitas vezes com plena razão. A preocupação central de Hobbes era desacreditar as terríveis guerras religiosas do século XVII; a de Hume era atacar a repressora moralidade cristã, sobretudo a tirania da Igreja Calvinista escocesa do século XVIII; a de Nietzsche era perfurar a complacente sentimentalidade de sua educação luterana. E assim por diante.

Ora, o ateísmo e o anticlericalismo, na verdade, não requerem o materialismo. Um idealismo ateísta como o de Hume é uma opção perfeitamente possível e pode ser uma opção mais coerente. No final do século XIX, muitos céticos austeros

---

5 Nagel, *The View from Nowhere*, p.4, grifo meu.

acreditavam que essa era a escolha mais evidente (nesse ponto, a ambivalência de Russell, que durou toda a sua vida, é bastante interessante). Atualmente, entretanto, para a maioria dos ateístas, o materialismo parece um caminho mais objetivo e ele pode, sem dúvida, tirar vantagem mais facilmente do prestígio da ciência física.

Tanto o materialismo reducionista quando o idealismo reducionista convergem para sugerir que o reducionismo é, principalmente, uma campanha moral contra o cristianismo. Trata-se de um equívoco perigoso. A obsessão com as Igrejas desvia a atenção da redução empregada contra noções de individualidade humana, o que agora configura-se como uma ameaça muito mais séria. Ela também faz problemas morais parecerem muito mais simples do que realmente são. De fato, alguns esperançosos humanistas defensores do reducionismo ainda mostram tendência a sugerir que, uma vez removidas as estruturas cristãs, tudo ficará bem com a vida em geral, e a filosofia não apresentará maiores problemas.

Em sua própria época, essas campanhas anticlericais reducionistas muitas vezes foram úteis; porém, as circunstâncias mudam. Novas ameaças, piores do que aquela que nos atormenta, estão sempre surgindo, de modo que aquilo que parecia uma cura universal para o vício e a insensatez torna-se simplesmente irrelevante. Na política, os Estados ateístas do século XX são um presságio pouco encorajador para uma simples abordagem secularista da reforma. O resultado é que os males que têm infestado a religião não estão confinados a ela, mas são males que podem acompanhar qualquer instituição humana bem-sucedida. E também não está claro que a própria religião é algo de que a raça humana possa ou deva ser curada.

Esse tipo de motivação secularista para o reducionismo então é, nos dias de hoje, algo de valor limitado, algo que precisa de mais crítica do que usualmente recebe. Porém, há outras razões para isso, muito menos notadas, mas realmente perigosas, sobretudo, aquelas que dizem respeito às relações de poder entre os cientistas reducionistas e as pessoas reduzidas, que são seu tema, como, por exemplo, os pacientes psiquiátricos mencionados há pouco. Quando a questão é a respeito de como uma determinada pessoa deve ser tratada, então o próprio ponto de vista dessa pessoa em relação ao assunto tem uma importância muito peculiar. Teorias da psicologia, tais como o behaviorismo, que exaltam apenas o ponto de vista objetivo, não podem fazer justiça a essa importância. Na verdade, elas existem para contorná-la.

O behaviorismo era considerado muito científico e austero justamente porque era reducionista, condição que, acreditava-se, tornava-o cientificamente imparcial. Os behavioristas desconsideravam o ângulo subjetivo, vendo-o como uma extravagância irrelevante, um luxo sentimental que devia ser renegado em nome da ciência. Entretanto, essa elevada opinião de seu *status* científico não era, por si mesma, parte da ciência. Era um exercício de divulgação em nome de uma posição moral especial. Essa posição nunca foi defendida nos termos morais adequados, mas sempre como algo – em algum misterioso sentido – "científico". A preferência pelo ângulo externo continua um princípio perigoso que, desafortunadamente, sobreviveu à morte oficial do behaviorismo.

Dei a entender antes que, quando encontramos alegações de austeridade intelectual tais como essa, devemos sempre procurar a recompensa. Aqui, ela não é difícil de encontrar. Para os psicólogos, é tanto conveniente quanto lisonjeiro considerar outras pessoas como mecanismos e eles próprios como os engenheiros que agem livremente, indicados para examiná-las e consertá-las. Ignorar as percepções do próprio sujeito acerca de seu estado naturalmente torna o trabalho muito mais simples; e também aumenta muito o poder do profissional. Não há dúvida de que, em geral, os psicólogos são sinceros quando alegam que agem para o bem de seus "sujeitos" – um termo que envolve interessantes associações. Mas os princípios subjacentes a essa abordagem simplesmente não deixam espaço para a visão dos próprios sujeitos em relação ao que eles considerariam seu próprio bem. Esses princípios legitimam uma manipulação incondicional. Não resta dúvida de que esse é um motivo que responde por que essa maneira de praticar psicologia não é mais tão amplamente defendida quanto já foi.

Problemas da alma

Há, no entanto, uma dificuldade de ordem diferente – e mais séria – em relação aos projetos psicológicos reducionistas, como é o caso do behaviorismo. Eles não podem ser facilmente combinados com aquele outro projeto favorito do final do Iluminismo: o ateísmo.

O problema é o seguinte: se, de fato, é verdade que não existem forças espirituais agindo do exterior sobre os seres humanos – se nossas experiências espirituais são inteiramente geradas a partir do interior –, então o que acontece em nossa vida espiritual é inevitavelmente uma questão psicológica que não pode mais ser entregue à teologia. Uma metafísica parcimoniosa, isenta de Deus, simplesmente não é compatível com uma psicologia mesquinha. Em vez disso, ela exige uma investigação ampla, acolhedora e sensível da vida interior, para absorver um conjunto de assuntos que agora se tornaram empíricos e não metafísicos.

Bernard Williams discute bem essa questão. Ao falar sobre moralidade religiosa, ele afirma:

> Admitindo que a alegação de que ela é transcendental seja falsa, os seres humanos devem tê-la sonhado, e precisamos compreender por que esse foi o conteúdo do sonho que tiveram. (O humanismo – no sentido contemporâneo de movimento secularista e antirreligioso – raras vezes parece ter enfrentado plenamente uma consequência muito imediata de suas próprias concepções; que a religião, essa coisa terrível, é uma invenção *humana*)[6]

E já que esse aspecto da vida humana – que, sem dúvida, não está de forma alguma confinado a áreas tradicionalmente reivindicadas pelas religiões – exerce muita influência sobre o comportamento, os psicólogos deveriam levar esses fenômenos a sério. Não obstante, isso não pode ser feito sem uma atenção profunda aos relatos da experiência subjetiva.

Freud percebeu essa dificuldade e lidou com ela de uma maneira abrupta em sua obra *The future of an Illusion* [*O futuro de uma ilusão*]. Ele rejeitou todo esse aspecto da vida, considerando-o patológico, decretando que Deus era simplesmente um subproduto do complexo de Édipo, explorado por padres ardilosos. Entretanto, até mesmo o mais ardiloso dos padres não consegue explorar nada com sucesso sem um material de

---

6 Williams, *Morality*: an introduction to ethics, p.94.

trabalho adequado. E, como Jung apontou, até mesmo dentro da tradição judaico-cristã, a vida espiritual envolve muito mais do que a figura do pai. Esse tipo de experiência não se restringe a qualquer religião oficial, embora, é óbvio, religiões oficiais fora da tradição ocidental explorem territórios dela que não são familiares aqui. Ela também não pode, de forma plausível, ser reduzida a uma satisfação ilícita do desejo de vida após a morte. A religião grega oferecia poucas esperanças de vida pós-morte, e o judaísmo, durante muito tempo, negou isso com vigor. A experiência espiritual é apenas um aspecto da experiência normal, e até mesmo elementos dela que, de fato, são neuróticos ainda pertencem ao tema da psicologia. Ela necessariamente usa símbolos da mesma forma que outra atividade imaginativa o faz, e tais símbolos merecem a mesma atenção.

Foi por isso que Jung propôs que a psicologia deveria se expandir para lidar adequadamente com esses territórios mais amplos. Desde sua época, entretanto, os psicólogos acadêmicos vêm resistindo sistematicamente a tais sugestões, buscando, em vez disso, encolher sua disciplina de forma a fazê-la parecer mais com uma ciência física (por exemplo, hoje o treinamento normal de psiquiatras não inclui qualquer referência a problemas espirituais, embora esses sejam com frequência do maior interesse de seus pacientes). De diversas maneiras, das quais o behaviorismo foi apenas a mais dramática, os psicólogos buscaram um ideal reducionista de racionalidade, lutando para reduzir seu vasto tema às suas devidas proporções. Adiante examinaremos algumas das dificuldades que essa campanha apresentou.

7
Razões, materialismo e megalomania

O reducionismo psicológico

Além de reduzirem a mente à matéria, os reducionistas psicológicos dispõem de outra possibilidade aberta a eles, que pode se mostrar ainda mais gratificante. Além de reduzir as motivações dos outros a movimentos mecânicos, eles podem também reduzi-las a outras motivações subjacentes, mais rudimentares do que aquelas normalmente admitidas. Ora, a relação entre essas duas empreitadas não está clara. Se a redução fisicalista funciona, não está óbvio como a redução puramente psicológica pode encontrar espaço para funcionar também – ou por que ela é necessária. Se (por exemplo) Huxley e Skinner têm razão em afirmar que os capítulos deste livro simplesmente escreveram a si próprios como resultado de um movimento cego de partículas – que os pensamentos da autora não afetaram, de maneira alguma, o processo –, fica bastante difícil ver como eles também (de fato) foram produzidos por um autoengrandecimento desenfreado e uma ambição dinástica.

Ambos os métodos, no entanto, vêm sendo praticados em conjunto desde a aurora do reducionismo moderno, sem qualquer indicação clara de como eles devem se relacionar. Hobbes usa ambos constantemente. Da mesma forma, ele insiste que a própria vida é nada mais do que movimento, e que, por exemplo, "Nenhum homem doa visando seu próprio Bem, porque a Dádiva é voluntária, e de todos os atos Voluntários, o Objeto é para cada homem seu próprio Bem."[1] Também Freud usa os dois métodos, embora ele prefira o psicológico: "Amor parental, que é tão comovente e, no fundo, tão infantil, nada mais é do que o narcisismo renascido dos pais."[2]

Mas não quero, de maneira alguma, dizer que esse tipo de diagnóstico das motivações subjacentes é sempre errado ou injustificado. Pelo contrário, acho que ele é muitas vezes necessário e pode ser praticado de modo responsável, com grandes benefícios. Quero, no entanto, apontar para o enorme incentivo que há para praticá-lo indiscriminada e desenfreadamente como alternativa. O prazer de mostrar os outros como fraudes morais, combinado com a satisfação intelectual que se tem de ampliar cada vez mais a teoria norteadora, é uma recompensa a que os teóricos acham muito difícil resistir.

Portanto, até mesmo uma franca redução psicológica de motivos é um negócio traiçoeiro, longe de ser austero e bem direcionado. Entretanto, o que é muito pior é uma mistura ilegítima disso com a redução fisicalista, que perde todas as vantagens de ambas. Essa confusão é endêmica entre os sociobiólogos. Atualizando Freud, assim afirma David Barash:

---

1 Hobbes, *Leviathan*, parte 1, cap. 15.
2 Freud, On Narcissism (1914-16). In: _____. *Collected Works*, v. XIV, p.91.

A presença dos mitos em nossas vidas

O amor parental por si mesmo é apenas uma estratégia evolutiva em que os genes se reproduzem [...]. Iremos analisar comportamentos parentais, o egoísmo subjacente ao nosso comportamento em relação aos outros, até mesmo em relação aos nossos próprios filhos.[3]

E Edward O. Wilson assevera:

O comportamento humano – da mesma forma que as capacidades mais profundas de resposta emocional que o movem e orientam – é a técnica tortuosa através da qual o material genético humano tem sido e continuará sendo mantido intacto. A moralidade não tem qualquer outra função final demonstrável.[4]

A teoria evolutiva do altruísmo humano é muitíssimo complicada pela característica derradeiramente interesseira da maioria das formas desse altruísmo. Nenhuma forma continuada de altruísmo humano é explícita e totalmente autoaniquilante. As vidas associadas ao mais elevado heroísmo pagam-se na expectativa de uma grande recompensa, a mais importante das quais é a crença na imortalidade pessoal.

A compaixão é seletiva e muitas vezes interesseira [...] ela se adéqua aos melhores interesses do eu, da família e dos aliados do momento.[5]

Esses excertos são bizarros porque, oficialmente, não se supõe que, afinal, a sociobiologia sustente qualquer noção

---

[3] Barash, *Sociobiology, the Whisperings Within*, p.3.
[4] Wilson, *On Human Nature*, p.167.
[5] Ibid., p.154-5.

acerca de causas. Ela tem a ver apenas com comportamento, com a probabilidade estatística de que certos tipos de ação afetem a distribuição futura dos genes de um agente. De modo desastroso, entretanto, os sociobiólogos escolheram descrever esse tópico inócuo na linguagem das causas, usando termos como "egoísmo", "despeito" e "altruísmo" como termos técnicos para várias tendências distributivas (a propósito, tanto esse excerto de Barash quanto o de Dawkins, citado anteriormente, ocorrem nas primeiras páginas de seus livros, *antes* que a definição especial e técnica de egoísmo seja explicada).

Como essa linguagem da motivação é tão natural e habitual em seu sentido comum, esses autores acabam sempre escorregando e misturando os dois sistemas e, assim, supõem ter explicado a psicologia humana de forma radical. Sonhos de um império acadêmico ainda mais amplo, envolvendo a conquista reducionista de todos os outros estudos, naturalmente se seguiram:

> Talvez não seja exagero dizer que a sociologia e as outras ciências sociais, bem como as ciências humanas, são os últimos ramos da biologia que esperam ser incluídos na Síntese Moderna. Uma das funções da Sociobiologia, [*apenas uma*] então, é reformular os fundamentos das ciências sociais de forma a atrair esses tópicos para a Síntese Moderna.
>
> O estresse será avaliado nos termos das perturbações neurofisiológicas e dos seus períodos de relaxamento. A cognição se traduzirá em um conjunto de circuitos. O aprendizado e a criatividade serão definidos como a alteração de porções específicas do mecanismo cognitivo regulado pelo *input* originário dos centros emotivos. Depois de ter canibalizado a psicologia, a

nova neurobiologia renderá um conjunto duradouro de primeiros princípios para a sociologia.⁶

Nada disso teria parecido plausível se uma combinação precipitada de reduções fisicalistas e psicológicas não tivesse dado a esses autores a impressão de que eles haviam finalmente sintetizado a psicologia humana. Se fragmentos como esses não constituem uma megalomania, então não sei o que o faz. Quanto a eles, não tenho mais nada a dizer.

O outro território da fantasia que parece relevante aqui é o da série de predições que agora estão sendo feitas, não apenas por profetas comuns, mas por eminentes cientistas, a respeito de uma eventual conquista humana de todo o universo. Basicamente, esses vaticínios são lamarckianos e extrapolam o que se considera um gráfico ascendente da evolução, que irá elevar a raça humana até os céus, concedendo-lhe um futuro cada vez mais glorioso e talvez eterno. Essas previsões postulam viagens espaciais altamente bem-sucedidas e uma transferência até mais triunfante da consciência humana (seja lá o que for isso) para as máquinas. Elas não têm qualquer respaldo da atual biologia darwinista, que, sem rodeios, rejeita o gráfico ascendente de Lamarck. Em vez disso, elas se apoiam em argumentos muito abstratos extraídos da cosmologia, da dúbia teoria da probabilidade e de certas áreas da inteligência artificial.

As profecias foram feitas inicialmente meio século atrás por J. B. S. Haldane e J. D. Bernal, dois eminentes e inventivos cientistas, materialistas dialéticos devotos. O marxismo havia habituado ambos a depreciar conceitos rotineiros através de

---

6 Wilson, *Sociobiology*, p.4 e 575.

uma retórica duramente reducionista, e também a usar as promessas de um futuro remoto e esplêndido de forma a servirem de justificativa para se ignorar os crimes e as misérias do presente. Esses dois hábitos infelizes são, seguramente, o que os traiu em seus sonhos compensatórios de um futuro distante. O pequeno livro de Bernal tem sido citado com admiração por vários proponentes modernos desse mito compensatório.[7] Ele combina solidamente os dois elementos que venho mencionando: desprezo impiedoso e severo das formas comuns de pensamento e uma indulgência desenfreada para com fantasias de poder. Bernal, em especial, manifesta uma repulsa extraordinária e paranoica pelo corpo humano:

> As modernas descobertas mecânicas e bioquímicas tornaram tanto as funções ósseas quanto as funções metabólicas do corpo bastante inúteis [...]. Do ponto de vista da atividade mental através da qual ele (o ser humano) vive cada vez mais, é uma maneira altamente ineficaz de manter sua mente operando. Em um operário civilizado, os membros são meros parasitas, exigindo nove décimos da energia fornecida pela alimentação e até mesmo uma espécie de chantagem do exercício de que eles precisam para evitar doenças, enquanto os órgãos do corpo se desgastam para suprir suas necessidades [...]. Mais cedo ou mais tarde as partes inúteis do corpo precisam ser dotadas de funções modernas ou dispensadas por completo.[8]

---

7 Por exemplo, por Barrow e Tipler no notável volume *The Anthropic Cosmological Principle*, p.618-19.

8 Bernal, *The World, the Flesh and the Devil*, p.41-2. A respeito da contribuição de Haldane, ver seu livro *Possible Worlds*, p.287.

A presença dos mitos em nossas vidas

Será que isso é suficientemente sério para nós? Não há tempo aqui para examinarmos as modernas versões dessa história. Citei Bernal porque seu estilo vigoroso mostra com muita clareza as estranhas ambivalências da retórica reducionista. Seu tom assustador e impassível aniquila leitores temerosos, levando-os a acatar suas visões abertamente ridículas como se fossem propostas sensatas e práticas. Esse fragmento, juntamente com o que foi citado antes, pode servir para indicar o que eu quero dizer como ponto principal, ou seja, embora a redução seja muitas vezes um instrumento útil, nem todas as reduções são úteis ou sensatas.

8
O que é ação

Visões interiores e exteriores

A monocultura conceitual não pode funcionar porque, na quase totalidade de nosso pensamento, ocupamo-nos com temas que precisamos considerar sob mais de um aspecto. É por isso que enfrentamos constantemente a dificuldade que costumo comparar com o problema de relacionar dois mapas diferentes do mesmo país ou duas janelas do mesmo aquário.

Esse problema pode surgir em muitos contextos diversos, onde quer que duas linguagens diferentes sejam usadas para descrever o mesmo fenômeno. Em termos práticos, ele ocorre sempre que agências diferentes (tais como a polícia e o serviço de liberdade condicional) precisam enfrentar um único problema (por exemplo, criminalidade juvenil ou maus-tratos a crianças). E, em termos teóricos, ele pode surgir entre diversas áreas das várias ciências, onde quer que elas compartilhem um tópico. Entretanto, hoje em dia, há um tipo de questão que todos nós – não apenas os especialistas – enfrentamos com frequência, e que é a compreensão que temos da natureza de nossas próprias ações e das ações daqueles a nosso redor.

Aqui, nossa atual visão de mundo apresenta-se com uma inquietante visão dupla, quando tentamos usar duas abordagens diferentes. Deveríamos explicar essas ações em termos fornecidos pelas ciências físicas ou ainda temos permissão para descrevê-las em termos que fazem algum tipo de sentido aos próprios atores? Em um mundo no qual a ciência física é profundamente respeitada e parece postular a onicompetência, justifica-se continuarmos a interpretar a ação humana com base nos termos não científicos que nos permitem compreendê-los a partir do interior?

Ativo *versus* passivo

A questão é: será que, de fato, alguma vez agimos? Quando dizemos que *agimos* deliberadamente, em vez de ficarmos apenas à deriva, ou de sermos conduzidos, queremos dizer que fazemos algo de propósito. E quando fazemos isso, nossas ações podem ser explicadas – muitas vezes com êxito – com referência a nosso raciocínio consciente, sobretudo a nossos propósitos.

Algumas vezes, entretanto, sugere-se que esse tipo de explicação por propósito é irreal; é apenas uma ilusão. A verdadeira causa de nossa ação é sempre um evento físico, normalmente (é claro) um evento do qual nem mesmo nós próprios jamais ouvimos falar. Essas explicações por propósito, aparentemente bem-sucedidas, são apenas equívocos.

Nós mesmos (então) nunca somos agentes realmente ativos. Somos sempre passivos, sempre *conduzidos – como pessoas hipnotizadas ou possuídas por uma força desconhecida*. De fato, essa metáfora do conduzir foi a que Richard Dawkins usou quando ele escreveu, no primeiro parágrafo do prefácio de *The Selfish Gene* [*O gene egoísta*]: "somos máquinas de sobrevivência, *veículos*-robô programados cegamente para preservar as moléculas egoístas conhecidas como genes". Carros não têm seus próprios propósitos. Eles precisam de alguém para dirigi-los.

A linguagem de Dawkins parece sugerir — um pouco misteriosamente — que o próprio gene é um agente real, uma espécie de hipnotista ativo no comando do carro (não está exatamente claro o que ele quer dizer com isso. Uma vez que o conceito de atividade — de agência — está removido de seu uso normal, ele deve, com toda a certeza, desaparecer por completo. Então, não há mais, de forma alguma, qualquer utilidade para o contraste entre ativo e passivo). Porém, a ideia, sem dúvida, é de que o ser humano que imaginamos ser passivo, isto é, que não está no comando, não está afetando os eventos com seu raciocínio. De maneira bem mais persuasiva, Colin Blakemore e outros autores contemporâneos sugeriram um arranjo semelhante em que a ação é transferida não para os genes, mas para o cérebro. Blakemore coloca a questão da seguinte forma:

> O cérebro humano é uma máquina que, *sozinha,* explica todas as nossas ações, nossos pensamentos íntimos, nossas crenças. Ele cria o estado de consciência e o sentido do eu. Ele faz a mente. [...] Escolher um cônjuge, um emprego, um credo religioso — ou até mesmo escolher roubar um banco — é o ápice de uma cadeia causal que retorna à origem de toda vida e à natureza dos átomos e das moléculas. [...] Normalmente, nós nos sentimos no controle de nossas ações, mas esse sentimento é, ele próprio, produto de nosso cérebro, cujo maquinário foi projetado com base em sua utilidade funcional, por meio da seleção natural. [...] Todas

as nossas ações são produtos da atividade de nosso cérebro. A mim, não parece fazer qualquer sentido (em termos científicos) tentar distinguir claramente entre atos que resultam de intenção consciente e atos que são puros reflexos ou que são causados por doença ou dano ao cérebro.[1]

Aqui, é o cérebro que parece ser personalizado e reconhecido como um agente distinto. A mensagem é que não devemos mais dizer que "usamos o cérebro" ou pensamos com o cérebro, da mesma forma como dizemos que vemos com os olhos e caminhamos com as pernas. Não devemos mais considerar o cérebro como um órgão entre outros órgãos. Em vez disso, devemos agora *nos* considerar como seres separados dele e conduzidos por ele, como se ele fosse uma espécie de hipnotista. Esse agente em terceira pessoa deve remover por completo a primeira pessoa do controle efetivo nas tomadas de decisão.

Essa não é apenas uma discreta mudança verbal. Ela afetaria crucialmente a vida social porque, em geral, a distinção entre atividade deliberada e mera deambulação passiva é de importância fundamental para nós. Precisamos saber se as pessoas com as quais lidamos estão em pleno comando de suas ações ou se, de alguma forma, são passivas e dependentes de forças externas — se, por exemplo, estão embriagadas ou se são psicóticas ou se acabaram de ser chantageadas ou hipnotizadas. Temos que lidar com elas como agentes conscientes e responsáveis, cujos pensamentos orientam suas ações, não como meros fragmentos de matéria que zumbe.

---

1 Blakemore, *The Mind Machine*, p.269-71, grifo meu.

Nossa noção de responsabilidade concentra-se em nossa compreensão dos propósitos dos outros. E responsabilidade não é apenas uma questão legal. Ela cobre uma área muito mais ampla da vida do que apenas culpa e castigo; ela cobre toda a posse de nossas ações, as noções que formamos do caráter dos outros, as bases de toda a nossa atitude em relação a eles. Ao considerar essas coisas, estamos constantemente nos concentrando no que acreditamos que eles estejam pensando.

A busca da simplicidade

Já que essa centralidade do ponto de vista de primeira pessoa é uma questão de experiência comum, os teóricos, com toda a certeza, não teriam tentado eliminar essa ferramenta tão essencial do pensamento se não tivessem acreditado que tinham uma boa razão para isso. A razão que os move é, muito claramente, *uma noção particular do que é uma explicação* – uma convicção de que toda explicação precisa ser causal e que a única forma legítima de raciocínio causal é uma que não pode se estender para cobrir um propósito.

Como vimos, essa forma é o modelo simples de causação do século XVII, atribuindo toda causação real a colisões entre as partículas sólidas irredutíveis estudadas na física. Outras ciências, que rastrearam outros tipos de conexão, estavam apenas especulando em nível superficial. Elas tratavam com aparências e sempre podiam se equivocar. Somente a física podia mergulhar na rocha da realidade (as metáforas de *superfície* e *profundidade*, de *raso* e *sólido* são essenciais para a atração que o modelo oferece).

Mary Midgley

Muitas perguntas, muitas respostas

Como vimos, desde aquela época, está claro que não precisamos desse tipo de simplicidade metafísica. Não temos mais essas convenientes partículas sólidas irredutíveis com seu hábito único de se colidirem. A física tornou-se mais complicada, razão pela qual os próprios físicos agora se dedicam menos ao velho e abrangente modelo do que muitos biólogos e cientistas sociais.

A razão mais profunda para a mudança, entretanto, é que, *agora temos uma concepção muito mais realista daquilo que a própria explicação envolve.* Começamos a entender que o mundo real é, na verdade, complicado e, especialmente, que as pessoas que vivem nele são complicadas. Como elas são complexas, precisamos fazer muitos tipos de perguntas sobre elas, não apenas uma. Para respondê-las, precisamos usar muitas maneiras diferentes de raciocínio, e é por isso que precisamos usar muitas disciplinas diferentes. Elas são ferramentas adaptadas para resolver problemas distintos, não monarcas rivais competindo pelo mesmo trono. Na verdade, essa não é, de maneira alguma, uma monarquia, mas uma república. Não há espaço para todas. Não podemos reduzi-las a uma ciência única e fundamental e não precisamos fazer isso. A relação entre elas não é linear, mas convergente.

A alma que se esvaece

Hoje, precisamos esclarecer muito bem essa questão, porque o artifício paliativo que costumava obscurecer a necessidade dela está desaparecendo. O modelo que Descartes introduziu pela primeira vez possuía – é notório – outro componente que, supunha-se, cuidava do ponto de vista de primeira pessoa: a alma imortal, a sede da consciência. Essa alma era ainda parte do modelo aceito à época de Newton; mas esse sempre foi um artifício insatisfatório. Era simples demais para lidar com as múltiplas funções da consciência e dissociado demais dos mecanismos físicos para poder conduzi-los. Dessa forma, ele foi aos poucos posto de lado.

Suspeito que seja esse tipo de alma que Blakemore e seus colegas estão atacando. Com muita razão, eles insistem que um cérebro não precisa dessa entidade extra, incorpórea para conduzi-lo. Cérebros funcionam da maneira como funcionam, porque são parte de corpos vivos. Mas então devemos considerar que nossa noção comum do eu ativo também não é a noção dessa alma incorpórea. É uma noção da pessoa por inteiro – não dividida, separada em corpo e mente – da qual o cérebro é apenas uma parte operante.

A alma incorpórea não foi útil e hoje não a invocamos. *Mas sem ela, o restante do modelo do século XVII realmente não faz sentido.* A Máquina que foi talhada para se ajustar ao Espírito não pode operar sozinha. Precisamos de um novo modelo que faça justiça aos mais diversos tipos de perguntas que temos e às formas como todas elas se combinam.

Explicando o indivíduo pensante

Consideremos alguém que esteja enfrentando um problema realmente complexo. Poderia ser Darwin, ou Einstein, ou Jane Austen, ou Santa Hildegarde de Bingen, ou Napoleão, ou Boudica planejando uma campanha; poderia ser o chefão da Máfia organizando um assalto; poderia ser alguém ocupado com um artigo para o *Journal of Consciousness Studies*, ou trabalhando com uma das difíceis escolhas que Blakemore listou. Os detalhes do problema não importam. O que importa é que se trata de um problema difícil, difícil o bastante para merecer atenção cuidadosa; portanto, complicado demais para ser resolvido nos bastidores por nosso velho amigo, o Inconsciente – e aí está algo sobre o qual será necessário agir, para que nossa questão sobre a natureza da ação seja finalmente relevante. Com base em suposições comuns, o que for decidido aqui irá determinar a ação posterior e, portanto, irá afetar diretamente o mundo exterior. Se Napoleão decidir esta tarde invadir a Rússia, então a Rússia é que ele irá invadir, não (por exemplo) Andorra ou as Ilhas Ocidentais. Isso é absolutamente certo.

Enquanto essa pessoa está sentada e pensando, podemos imaginar as linhas de explicação convergentes, mas não necessariamente em competição, irradiando-se dela por todos os lados. Essas linhas não representam forças atacando para "conduzir" o indivíduo pensante como um veículo passivo. Em vez disso, elas são linhas de visão para o observador – pontos de vista – ângulos dos quais podemos examinar um processo muito complexo. São posições que poderíamos assumir – como observadores externos – se quiséssemos entender a linha de raciocínio dessa pessoa.

Se estivermos levando esse pensamento a sério, a primeira coisa que tentaremos fazer é apreender o ponto de vista dessa pessoa em relação ao problema com que depara. Tentamos seguir seu raciocínio da maneira como ela própria o entende. Se parecer satisfatório, podemos simplesmente aceitá-lo como se fosse nosso. Somente se ele não for satisfatório veremos motivo

A presença dos mitos em nossas vidas

para passar para um dos outros pontos de vista, para descobrirmos o que mais é necessário.

No sentido mais grosseiro, se as ideias envolvidas parecem realmente sem sentido, podemos nos perguntar se o indivíduo pensante não está seriamente perturbado, talvez até doente. Podemos, então, examinar do ponto de vista médico: será que se trata de um tumor no cérebro? Podemos também, se virmos necessidade, fazer perguntas acerca de sua história passada, a respeito de uma ampla série de fatores que podem tê-la influenciado. Entretanto, esse tipo de suplementação, em geral, não é apropriado, a menos que acreditemos que as próprias ideias não fazem pleno sentido. Antes de recorrermos a isso, introduzimos vários esquemas conceituais simplesmente para preencher lacunas que encontramos no raciocínio de tal indivíduo, para ampliá-lo e ver se podemos compreendê-lo melhor – esquemas conceituais que afetam o tema com o qual essa pessoa está lidando, e não com suas próprias peculiaridades.

Assim, no caso de Napoleão, historiadores econômicos poderiam divergir de historiadores políticos e militares porque eles usam abstrações diferentes para se concentrarem em diferentes aspectos do problema de Napoleão. Eles, então, usariam todo tipo de teoria econômica. Em um caso como o de Darwin, há um enorme espectro em relação a esses conflitos, porque suas ideias são de tão longo alcance que levantam questões em toda uma gama de disciplinas, oferecendo um número correspondente de oportunidades para divergências. Por exemplo, em sua própria época, suas sugestões biológicas conflitavam com importantes princípios da física, pois (como Lorde Kevin indicou) antes da descoberta da reação nuclear, não parecia possível que uma terra tão antiga quanto a que

Darwin imaginava pudesse ter mantido seu calor por tempo suficiente para permitir o desenvolvimento da vida.

O motivo de minha analogia com a relação entre diferentes mapas é para chamar a atenção apenas para esse tipo de conflito entre esquemas conceituais. Embora haja, de fato, somente um mundo, as várias disciplinas necessariamente descrevem-no de maneiras diversas, extraindo dele padrões diferentes. Embora ignorem umas às outras, elas podem se comprometer com visões que acabam entrando em conflito. Quando se percebe isso, ambas as partes precisam trabalhar para tornar suas conclusões de alguma forma compatíveis. No caso de Darwin, era a física que estava errada, mas muitas vezes são necessárias mudanças de ambos os lados. Fazer essas mudanças, entretanto, não significa livrar-se da diferença entre seus métodos para que elas possam chegar a um padrão único; também não significa que uma disciplina irá eliminar a outra. Elas continuam a apresentar quadros diferentes, como os diferentes mapas do mundo, mas agora há um entendimento melhor de como devem se relacionar.

"Fundamental"?

No caso de nossa aflita criatura pensante, então, nenhuma das investigações que podemos fazer irá nos dar um "explicação completa" do pensamento. Com efeito, não está claro o que seria uma explicação completa, já que há um número infinito de perguntas que poderiam ser feitas a respeito dele. Cada investigação mostra necessariamente apenas um aspecto do que está acontecendo. Se quisermos uma visão mais completa do que está ocorrendo, teremos de juntar várias questões.

Há alguma razão para esperarmos que um desses tipos de explicação deva ser mais importante do que o restante? Há necessidade de tal hierarquia? De modo especial, quando falamos acerca de ação, há alguma razão para priorizarmos fatos a respeito do cérebro em detrimento de outros fatos explicativos?

Não está claro por que tal hierarquia deva ser necessária. Quando selecionamos uma explicação como sendo "fundamental", em geral queremos dizer que ela é especialmente relevante para a investigação em particular que desejamos fazer. Se, na verdade, somos neurologistas e em nossa pesquisa estamos investigando se (por exemplo) o cérebro de Einstein era, de fato, diferente do cérebro de outras pessoas, então seria razoável que chamássemos os detalhes daquele cérebro de fundamentais. Porém, para a maioria de outros propósitos, simplesmente damos por certo que um cérebro em bom funcionamento é uma condição de *background* necessária de todo pensamento — como o é o restante do sistema nervoso e dos outros órgãos —, e supomos que, desde que ele funcione de maneira adequada, os detalhes de como ele funciona não importam.

Essa abordagem não reflete qualquer subestimação da neurologia. É uma suposição que temos que fazer porque o pensamento não se mantém como uma questão privada. Ela leva à fala e à outra ação no mundo, e essas precisam ser inteligíveis a outras pessoas além daquela que a originou. As ideias que uma criatura pensante propõe precisam ser ideias que essas outras pessoas possam compreender também, não ideias que só se ajustariam a um cérebro que seja fisicamente semelhante ao dela. Criaturas pensantes originais, quando explicam suas ideias aos outros, não o fazem enviando diagramas de seus próprios estados mentais; elas o fazem através do discurso e de ações no mundo público. Assim, nenhum conjunto de informações sobre o cérebro de Einstein permitiria a um neurologista, que nada sabe de física, aprender qualquer coisa sobre a teoria da relatividade a partir desse cérebro.

Por que o pluralismo é necessário?

Vimos considerando o caso do pluralismo cognitivo, a noção de que toda explicação e, sobretudo, a explicação da ação humana, utiliza apropriadamente muitos métodos que não são concorrentes, mas convergentes, porque envolve a resposta a questões que surgem de diferentes conhecimentos, e é por isso que a explicação não pode se reduzir a um único método fundamental.

Retornemos agora à formulação alternativa de Colin Blakemore e identifiquemos as dificuldades levantadas pela sua abordagem mais reducionista, dificuldades que, acredito, mostram por que algo pluralista é necessário. O problema aqui começa com o termo "sozinha" em sua primeira oração ("O cérebro humano é uma máquina que, sozinha, explica todas as nossas ações"). Sem dúvida, um cérebro adequado é necessário como um fator causal em toda ação humana. Mas como poderia ele ser considerado como o único fator?

Como acabamos de notar, se quisermos justificar a ação de alguém – isto é, explicá-la –, a primeira coisa que precisamos conhecer é o próprio ponto de vista dessa pessoa sobre os fatos que ela enfrenta, suas crenças a respeito dele, suas habilidades e esquemas conceituais, suas motivações, seu *background* e, é claro, o assunto com o qual ela está tentando lidar. Sem compreender os problemas com que Napoleão se defronta, não podemos conhecer nem compreender seus pensamentos. Depois disso, precisaremos também saber mais sobre as opções disponíveis a ele, e isso significa examinar toda a vida social e material a seu redor.

A "cadeia causal que retorna à origem de toda vida e à natureza dos átomos e das moléculas" a que Blakemore se refere não é, na verdade, apenas uma cadeia passando pelo cérebro desse agente. É uma rede que perpassa transversalmente cada aspecto de sua vida e grande parte do mundo circundante. Se, quando a investigarmos, ainda acharmos ininteligível a ação praticada por esse agente, podemos, então, começar a investigar a condição do seu corpo, inclusive o cérebro, para ver se alguma doença está distorcendo seu juízo. Normalmente, entretanto, a explicação das ações prossegue com sucesso sem que seja necessária qualquer investigação das condições do cérebro.

Deve-se notar que o tipo de redução neurológica não é o único disponível aqui. Seria igualmente possível (e igualmente enganoso) dizer que o território do pensamento de *background* no mundo determina a coisa por inteiro. Por exemplo, seria possível afirmar que a proposição seguinte de Einstein foi totalmente determinada pela situação da física naquela época: pela totalidade de proposições feitas por físicos anteriores, que deixaram apenas um caminho aberto. Essa esfera intelectual, então, forneceria sua verdadeira explicação. Esse é o tipo de sugestão proposta por um grupo diferente de reducionistas — aqueles que querem interpretar todos os fenômenos em termos de padrões de informação. E, é claro, com o olhar em retrospectiva, explicações dessa ordem são sempre úteis; mas elas também, é óbvio, dependem da formulação de abstrações ilegítimas, da escolha de um único padrão favorito como soberano e de ignorar o restante do mundo.

O que, então, significa essa misteriosa palavra "sozinha"? Minha impressão é que ela, de fato, significa negar apenas outra causa possível, isto é, o pensamento consciente, a atividade de primeira pessoa, que é descartada como um fator causal na produção da ação, porque acredita-se que ela envolva uma alma cartesiana imparcial.

Isso parece claro quando Blakemore escreve: "A mim, não parece fazer qualquer sentido (em termos científicos) tentar distinguir claramente entre atos que resultam de intenção consciente e atos que são puros reflexos ou que são causados por doença ou dano ao cérebro".

É, com certeza, bastante estranho descartar essa distinção, vendo-a como não científica, já que, sem dúvida, trata-se de uma distinção que qualquer neurologista que esteja examinando um paciente consideraria central, e, na verdade, uma distinção necessária em muitas outras áreas da medicina. É certo que a distinção nem sempre é *nítida*. Há áreas que se sobrepõem, casos que envolvem mais de um tipo de causa. Contudo, insinuar que essa diferença não surge de forma alguma – que não há atos claramente distinguíveis "que resultam de intenção consciente" – é insinuar que, pelo que sabemos, a escrita de *A origem das espécies* pode não ter sido um ato conscientemente pretendido desse tipo, mas apenas uma série de espasmos não intencionais, comparáveis a um reflexo. E isso realmente não convence.

A subjetividade é um fato objetivo

A conclusão filosófica que emerge aqui é que o pensamento consciente tem um lugar legítimo e essencial entre os fatores causais que operam no mundo. Não se trata de um extra que assusta, mas de um processo natural. Dentro de uma espécie como a nossa, ele é parte integrante do comportamento normal. Descartes equivocou-se ao exportá-lo para o gueto da metafísica. Nossa experiência interior é tão real quanto pedras ou elétrons, e uma atividade tão comum para um mamífero humano como a digestão ou a circulação sanguínea. A capacidade de termos essa experiência consciente e usá-la de modo eficaz ao fazermos escolhas é algo que se desenvolveu dentro de nós – e em muitas outras espécies – de maneira tão normal quanto nossa capacidade de ver, ouvir e caminhar.

Como já mencionado, precisamos perceber o quão improvável é que tal capacidade possa ter evoluído – como Blakemore propõe – meramente como um epifenômeno ocioso, uma espuma superficial, um show de sombras sem qualquer efeito no mundo real. A seleção natural só pode operar com consequências reais. Ela só pode promover aquilo que produz efeitos. Não há maneira alguma de como ela poderia ter tido controle sobre uma sombra tão ineficaz – ter tornado o pensamento consciente uma realização normal e central na espécie, o que, com certeza, ele agora é – se tivesse sido ocioso. A razão por que essa força do raciocínio prático conseguiu evoluir está no fato de que ela é, realmente, uma maneira útil de produzir ação prudente.

Assim, essa conclusão não envolve qualquer metafísica extravagante. Quando dizemos que alguém age livre, deliberada e responsavelmente, isso *não* significa que uma alma separada dele o faça, isolada das influências a seu redor; significa simplesmente que essa pessoa pratica essa ação como uma pessoa por inteiro, participando dela e estando bem consciente do que está fazendo – não (por exemplo) de forma distraída ou inconsequente, ou sob algum tipo de pressão externa, como a hipnose. É claro que esse agente precisa ter um cérebro – e, sem dúvida, alguns genes – em boas condições de fazer essa escolha. Porém, é a pessoa como um todo que utiliza aquele cérebro, da mesma forma que utiliza as pernas para caminhar e os olhos e mãos para escrever.

9
Organizando o cenário interior
Por que os memes?

O pensamento não é granular

Vimos considerando os objetivos e o funcionamento do reducionismo em geral. Ao fazê-lo, encontramos vários caminhos em que as reduções – originalmente planejadas para o mundo físico – têm sido aplicadas ao mundo do pensamento e dos sentimentos, e vimos certas dificuldades que tendem a perseguir essa empreitada. Agora chegou o momento de olharmos para um projeto atual desse tipo, que se apresenta como sendo especialmente bem-sucedido e científico.

Ao considerarmos tais esquemas, naturalmente perguntamo-nos: o que significa entender o funcionamento do pensamento humano, ou da cultura humana? Que tipo de entendimento necessitamos aqui? É o tipo de entendimento que poderia ser alcançado atomizando o pensamento, analisando-o em suas partículas irredutíveis e depois reconectando-as? Ou, em vez disso, é o tipo de entendimento a que normalmente nos referimos quando falamos em compreender uma atitude, uma sugestão, uma diretriz ou uma palavra, colocando-a em um contexto que a torne inteligível – fornecendo um *background* adequado e penetrando no que ela significa para aqueles que o detêm?

Em geral, é claro, esses dois modelos não são alternativos. Via de regra, usamos ambos em combinação, como aspectos complementares do entendimento. Tanto na ciência quanto na vida do dia a dia, alcançamos prontamente qualquer uma das duas ferramentas, dos dois métodos, conforme requer a situação. Dificuldades tanto podem surgir em relação à estrutura dos itens quanto em relação a seus contextos, e consideramos seja qual for que resolva cada dificuldade específica como um *entendimento* ou uma *explicação*.

Ultimamente, entretanto, vem sendo proposta com muito vigor a noção de que, ao estudar o pensamento, a abordagem atomizadora é a única abordagem verdadeiramente científica, e ela deve ter precedência sobre outros métodos. Dessa forma, Richard Dawkins vem propondo que a abordagem científica da cultura deve dividi-la em unidades padrão chamadas *memes,* que são, em alguns sentidos, paralelas a seus átomos, e, em outros, a seus genes, e estudar suas interações.[1]

Essa proposta é perfeitamente compreensível, tendo em vista o sucesso desses métodos na ciência física. É sempre natural esperar que um método que funciona em uma área nos ajude em outra. Contudo, não está óbvio como essa linha de raciocínio pode nos ajudar nessa situação bem diferente. O problema é que pensamento e cultura não são o tipo de coisa que pode ter unidades distintas. Eles não têm uma estrutura

---

1 Dawkins, *The Selfish Gene*, cap. 11, p.203-15.

granular pela mesma razão por que as correntes do oceano também não têm – ou seja, porque não são coisas, mas padrões.

Não há nada de místico ou supersticioso em relação a isso. A água do mar é, de fato, uma coisa ou substância com unidades. Ela pode ser dividida – não, evidentemente, nos pequenos e duros grãos indivisíveis que os físicos do Renascimento esperavam, mas, ainda assim, em moléculas e átomos distintos, duradouros. Todavia, em contraste, as próprias correntes são *padrões de movimento* – maneiras como a água flui – e elas formam parte de um sistema mais amplo de tais padrões, que os circunda. Para compreender as correntes é preciso investigar esses padrões mais amplos.

Sem dúvida, a microestrutura da própria água pode, algumas vezes, ser relevante aqui, mas normalmente ela é apenas uma condição permanente de segundo plano. O microscópio não é o primeiro instrumento a que os cientistas recorrem quando querem compreender a distribuição do esgoto nos oceanos ou, até mais obviamente, quando estão analisando padrões de fluxo de tráfego. O primeiro movimento de compreensão em tais casos precisa ser direcionado para fora, para que se possa compreender o que está acontecendo no contexto. O pensamento e a cultura, entretanto, também estão se movimentando e desenvolvendo padrões de comportamento humano, maneiras como as pessoas pensam, sentem e agem. Eles não são entidades distintas dessas pessoas. Uma vez que tais padrões não consistem, de forma alguma, de unidades distintas e duradouras, não adianta muito tentar entendê-los rastreando interações reprodutivas entre essas unidades.

A propósito, o próprio termo *"meme"* é de algum interesse. Dawkins explica que o criou reduzindo-o de *mimeme*, que significa uma unidade de imitação, e ambos os termos são claramente modelados com base em *phoneme* [fonema], termo criado por linguistas no início do século XX para descrever uma unidade de som. "Fonema", entretanto, rapidamente tornou-se o nome de um problema mais do que de uma unidade fixa irredutível, Como o professor de Linguística Geral da Universidade de Edinburg afirmou, em 1970:

> A maioria dos linguistas, pelo menos até recentemente, vêm considerando o *fonema* como uma das unidades mínimas da língua; porém, nem todos eles definem os fonemas da mesma maneira (e muitas vezes fazem análises conflitantes dos mesmos dados). Alguns linguistas descrevem os fonemas em termos puramente "físicos"; outros preferem uma definição psicológica. Alguns argumentam que considerações gramaticais são irrelevantes na análise fonológica; outros sustentam a noção de que elas são essenciais. Essas são algumas das questões que vêm dividindo as várias escolas de fonologia nos últimos anos [...].[2]

Esse problema, sem dúvida, não ficou mais simples desde aquela época. Em resumo, o som da fala conforme a ouvimos acaba não sendo granular, não tendo unidades definidas. É um *continuum* que pode ser dividido de várias maneiras para diferentes propósitos. A esperança original de atomizá-lo parece ter emanado de uma crença geral na atomização, bastante prevalente naquela época. Poderíamos comparar o notório conceito de *tropismos* de Loeb como a unidade derradeira que

---

2 Lyons (ed.), *New Horizons in Linguistics*. Ver o resumo introdutório do editor ao cap. 4, Phonology, de E. C. Fudge, p.76.

explicaria todo o movimento de plantas e animais.[3] Na maioria dos campos, essa abordagem acabou não se comprovando útil, e atualmente não parece haver razão clara para ressuscitá-la.

Problemas com o dualismo residual

O projeto do meme, entretanto, teve ampla aceitação porque era exatamente o que nossa tradição aguardava. Durante dois séculos, admiradores das ciências físicas – categoria que inclui a maioria de nós – queriam, de alguma forma, estender os métodos científicos a todo o campo do pensamento e da cultura. Eles desejavam isso pelo fato de que queriam reunificar nosso pensamento, para sanar a ruptura em nossa visão de mundo criada pela divisão feita por Descartes entre mente e matéria, entre as ciências físicas e as formas humanísticas de raciocínio.

Contudo, os métodos utilizados não se aprofundaram, não chegaram nem até a metade. O que era genuinamente necessário era abandonar a abordagem dualística, deixar de considerar o ser humano como duas coisas comprimidas em apenas uma e tratá-lo como um todo que pode ser examinado de maneira apropriada sob muitos e diversos aspectos. Em vez de fazer isso, os teóricos ainda tendem a supor que estão lidando com dois tipos separados e paralelos de coisa ou substância, ou seja, mente e matéria. Esse dualismo residual dá a entender – se não desconsideramos a mente por completo – que podemos unificar as duas coisas simplesmente ampliando os métodos

---

[3] Ver uma interessante discussão sobre tropismos em Boakes, *From Darwin to Behaviourism*, p.138-40.

que temos usado, com tanto êxito, em relação à matéria para o caso paralelo da outra coisa, a mente.

Dessa maneira, oferece um modo de satisfazer o programa positivista de Auguste Comte, no sentido de distanciar – de uma maneira consistente e por meio da metafísica – o pensamento humano da religião, até que consista apenas de ciência. Contudo, esse programa não é um programa realmente inteligível. Apenas parece plausível por causa de uma ambiguidade quanto à noção de ciência. Como afirmou um pragmático historiador:

> Os filósofos [franceses] acreditavam que a luz do saber lhes havia sido concedida por meio das descobertas do século XVII, sobretudo as descobertas de Newton, que haviam iluminado a natureza do universo físico, e as ideias de Locke, que haviam feito a mesma coisa para a mente. [...] O propósito final deles era disseminar a crença de que o comportamento humano, como o universo material, era passível de investigação científica e que a sociedade e os governos deveriam ser estudados cientificamente no interesse da felicidade humana.[4]

Entretanto, naquela época, o significado de "estudar as coisas cientificamente" era muito mais amplo do que é hoje, como fica óbvio de imediato numa classificação que junta Newton e Locke. Em sua essência, o termo "científico" ainda significava, de maneira muito genérica, examinar as coisas com muito critério e de maneira adequada, em vez de depender de tradição ou autoridade. Mais tarde, o sucesso crescente das ciências

---

4 Behrens, *The Ancien Régime*, p.123-4.

A presença dos mitos em nossas vidas

físicas pouco a pouco influenciou seu significado, tendendo a apresentá-las como o único modelo. E a oposição que alguns profetas do Iluminismo proclamaram entre ciência e religião, lançando esta última como representante tanto da tradição quanto da opressão política, intensificou esse favoritismo.

O exemplo de Newton também tendeu a ser usado como justificativa para qualquer simplificação em relação a temas sociais, como se as ciências físicas sempre operassem tão somente por meio da simplificação das coisas mais simples. Como vimos no capítulo 6, foi dessa maneira que David Hume justificou a redução que fez de todas as motivações humanas à serventia; mas a grandeza de Newton não se encontrava apenas na simplificação que ele fez do cenário. Ela se enraizava no trabalho anterior que permitiu a ele ver *qual* generalização apoiar, qual sistema simples projetar. A ciência avança estabelecendo distinções com a mesma frequência com que as abandona.

Hume, então, estava se deixando iludir por semelhanças aparentes, imitando uma forma superficial de pensamento mais do que apreendendo seu objetivo. Entretanto, ele não estava sozinho nisso. Durante o Iluminismo mais tardio, muitos teóricos foram atiçados pela ambição de se tornarem Newtons da psicologia, da moral ou do pensamento político. Eles reivindicaram *status* científico para uma ampla gama de simplificações buscadas a partir de vários ângulos ideológicos, de modo que, no fim, os excessos de profetas supostamente científicos, tais como Marx, Freud e Skinner, provocaram um sério alarme. É por isso que, em meados do século XX, admiradores sinceros da ciência, liderados por Karl Popper, restringiram o significado do termo "ciência" de uma forma planejada para abarcar apenas as próprias ciências físicas.

Mary Midgley

A esperança de padronização

Esse foi um passo natural, mas acarreta uma dificuldade quanto ao *status* de outras formas de pensar, um problema que ainda não foi enfrentado de maneira apropriada. Embora a campanha de Popper fosse, sobretudo, contra ideólogos como Marx e Freud, ela parece também excluir as ciências sociais e as humanidades da classificação de totalmente "científicas". E já que o termo "científico" permanece um termo geral para excelência acadêmica, a conclusão a que se chega é que essas não podem ser maneiras sérias e disciplinadas de se pensar a respeito do mundo. Portanto, muitas vezes, cientistas sociais e humanistas sentem que devem fazer seu raciocínio *parecer* ciência física tanto quanto possível. Essa é a demanda que a memética satisfaz.

Porém, o modo correto de retificar a cisão cartesiana não é uma metade do mundo intelectual engolir a outra. É, em primeiro lugar, evitar fazer essa cisão. O ser humano não é uma combinação frouxa de dois elementos radicalmente diferentes, mas um único item — uma pessoa por inteiro. Portanto, não temos que dividir as várias maneiras como pensamos a respeito dessa pessoa em dois campos rivais. Esses diferentes modos de pensar são como um conjunto de ferramentas complementares dispostos em uma bancada, ou um grupo de remédios a serem usados para doenças diferentes. Sua variedade é a variedade de nossas necessidades. As formas de pensar necessárias para entendermos os dilemas sociais são distintas das formas de que precisamos para a química e, além do mais, distintas daquelas do pensamento histórico, porque elas respondem a diferentes tipos de perguntas. Com certeza, elas têm diferentes padrões de validade.

A presença dos mitos em nossas vidas

Esses tipos de necessidades do pensamento são, de fato, tão diversos quanto o são nossas doenças físicas. Atualmente, na medicina, a noção de um medicamento de patente universal, tal como anunciado nos tempos vitorianos – igualmente potente para curar resfriado, varíola, reumatismo e câncer –, não pareceria plausível; e também não se supõe que ferramentas universais sejam bem-vindas na bancada de trabalho. O tipo de unidade de que o pensamento, de fato, precisa não é o tipo formal que Daniel Dennett tenta impor, inflando o darwinismo para caracterizá-lo como um sistema universal.[5] É uma unidade que deriva adequadamente do fato de que estamos estudando um mundo único – aquele em que vivemos – e que nosso pensamento surge de uma fonte única, ou seja, de nossa tentativa conjunta de viver nesse mundo. O fato de que todos os nossos modos de pensar lidam com esse mundo único unifica de modo suficiente nosso pensamento, da mesma forma que a ciência da medicina é suficientemente unificada pelo fato de que todos os seus ramos lidam com o corpo humano.

---

5 Especialmente em *Darwin's Dangerous Idea*.

10
O sono da razão gera monstros

A busca de um ácido universal

Seria possível fornecer algum tipo de unidade mais rígida, mais formal do que a convergência resultante da discussão de um mundo único e um espectro único de experiência? Os grandes pensadores racionalistas do século XVII eram obcecados com a ambição de forçar todo pensamento a se inserir dentro de um único sistema formal. O próprio Descartes – assim como Spinoza e Leibniz – tentou incansavelmente preencher o vácuo mente/corpo, construindo sistemas metafísicos abstratos, movidos por argumentos análogos a seus padrões de pensamento, lógica e matemática favoritos. Entretanto, eles foram contestados por empiristas como Locke e Hume, que apontaram o quão desastrosamente esse projeto ignora o vasto elemento da contingência que permeia toda experiência. Não somos termos em um cálculo abstrato, mas seres concretos, reais. Não vivemos em um mundo inocente, de conexões necessárias, mas em um mundo modelado durante eras incontáveis, por incontáveis eventos acerca dos quais sabemos muito pouco. Lidamos com essa contingência ubíqua através de maneiras de pensar — tal como os métodos históricos — que fornecem maneiras cruciais para compreendermos esse estranho universo, mas que não podem ser reduzidas a uma forma única.

Embora tanto os racionalistas quanto os empiristas tivessem tentado reivindicar o monopólio para suas próprias e favoritas formas de pensar, ficou claro, a partir da época de Kant, que a bancada de ferramentas do pensamento precisava levar em conta uma variedade maior de métodos. O tema é radicalmente muito mais complexo do que supunha o século XVII. Ele não pode ser apresentado por meio da referência a apenas um único domínio que tudo abranja. Daniel Dennett, no entanto, tenta com muita persistência esquivar-se desse fato inconveniente impondo a uniformidade. Ele descreve o que chama de "ideia perigosa" de Darwin — isto é, a noção de desenvolvimento através da seleção natural — como um "ácido universal [...] ele simplesmente corrói todo conceito tradicional e deixa como resultado uma visão de mundo revolucionada, com a maior parte dos velhos pontos de referência ainda reconhecíveis, mas radicalmente modificados".[1] Todavia, esse é um ácido evidentemente seletivo, preparado para consumir apenas as visões dos outros, enquanto deixa seu próprio e ambicioso projeto intocável:

> A perigosa noção de Darwin é o reducionismo encarnado, prometendo unir e explicar absolutamente tudo, mostrando uma magnífica visão. Por ser a noção de um processo algorítmico, ela torna tudo ainda mais potente, já que a neutralidade de substrato

---
1 Dennett, *Darwin's Dangerous Idea*, p.63.

que ela, dessa forma, possui permite que consideremos sua aplicação a absolutamente tudo [...] [inclusive] todas as realizações da cultura humana – a linguagem, a arte, a religião, a ética, a própria ciência.[2]

Dennett vê isso como um passo revolucionário. Não obstante, essa tentativa de estruturar uma Grande Teoria Universal do Tudo está claramente fora de moda. Ela deriva exatamente do mesmo tipo de confiança casual e desproposital que levou os físicos da escola aristotélica a estender o raciocínio intencional para além da esfera da conduta humana, onde ele funcionava bem, para explicar o comportamento das pedras, onde ele não funcionava. E o que é ainda mais danoso nas alegações de Dennett é que esse raciocínio também parece assemelhar-se muito às vastas estruturas metafísicas que Herbert Spencer construiu ao extrapolar ideias evolutivas para todos os temas possíveis, produzindo, dessa maneira, como seus seguidores afirmaram admiravelmente, "a teoria da evolução tratando do universo *como um todo*, do gás ao gênio".[3] Embora permanecesse cortês em público, Darwin odiava "visões extravagantes" desse tipo. Conforme ele escreveu em sua *Autobiografia*:

> Não estou ciente de ter aproveitado os escritos de Spencer em meu trabalho. Seu modo dedutivo de tratar cada tema é totalmente oposto ao meu estado de espírito. Suas conclusões jamais me

---

2 Ibid., p.82 e 144.
3 Edward Clodd, discípulo e intérprete de Spencer, descreveu dessa maneira triunfante sua conquista. Ver Armstrong, *Transitional Eras in Thought, with Special Reference to the Present Age*, p.48.

convencem. [...] Elas partilham mais da natureza das definições do que das leis da natureza.⁴

Em resumo, Darwin entendia que grandes ideias, de fato, tornam-se perigosas quando são infladas para além de seu uso apropriado: perigosas à honestidade, à inteligibilidade, a todos os propósitos apropriados do pensar. Para ele, o conceito de seleção natural era estrita e unicamente um conceito biológico, e até mesmo na biologia ele rejeitava categoricamente o argumento de que era uma explicação universal. Com muita contundência, ele deu nova ênfase a esse ponto na sexta edição do *Origem*:

> Como minhas conclusões têm sido muito distorcidas ultimamente e vêm sendo feitas afirmações no sentido de que atribuo a modificação das espécies exclusivamente à seleção natural, tomo a liberdade de comentar que na primeira edição desta obra, e na subsequência, empreguei em uma posição muito conspícua – ou seja, no fechamento da Introdução – as seguintes palavras: *"Estou convencido de que a seleção natural tem sido o principal, mas não exclusivo, meio de modificação"*. Isso não adiantou. É enorme o poder da distorção constante.⁵

A busca das fachadas científicas

Hoje, onde nos leva essa história? Como podemos acomodar a ciência, que agora é tão importante para nós, dentro do padrão geral de nossas vidas, sem distorcer nada?

---

4 Barlow (ed.), *The Autobiography of Charles Darwin*, 1809-1882, p.109, grifo meu.
5 Darwin, *Origin of Species*, 6.ed., 1872, p.395.

A presença dos mitos em nossas vidas

Os sábios acham difícil agora imitar a cautela dos fundadores da ciência moderna, que cuidadosamente evitaram aplicar conceitos físicos a questões mentais ou sociais. A tentação de expandir o império da ciência é muito mais forte agora, quando ela é tão bem-sucedida. As ciências sociais, durante algum tempo, tentaram adquirir sua cunhagem adaptando seus métodos de formas mais ou menos realísticas ao seu tema. Porém, o estreitamento popperiano do conceito redesenhou essa cunhagem de um modo que normalmente não considera tais métodos mais realísticos como "ciência" verdadeira. Agora são estabelecidos padrões que se concentram na forma, não na adequabilidade ao tema. Isso resulta na necessidade de utilização de métodos que imitem de perto as formas da ciência física. E entre essas formas, uma eminente favorita é, sem dúvida, o atomismo.

Esse, então, é o princípio que exige de nós, se quisermos compreender a cultura, encontrarmos, de alguma forma, suas unidades. Entretanto, seria cultura o tipo de coisa que se divide em unidades? Edward O. Wilson declara de modo inflexível que sim. Em seu livro *Consilience* [*A unidade do conhecimento – Consiliência*], que, com muita seriedade, tenta suprir o vácuo da cultura, ele propõe essa atomização como o meio de conciliar as ciências humanas e as ciências sociais com a ciência, trazendo-as para dentro do domínio desta última. A cultura (diz ele) precisa ser atomizável, porque atomizar é o modo natural como pensamos:

> Explorar *minutissima*, nos menores detalhes, buscar a unidade mínima derradeira em entidades como, por exemplo, elétrons, é um impulso propulsor das ciências naturais do Ocidente. Trata-

-se de uma espécie de instinto. Os seres humanos são obcecados com componentes básicos, sempre separando-os e montando-os novamente. [...] O impulso remonta ao século 400 a.c., quando Leucipo e Demócrito especulavam – corretamente, conforme se comprovou – que a matéria é constituída de átomos.[6]

O ano 400 a.c. não parece, de forma alguma, longe o suficiente para comprovar um instinto. Entretanto, supondo que, com frequência, as pessoas realmente fragmentam as coisas em unidade e que isso, às vezes, é útil, seria a cultura um candidato adequado para o tratamento? Bem... – diz Wilson – de alguma forma, ela precisa ser compreendida. Mas *o que significa compreendê-la?* Que perguntas estamos fazendo? Wilson revela seu bizarro exemplo aqui, dizendo que a melhor maneira de compreender a cultura seria não investigar os pensamentos e a intenção das pessoas que a praticam, mas saber como ela se desenvolveu ao longo da evolução. Na verdade, porém, isso não é possível, porque não possuímos a evidência. A segunda melhor maneira de compreender a "coevolução gene-cultura" precisa, portanto, ser

> [...] a busca da unidade básica da cultura. [...] Tal foco pode parecer, à primeira vista, forçado e artificial, mas ele tem muitos precedentes dignos. O grande êxito das ciências naturais foi alcançado substancialmente através da redução de cada fenômeno físico a seus elementos constitutivos, seguido do uso dos elementos para a reconstituição das propriedades holísticas do fenômeno.[7]

---

6 Wilson, *Consilience:* the unity of knowledge, p.50.
7 Ibid., p.134.

Ademais, esse argumento reproduz na direção contrária o mesmo equívoco que a física aristotélica cometeu quando ela estendeu a explicação por propósito da esfera humana para a esfera da matéria inanimada. Pedras não têm propósitos, da mesma forma que culturas não têm partículas. O exemplo da física não pode ser motivo para impor seu esquema a um tipo bastante diferente de tema.

São átomos ou genes?

Poderia haver razões de conveniência conceitual forçando-nos a impor esse padrão aparentemente inadequado sobre o pensamento? Isso deve depender do que estamos tentando fazer, e vários memologistas parecem ter diferentes objetivos. Às vezes, o próprio Wilson claramente pretende manter-se bem próximo do padrão estabelecido pela descoberta das partículas físicas. Ele espera encontrar *minutissima*, unidades derradeiras de pensamento, e conectá-las, enfim, a estados mentais específicos e mínimos, de modo a fornecer (como ele afirma) uma espécie de alfabeto da linguagem cerebral subjacente a todo pensamento. Trata-se de um projeto ambicioso, quase inconcebível, uma espécie insana de expansão cósmica da busca empreendida por Leibniz por uma linguagem universal. Mas ele é, inequivocamente, uma busca de unidades de *pensamento*, não de unidades de cultura. Conforme ele afirma: "Acredito que os insaciáveis neurocientistas irão [...] no tempo devido [...] apreender a base física de conceitos mentais através do mapeamento dos padrões de atividade neural."[8]

---
8 Ibid., p.135.

Outras vezes, contudo, Wilson se esquece por completo desse projeto e descreve suas partículas simplesmente como "unidades de cultura". E os exemplos que outros memologistas oferecem, na maior parte das vezes, se ajustam a esse modelo muito diferente. Richard Dawkins, que primeiro as criou, registra suas próprias "unidades de transmissão cultural": "melodias, ideias, frases feitas, moda, maneiras de fabricar potes ou construir arcos", e a essas acrescenta canções populares, sapatos de salto alto, o conceito de Deus e do darwinismo — que seguramente não são coisas do tipo que poderiam figurar como as derradeiras unidades do pensamento wilsonianas.[9] Dawkins, entretanto, insiste que essas também não são apenas divisões convenientes de cultura, mas de unidades naturais, fixas e distintas.

Existe alguma coisa, alguma essência do darwinismo, presente na cabeça de cada indivíduo que compreende a teoria. Se não fosse assim, então quase toda afirmação a respeito de duas pessoas que concordam uma com a outra não faria sentido. Uma "meme-ideia" poderia ser definida como uma entidade capaz de ser transmitida de um cérebro para outro. [...] *As diferenças no modo como as pessoas representam a teoria, portanto, por definição, não são parte do meme.*[10]

Desafortunadamente, entretanto, não é assim que a história do pensamento funciona. Não é possível encontrar essas essências fixas. Questões acerca do local exato onde se encontra o centro de uma norma em especial são precisamente aquelas que

---

9 Dawkins, *The Selfish Gene*, p.206-10.
10 Ibid., p.210, grifo meu.

sempre dividem as pessoas interessadas naquela norma. Muitas vezes, essas pessoas manifestam pontos de vista veementes acerca da questão, mas, ao fazê-lo, estão adotando uma posição moral, não estão detectando um átomo cultural consistente. É notória a afirmação que fez Marx, de que ele não era marxista. Como vimos, Darwin provavelmente teria adotado a mesma linha, se a pergunta lhe fosse feita, e talvez Cristo teria feito a mesma coisa. Consenso é uma questão muito mais sutil do que sugere essa fórmula.

Está claro, todavia, que, de acordo com essa explicação, os *memes* são ainda vistos como *minutissima*, divisões irredutíveis, embora aqui eles sejam partículas de cultura e não partículas de pensamento. Daniel Dennett insiste igualmente em que essas unidades são distintas e duradouras, divisões naturais, não apenas divisões convencionais. "Esses novos replicadores são, *grosso modo*, ideias [...] ideias do tipo complexo que se formam em unidades distintas e memoráveis."[11] Fornecendo uma lista de exemplos, até mesmo mais misturados do que os de Dawkins, em que ele inclui *desconstrução*, a *Odisseia* e *o uso de vestuário*, Dennett comenta:

> Intuitivamente, nós vemos essas coisas como unidades culturais mais ou menos identificáveis, mas podemos dizer algo mais preciso acerca de como traçamos os limites [...] as unidades são os *menores elementos que se duplicam com confiabilidade e fecundidade*. Nesse sentido, podemos compará-las aos genes e seus componentes. Uma frase de três nucleotídeos não conta como um gene

---

11 Dennett, *Darwin's Dangerous Idea*, p.344.

pela mesma razão por que não se pode pleitear direitos autorais de uma frase musical de três notas.[12]

Porém, as convenções literárias que definem itens como a *Odisseia* são artefatos planejados por conveniência cívica, não são unidades naturais fixas. O *uso de vestuário* não é qualquer espécie de unidade mínima, mas um termo geral para cobrir uma vasta gama de vestimentas. *Desconstrução* é um termo vago, cobrindo um grupo de ideias que, de alguma forma, mantêm uma relação histórica, um grupo que, sem dúvida, não tem um núcleo fixo. Apenas o *darwinismo* parece mais plausível por causa de sua referência unificadora a Darwin. Trata-se realmente de um grupo muito complexo de ideias sem um esboço consensual. Opiniões acerca do que é central a tais agrupamentos variam e são normativas, não factuais. Como acreditam os lexicógrafos, tais agrupamentos normalmente não podem ser definidos com base em qualquer porção única de significado. Retomando, a *Odisseia* contém muitos elementos que são memoráveis por si mesmos, como, por exemplo, as histórias de Ciclopes, Cila e Caríbdis e das rochas Simplégadas. Dificilmente isso pode ser uma unidade mínima.

Qual é, então, o intuito da proposta como um todo? Se os *memes* correspondem, de fato, aos *genes* da cultura, eles não podem ser suas unidades. São ideias completamente diferentes. Considerados como genes, não seriam, eles próprios, os fenômenos culturais, mas, em vez disso, um conjunto de entidades ocultas que eram suas causas. Nesse caso, eles devem ser, realmente, unidades fixas, causas invariáveis dos itens mutantes que surgem no mundo. Porém, todos os exemplos que nos foram

---

12 Ibid., grifo meu.

A presença dos mitos em nossas vidas

oferecidos correspondem a fenótipos. Eles próprios são os itens aparentes. Além do mais, não é possível tratar a maioria dos conceitos mencionados como invariáveis ou nem mesmo como moderadamente estáveis. Costumes e modos de pensar são partes orgânicas da vida humana, em constante crescimento, desenvolvimento, mudança e, algumas vezes, em decadência – como tudo o que vive. Muito dessa mudança também se deve a nossa própria ação, a nosso trabalho deliberado para mudá-los.

Em um de seus típicos e súbitos espasmos de aguçada percepção crítica, o próprio Dennett registra essa dificuldade:

> Mentes (ou cérebros) [...] não são, de forma alguma, parecidos com máquinas fotocopiadoras. Pelo contrário, em vez de apenas transmitir suas mensagens, corrigindo a maior parte dos erros tipográficos à medida que prosseguem, os cérebros parecem ser planejados para fazer exatamente o oposto: transformar, inventar, interpolar, censurar e geralmente misturar o *"input"* antes de produzirem qualquer *"output"*. [...] *Raramente* repassamos um meme não alterado [...] Além disso, como enfatizou Stephen Pinker [...] boa parte da mutação que acontece com os *memes* (não está claro quanto) é manifestamente mutação *dirigida*. "*Memes* como a teoria da relatividade não são o produto cumulativo de milhões de mutações *aleatórias* (não dirigidas) de alguma ideia original; mas cada cérebro na cadeia de produção acrescentou enormes porções de valor ao produto de um modo não aleatório." [...] Ademais, quando os *memes* entram em contato um com o outro na mente, eles têm uma incrível capacidade de se ajustar um ao outro, mudando rapidamente seus efeitos fenotípicos para se adequarem às circunstâncias.[13]

---

13 Ibid., p.354-5, grifos do autor.

Então, se é que isso é possível, o que restou do paralelo com a genética que discretamente substituiu o dos átomos? Com que seriedade se pretende tomar esse paralelo agora? Se os *memes* são, de fato, algo paralelo aos genes – como a última sentença da citação, sem dúvida, sugere –, se eles são causas ocultas da cultura mais do que suas unidades, *de que tipo de entidades se supõe que essas causas sejam?* Elas não são objetos físicos; mas também não são pensamentos ou ideias do tipo que normalmente desempenha qualquer função em nossa experiência. Parecem ser causas ocultas desses pensamentos. Como, então, se manifestam? O que nos faz pensar que estão lá? Não ajuda muito dizer que se trata de fragmentos de informações localizadas na infosfera.[14] Informação não é um terceiro tipo de coisa. Não é uma substância extra acrescentada à mente e ao corpo cartesianos ou planejada para suplantá-los. É uma abstração deles. Invocar esse material extra é tão sem propósito quanto qualquer conversa anterior sobre a teoria do flogístico ou de espíritos de animais, ou forças ocultas. Informações são fatos sobre o mundo, e precisamos saber onde, nesse mundo, essas entidades novas e causalmente eficazes podem ser encontradas.

---

14 Ibid., p.347.

11
Livrando-nos do ego

Justificativas morais para a atomização

A menos que surja um quadro claro, mostrando que tipo de entidade os *memes* pretendem ser, o paralelo entre eles e os genes com certeza se dissipa, e com ele dissipa-se também a pretensão a *status* científico. A linguagem dos *memes* não é realmente uma extensão da ciência física. Como frequentemente tem ocorrido, é uma imagem bem-vinda não por mérito científico, mas por razões morais, pois é considerada um modo salutar de pensamento. Em certo momento, o próprio Dawkins fala a respeito disso, como uma analogia "que achei inspiradora, mas que pode extrapolar os limites se não formos cautelosos."[1] Embora mostre pretensões muito mais fortes a *status* científico, Dennett também acrescenta: "quer a perspectiva do *meme* possa ou não ser transformada em ciência, à sua maneira filosófica ela *já fez muito mais bem do que mal.*"[2]

---
1 Dawkins, *The Blind Watchmaker*, p.196.
2 Dennett, *Darwin's Dangerous Idea*, p.368.

Que tipo de bem ela fez? Dennett explica que a noção acerca de *memes* corrige nossa tendência a exagerar na extensão de nossos próprios poderes, lembrando-nos que não somos, como "gostaríamos de pensar, criadores divinos de ideias, manipulando-as e controlando-as como ditames de nossos caprichos e julgando-as a partir de um ponto de vista independente e olímpico". Como ele corretamente afirma, nem sempre estamos "no comando".[3]

Essa admissão, entretanto, pode facilmente ser feita de outras maneiras, sem que se invente um conjunto especial de seres misteriosos e ocultos para nos substituir. Susan Blackmore, que há pouco tempo adotou a causa dos *memes*, concede a esse ponto de vista moral uma reviravolta especial, ligando-o, um tanto quanto inesperadamente, aos princípios budistas de que o eu é uma ilusão: "Todos nós vivemos nossa vida como uma mentira [...] a crença em um eu permanente é a causa de todo o sofrimento humano".[4] Entretanto, tais rejeições de conceitos rotineiros têm um significado bem diferente, dependendo apenas de qual novo item aquele que rejeita oferece como substituto. O que o budismo oferece é uma liberdade maior, uma liberdade que se acredita fluir quando abandonamos estereótipos acerca de nossa própria personalidade e reconhecemos "a natureza de Buda" que temos interiormente. Considera-se que essa natureza une todos os seres vivos, sem comprometer seu poder individual de sentir e agir. Tal natureza, portanto, convoca-nos, com muito ardor, para que vivamos em harmonia

---

3 Ibid., p.346.

4 Blackmore, Meme, myself, I, *New Scientist*, n.2177, 13 mar. 1999, p.40-4. Ver também seu livro *The Meme Machine*.

com o restante da criação. Em contraste, a memética oferece apenas a notícia de que somos (como a própria Blackmore propõe) "máquinas de *memes*", construções produzidas por vírus forasteiros para seus próprios propósitos e incapazes de ter quaisquer propósitos nossos. Se alguém, de fato, tentasse acreditar nisso, é difícil ver que consequências práticas poderiam se seguir senão um fatalismo impotente, rapidamente acompanhado de um transtorno geral. Fica claro que a sugestão, como muitas outras doutas acerca do eu, é meramente uma doutrina abstrata e não uma com base na qual alguém possa conduzir sua própria vida.

A principal razão por que Blackmore acolhe a crença nos *memes* parece indicar que ela acha que é a única alternativa possível à ideia de Descartes acerca de um *self* substancial e proporcional à consciência. Ela se revela muito impressionada com os experimentos de Benjamin Libet, que, de maneira notória, também se protege de problemas atirando constantemente nesse alvo antiquado. Como substituição, Blackmore recomenda o modelo de "esboços múltiplos" do eu, conforme proposta de Dennett em seu livro *Consciousness explained* [Consciência explicada]. Esse modelo, entretanto, não pode servir aos propósitos dela. É uma tentativa genuína de descrever a própria atividade criativa da mente. Não deixa espaço para os *memes* e não pode acomodá-los, mesmo que o próprio Dennett tenha, desde então, adotado o discurso do *meme*. O comentário que Dennett faz em seu livro de que a ideia do *self* é uma "ilusão de um usuário benigno" ilude Blackmore. É, na verdade, apenas um fragmento de dualismo cartesiano residual, uma ideia proposta por Dennett de que o "*self*" é sempre concebido como um fantasma cartesiano incorpóreo. Porém, a ideia de um "*self*" é, de fato, uma noção altamente complexa e com muitos usos diferentes. Nada se ganha, moral ou metafisicamente, na tentativa de derrotá-lo em favor desse sucessor de segunda categoria.

Em geral, a questão moral que ela compartilha com Dennett – a necessidade de uma correção na vaidade humana, a insistência em uma noção mais realista do lugar de nossa espécie na natureza – é uma questão saudável e legítima. É bem verdade que a cultura ocidental tem exagerado sistematicamente tanto o poder quanto a importância do *Homo sapiens* em relação ao restante da criação. Pensadores como Dawkins e Wilson fizeram um trabalho muito útil ao corrigirem esse disparate, tornando-nos mais conscientes de nossa relativa insignificância tanto em termos de tempo, sob a perspectiva da evolução, quanto em relação à enorme variedade de formas de vida que ainda existem a nosso redor.

Cérebros literalmente parasitários

O valor dessa correção, todavia, depende da realidade do *background* causal específico que é, então, introduzido em substituição à atividade humana. No que diz respeito à evolução, a correção funciona, pois ela indica forças reais no mundo, forças que são responsáveis pelos resultados que as pessoas supunham que se devessem ao esforço humano. Para tornar a proposta dos *memes* paralela a esse caso, seria necessário mostrar que também os *memes* eram forças externas genuínas, mestres de marionetes desconhecidos, previamente escondidos de nós, mas revelados agora como as verdadeiras causas que regem nossa vida. Na verdade, esse é o quadro dramático que

A presença dos mitos em nossas vidas

Dawkins propôs originalmente, citando um comentário de Nick Humphrey:

> Os *memes* devem ser considerados como estruturas vivas, *não apenas metaforicamente, mas tecnicamente.* Quando você planta um *meme* fértil na minha mente, você *literalmente* parasita meu cérebro, fazendo dele um veículo para a propagação do *meme*, da mesma maneira como um vírus pode parasitar o mecanismo genético de uma célula hospedeira.[5]

Esse foi o tipo de linguagem que fez a proposta parecer tão animadora e importante em primeiro lugar. Se a alegada descoberta tivesse sido uma descoberta real, ela teria, de fato, sido importante – porém, é claro, também desastrosa, pois teria envolvido um desolado fatalismo. Dennett tenta limpar a imagem de algum modo, mudando a metáfora para simbiose, citando como um paralelo próximo

> [...] a criação de células eucarióticas que tornaram possível a vida multicelular [...] um dia alguns procariotos foram invadidos por espécies de parasitas e isso acabou sendo uma bênção disfarçada, pois [...] esses invasores acabaram sendo benéficos e, portanto, eram *simbiontes*, mas não parasitas.[6]

Contudo, por mais tranquilizadora que essa mudança possa ser, ainda assim ela não confere a essas entidades qualquer tipo de *status* inteligível. Para concebermos ideias, ou suas

---

5 Dawkins, *The Selfish Gene*, p.207, grifos meus.
6 Dennett, *Darwin's Dangerous Idea*, p.340.

causas mentais, como organismos separados, existindo em seu próprio direito antes de invadirem a mente, precisaríamos abandonar o empirismo e construir uma estrutura muito arrojada – hegeliana talvez? – de idealismo objetivo, permitindo que entidades mentais tenham esse *status* independente fora de mentes específicas. E o idealismo está tão distante quanto possível do estilo filosófico de Dennett.

Parece algo extraordinário que um pensador tão empenhado como Dennett na continuidade da evolução escolha construir seu muro metafísico para manter as entidades mentais isoladas de nós, em vez de tratar nossos pensamentos e costumes como o que eles obviamente são – ou seja, formas de atividade que nossa espécie vem aos poucos desenvolvendo no curso da história para suprir suas necessidades. Conforme comentou Guilherme de Occam, *variedades de entidades não devem se multiplicar além da necessidade*. Quando os seres humanos pensam e agem, não há necessidade de entidades extras estarem presentes, além de elas próprias.

Dennett explica que seu ponto principal é mostrar que nem sempre nossos pensamentos nos fazem bem e, portanto, não devem ser considerados – conforme (surpreendentemente, ele afirma) os humanistas os consideram – como entidades visando nosso proveito, mas visando o deles próprios:

> A perspectiva do *meme* desafia um dos axiomas centrais das ciências humanas [...] temos propensão para ignorar o fato fundamental de que "um traço cultural pode ter evoluído da forma como evoluiu simplesmente porque é proveitoso *para ele mesmo*."[7]

---

7 Ibid., p.362, grifo do autor.

A presença dos mitos em nossas vidas

[...] a competição é a principal força seletiva na infosfera e, da mesma forma que ocorre na biosfera, o desafio tem sido enfrentado com grande engenhosidade. [...] Como um vírus irracional, as perspectivas de um *meme* dependem de seu intento – não seu intento interno, seja ele qual for, mas do intento que ele mostra ao mundo, seu fenótipo, o modo como ele afeta as coisas no seu ambiente [a saber] as mentes e outros *memes*.[8]

Precisamos, portanto, da memética para nos ajudar a compreender as estratégias através das quais os *memes* conspiram para nos invadir, mesmo quando eles não nos são úteis; por exemplo: "o *meme* da fé, que desencoraja o exercício do tipo de juízo crítico que poderia decidir que a ideia de fé era, levando tudo em conta, uma ideia perigosa."[9]

Assim (é o que parece), se quisermos saber por que as pessoas depositam fé em alguma coisa – por exemplo, por que os povos ocidentais, via de regra, acreditam nas declarações dos cientistas –, não devemos perguntar que razões, boas ou más, essas pessoas têm para essa confiança. Em vez disso, deveríamos simplesmente registrar que a ideia da fé é um parasita eficiente. Mas como isso poderia nos levar mais adiante?

Esse é o tipo de exemplo que permite aos memeticistas ignorar a esquisitice de suas histórias, que usam como exemplo ideias que eles já desaprovam, geralmente ideias religiosas (veja, por exemplo, o artigo de Dawkin "Viruses of the Mind,"[10] no qual ele pergunta: "Deus é um Vírus de Computador?").

---

8 Ibid., p.349.
9 Ibid.
10 Em Dahlen (ed.), *Dennett and His Critics*: demystifying mind.

Porém – como de vez em quando eles percebem –, se a teoria é realmente universal, ela precisa se estender a todo pensamento, inclusive o nosso. O deplorável hábito de considerar as visões de adversários como meros sintomas de insensatez, em vez de tentar compreendê-las, agora torna-se a única maneira de explicar qualquer pensamento em qualquer lugar – inclusive (é claro) nosso próprio pensamento, através do qual acabamos de chegar exatamente a esta conclusão. Ao estudarmos as mudanças sociais, a necessidade urgente que há em compreendermos o que os outros acham que estão fazendo – compreender a vantagem que veem em agir como agem – se dissipa. A única vantagem que se extrai disso é um bizarro parasita metafísico. Nesse ponto, o pensamento, por si mesmo, torna-se totalmente inexplicável e precisa ser abandonado.

A motivação não é um tópico novo

Neste ponto precisamos dizer algo óbvio. O fato de que nossos pensamentos e costumes nem sempre nos são proveitosos não é uma nova descoberta científica. É uma platitude familiar, tanto na vida diária como no pensamento humanista tradicional. Sabemos muito bem que nossos pensamentos e costumes amiúde nos levam a agir de maneira tola, destrutiva e até mesmo suicida. E a questão crucial acerca dessa tendência autodestrutiva – a coisa que a torna absolutamente angustiante – é que nesses casos as motivações conflitantes que levam ao problema são, de fato, nossas próprias motivações. Elas *não* surgem porque fomos possuídos por algum tipo de parasita externo. São partes beligerantes de nós mesmos.

A presença dos mitos em nossas vidas

Longe de ser estranho às ciências humanas, reconhecer isso sempre foi um de seus temas centrais. É central na literatura: está na raiz tanto da tragédia quanto da comédia. E quando estudamos história, nosso interesse por essa tendência humana à autodestruição é crucial, porque direciona nossa curiosidade a respeito do passado, pois precisamos muito mais imperativamente saber por que as coisas dão tão errado do que celebrar nossos êxitos. É também o ponto inicial de nossa reflexão acerca dos profundos dilemas práticos que originam a filosofia moral.

Até agora, nas disciplinas humanistas, a investigação a respeito do comportamento autodestrutivo tem se concentrado principalmente na tentativa de compreender as motivações humanas. Essa não é, de forma alguma, a área para a qual os memologistas dirigem nossa atenção, mas é uma área que, de fato, mantém ocultas causas de pensamento e ação. Essas causas, entretanto, não são causas *ocultas* no sentido em que o DNA estava oculto antes de ser descoberto. Não são fatos do mundo exterior que simplesmente ainda não foram pesquisados. São fatos acerca de motivos e eles são obscuros em grande parte porque achamos muito difícil e doloroso lidar com eles. São fatos que não podemos compreender corretamente, se não estivermos preparados para um esforço imaginativo de identificação com os atores em questão.

É por isso que a literatura é uma parte tão importante de nossas vidas, e também é por isso que a ideia de que ela é menos importante do que a ciência é tão equivocada. Shakespeare e Tolstói nos ajudam a compreender a psicologia autodestrutiva do despotismo. Flaubert e Racine iluminam o lado autodestrutivo do amor. O que precisamos compreender em tais exemplos não é o simples fato de que as pessoas estão agindo contra seus interesses. Sabemos disso; é por demais óbvio. Precisamos compreender para além disso: *que tipo* de gratificação eles estão obtendo ao agir desse modo. Se, em vez de procurarmos esse fator direta e imaginativamente através do estudo da conduta deles, desviássemos nossa atenção para as supostas interações entre as populações de *memes*, como aconselha Dennett, perderíamos uma fonte crucialmente importante de conhecimento ao perseguir um fantasma.

Explicando a caça às bruxas

O efeito dessa troca pode ser observado de um modo bastante interessante se examinarmos o tipo de exemplo no qual, com um olhar de relance, poderíamos encontrar uma memologia muito persuasiva, ou seja, em casos nos quais grandes quantidades de pessoas agem irracionalmente por motivos que parecem, na verdade, obscuros. Por exemplo, consideremos a obsessão com a bruxaria que prevaleceu na Europa entre o século XV e o século XVII. Tal frenesi não foi, como amiúde se supõe, simplesmente a sobrevivência de antigas superstições causadas por ignorância e por fim curadas com o surgimento da ciência. Pelo contrário, na Idade Média havia poucos processos por bruxaria, porque as autoridades religiosas achavam que bruxaria era coisa rara (embora real) e desencorajavam a caça às bruxas, pois entendiam o perigo de falsas acusações. Foi no Renascimento que as coisas mudaram. Naquela época, como um historiador recente comenta:

> Os europeus fizeram três coisas que os apartaram da maioria dos outros povos, na maior parte de outras épocas e lugares.

A presença dos mitos em nossas vidas

Entre 1500 e 1700, eles navegaram em grandes embarcações e colonizaram os cantos distantes do globo. Mostraram um formidável progresso nas ciências. E executaram dezenas de milhares de pessoas, principalmente mulheres, acusadas de bruxaria.[11]

O acesso de loucura coincidiu, então, com o aumento do conhecimento; não foi curado por ele. E, como esses autores mostram, quando a loucura afinal abrandou, isso não ocorreu porque a ciência havia mostrado que a bruxaria era fisicamente impossível, mas porque, aos poucos, as pessoas passaram a achar psicologicamente impossível que houvesse uma legião organizada de idólatras do demônio como essa. Escritores de diversas áreas ajudaram muito a nutrir essa descrença, mas argumentos científicos não parecem ter contribuído em nada de especial para isso.

Cito esse exemplo porque (como afirmo) trata-se de um que realmente carece de explicação e para o qual a explicação através de *memes* pareceria tão fácil. Precisamos apenas postular um novo *meme* invadindo com sucesso uma população que não tem imunidade a ele, um *meme* que, mais tarde, entra em declínio à medida que tal imunidade se desenvolve. Seu sucesso, então, deve-se à sua própria estratégia reprodutiva – presumivelmente produzida por uma mutação – e não a qualquer fato acerca das pessoas envolvidas. Não precisamos associar o *meme* às intenções dessas pessoas. Sem dúvida alguma, não precisamos olhar para a psicologia humana de modo geral ou investigar nosso

---

11 Creen e Bigelow, Does science persecute women? The case of the 16th-17th Century witch-hunts, *Philosophy*, v.73, n.284, p.199, abr. 1998.

próprio coração para ver o que poderíamos aprender acerca de tal conduta. Simplesmente colocamos toda a causação fora da escolha humana, evitando assim aquela sobrevalorização de nossos próprios poderes que tanto incomoda Dennett. Esse esforço para evitar o orgulho nos levaria, com certeza, a aterrissar em um tipo de fatalismo bastante impraticável.

Entretanto, além disso, a história do *meme* simplesmente deixa de nos dar qualquer tipo de explicação. O que é preciso entender em tal caso é como as pessoas começaram a pensar e agir desse modo a despeito das crenças, costumes e ideais e o que as havia impedido de fazê-lo antes. Precisamos, na verdade, compreender a psicologia da perseguição e da xenofobia. Precisamos compreender a paranoia. Precisamos disso não apenas com relação à obsessão com a feitiçaria, mas para compreendermos as esquisitices da conduta humana em outras épocas e lugares, e também em nossa própria vida. *Compreender* não significa descobrir, através de pesquisa, novos fatos acerca do comportamento de uma forma de vida imaginária e anormal. Significa basicamente autoconhecimento, uma investigação daquilo que Tocqueville chamou de "os hábitos do coração". Examinar as estratégias evolutivas de unidades míticas de cultura não pode nos proteger contra essa inepta forma de investigação.

12
Evolução cultural?

O que faz o mundo mudar?

A memética é apenas uma entre uma variedade de esquemas que recentemente vêm sendo apresentados para explicar nossa vida mental em termos de evolução. Hoje, essa linguagem simbólica exerce enorme fascínio; de fato, ela pode muito bem ser um contrapeso à obsessão pelo atomismo. Se os detalhados padrões fornecidos pelos atomistas devem fazer sentido e ser utilizados, alguma perspectiva mais ampla no seu interior é necessária para que eles possam se posicionar. Essa perspectiva é agora fornecida pela noção de evolução cultural. Vale a pena perguntar: exatamente o que essa ideia pode fazer por nós?

Pensei a respeito disso quando, há pouco tempo, encontrei uma caneca com uma inscrição atribuída a Margaret Mead: "Nunca duvide que um pequeno grupo de pessoas conscientes e engajadas possa mudar o mundo. Afinal, sempre foi assim que o mundo mudou". De imediato, impressionou-me o fato de que era uma caneca muito em desacordo com o pensamento atual; na verdade, não é possível que, nos últimos tempos, ela esteja atenta à mídia como uma caneca culta deveria estar. Hoje em dia, a mensagem que mais ouvimos é que as mudanças no mundo se devem a algo baseado em uma escala muito maior — talvez causas econômicas, talvez uma mudança no conjunto genético, talvez evolução cultural —, seguramente algo muito mais grandioso do que algumas pessoas escondidas no porão. Então, estaria a caneca errada?

Essa me parece uma questão bastante relevante. Sempre fazemos uma escolha quanto à perspectiva da qual observamos os assuntos humanos, seja examinando-os de um ponto de vista interior, como participantes, ou de um ponto de vista mais distanciado — e se é assim, qual das muitas perspectivas distantes escolheremos; ou será que podemos combinar esses ângulos? Na teoria, sabemos que essas perspectivas não são realmente alternativas, mas partes complementares de uma investigação mais ampla. Ainda assim, o pensamento atual nos estimula a encontrar, de alguma forma, uma explicação básica, um único ponto de vista que ofereça a garantia de ser o correto, porque é científico.

Ao ver como utilizamos certos conceitos como, por exemplo, evolução cultural, acredito que seja válido examinar de maneira breve algumas das outras perspectivas de longo alcance que foram propostas nos últimos anos como explicações-chave de mudanças históricas. Quão úteis são elas?

Nos últimos anos, o mais óbvio desses ângulos alternativos é o conceito marxista de história. Essa abordagem simplesmente dizia aos historiadores que, em vez de se concentrarem em transações pessoais como entreveros e casamentos de reis, eles deveriam concentrar-se em fatores econômicos importantes, como invenções, doenças, mudanças de safras e no clima, direito de propriedade de terra, condições de trabalho e expansão ou retração no comércio. Esse foi, sem dúvida, um passo muito liberador e iluminado, uma medida cuja importância agora subestimamos, embora nem sempre possamos agradecer a Marx por isso. Ela teve a vantagem típica de todos os pontos de vista distanciados desse tipo. Finalmente tornou visíveis, em grande escala, tendências que haviam sido obscurecidas pelos atordoantes dramas humanos do primeiro plano. Pôs em evidência fatores não humanos cruciais na moldagem da vida humana. E já que fez tudo isso em nome da ciência, ela teve um prestígio que pareceu colocá-la acima de todos os outros possíveis tipos de explicação.

Esse prestígio especial foi, contudo, adquirido a um preço muito alto. Ele impôs uma estreiteza fatal, uma exclusividade que revelou certa tendência a impedir que os outros desenvolvessem com eficácia os novos *insights*.

O fatalismo é verdadeiro?

A história do marxismo ilumina dois infortúnios que podem afligir a história do desenvolvimento social quando ela reivindica *status* científico. O primeiro e mais notório desses infortúnios é o fatalismo. O materialismo dialético expandiu os pressupostos deterministas das ciências físicas para a vida humana e, em especial, para as suas próprias previsões. Isso deixou obscuros os motivos por que alguém deveria se dedicar com tanto afinco – como fizeram os próprios Marx e Engels – a projetos políticos cujo resultado já estava fadado ao fracasso. A remota perspectiva, que fora tão útil para o estudo de tendências econômicas de longo prazo, simplesmente não poderia ser usada para o exame de questões práticas quanto a o que fazer em seguida, nem para questões morais quanto a o que objetivar. A propaganda marxista, portanto, oscilava entre postular a revolução do proletariado com urgência, como a cura para as iniquidades da época, e tentar convencer as pessoas a aceitá-la, afirmando que, de qualquer forma, ela não poderia ser evitada.

É com relação a esse ponto que as minhas previsões sobre a caneca seguramente interessam. Pela maneira como as coisas se apresentam, o que a caneca diz, sem dúvida, aconteceu. Poderíamos citar como exemplo o Invisible College – grupo de influentes pensadores que se reuniram em Londres em meados do século XVII e cujas discussões se desenvolveram e levaram à formação da Royal Society. Esse grupo incluía vários cientistas renomados, mas seus interesses iam muito além da ciência física, o que lhe conferiu uma influência muito mais ampla. Como afirmou Robert Boyle:

> O "Invisible College" consiste de pessoas que se empenham em desconcertar a estreiteza de pensamento através de uma prática de benevolência tão abrangente que alcança tudo chamado homem, e nada menos do que uma boa vontade universal pode contentá-la. E, de fato, essas pessoas estão tão apreensivas quanto à falta de bons empregos que assumem todo o corpo da humanidade sob seus cuidados.
>
> Porém [...] elas não são em número suficiente.[1]

Ou poderíamos pensar em Wordsworth e Coleridge e nos outros poetas românticos, cujas novas ideias moldaram nossa

---

1 Boyle, *Works*, v.1, p.20.

sensibilidade durante a restauração do Romantismo. Ou em John Stuart Mill e seus companheiros, os reformadores do saneamento público, que insistiram, diante de forte oposição, em instalar redes de esgoto nas cidades britânicas. Ou em Buda e os cinco amigos com os quais – depois de muita hesitação – ele compartilhou sua visão revolucionária de vida, alcançada através da meditação. Ou, de fato, nos próprios Marx e Engels e nas pessoas – inclusive seus adversários – que os ajudaram a moldar suas teorias. Há também a questão, ainda que menor, dos Apóstolos.

Quando se pede aos defensores da perspectiva de longo alcance que expliquem exemplos como esses, eles geralmente respondem que essas pessoas não fizeram qualquer diferença real. As mudanças que se seguiram teriam acontecido de qualquer forma. Às vezes, existe algo mais nisso. Para casos como o da rede de esgoto, essa posição pode muito bem estar correta. De qualquer forma, a epidemia de cólera pode ter deixado poucas escolhas em relação a isso. Porém, na maioria dos casos, a forma especial que a mudança adquire pode fazer uma enorme diferença.

Por exemplo, pode muito bem ser verdade que, se Newton, Locke e Boyle não tivessem nascido, algum grupo de pessoas de um país comercial como a Grã-Bretanha teria começado a desenvolver as ciências físicas no final do século XVII e teria adaptado os conhecimentos da época de modo a abrir espaço para elas. Entretanto, será que era inevitável que essas pessoas desenvolvessem e propagassem a ideologia neoclássica que moldou a peculiar versão britânica do Iluminismo – aquela mistura precisa de racionalismo, empirismo, política dos *Whigs* (o partido liberal britânico), teologia anglicana, pragmatismo e misoginia que os defensores da ciência inventaram naquela época? Mistura que, sob a égide da Razão e de Newton, comprovou-se promissora o suficiente para dominar o pensamento na Grã-Bretanha durante todo o século XVIII?[2]

Além do mais, de maneira muito geral, talvez tivesse sido possível ter previsto que as limitações daquela ideologia fossem, no final, produzir alguma reação como a que ocorreu durante o Romantismo. Um observador dos astros poderia ter previsto vagamente o lado negativo dessa reação, mas as sugestões positivas acerca de substituições dela variavam enormemente de um país para outro e envolviam pensamento real e original; não era algo que pudesse, algum dia, ser considerado inevitável. E elas afetaram profundamente o modo como os povos de língua inglesa ainda vivem e pensam. Além de Wordsworth e Coleridge, havia Blake – uma pessoa extraordinária e muito imprevisível – e seu grupo de amigos, entre os quais Godwin, Mary Woolstonecraft e Tom Paine, que, mais tarde, deixariam o grupo para participar daquele outro muito influente, o dos Pais da Revolução Americana.

Esperança de objetividade científica

Além do fatalismo, o segundo e menos óbvio inconveniente que pode acompanhar essas perspectivas de longo prazo é a ilusão de imparcialidade. Supõe-se que os achados das ciências físicas sejam objetivos, isto é, livres de tendenciosidades. Uma teoria social que se junta a eles ao ganhar o *status* de ciência

---

[2] Para uma análise muito interessante dessa mistura, ver Wertheim, *Pythagoras' Trousers*: God, physics and the gender wars, caps. 5 e 6.

pode, então, parecer qualificar-se para ter exclusividade de domínio. Abordagens que conflitam com ela podem parecer necessariamente *não* científicas – isto é, equivocadas. Embora pareça que o próprio Marx não tenha mostrado qualquer interesse especial em afirmar a autoridade da ciência física, Engels o fez com vigor, insistindo que os princípios marxistas eram ímpares como estrutura científica em sentido restrito, algo solidamente fundamentado nas descobertas da biologia e da física. Isso estimulou o marxismo a se tornar uma igreja limitada, uma ortodoxia que condenava seus críticos de forma tão feroz quanto qualquer religião anterior, em vez de ouvi-los e aprender com eles.

Vale a pena observar como a ilusão de imparcialidade funcionou aqui. Os pensadores marxistas viam a si mesmos como cientistas físicos objetivos, porque seu raciocínio era materialista. Eles se envolveram com causas físicas tais como colheitas e clima, mais do que com ideias; porém, evidentemente, eles estavam selecionando essas causas específicas dentre muitas outras causas igualmente físicas, de acordo com seu próprio sistema de pensamento. Esse sistema centralizava-se em ideias simples e óbvias a respeito da luta de classes – ideias geradas durante as fracassadas revoluções de 1848 e confirmadas pela experiência de Engels em Manchester. Tal sistema postulava uma polarização da humanidade, em que (como consta do Manifesto Comunista) os trabalhadores do mundo logo se uniriam, já que eles nada tinham a perder senão seus grilhões. O objetivo era completar a violenta remodelagem da sociedade humana que havia sido imaginada em 1848, simplesmente invertendo a situação de classes que existia no capitalismo ocidental.

Embora isso pudesse parecer pensamento em larga escala, ele mostrava, como de costume, um viés local. Aventou-se a hipótese de que a luta de classes teria parecido muito diferente para Engels se ele a tivesse estudado em Birmingham, onde várias pequenas oficinas eram conduzidas de uma forma muito mais cooperativa do que as enormes algodoarias de Manchester, controladas com despotismo. Mais seriamente, a explicação marxista ignorou completamente fatores externos à espécie humana e, na verdade, muitos fatores externos à Europa. Marx não se preocupava com a exploração de recursos naturais, os quais ele acreditava serem infinitos, uma crença amplamente aceita em países que adotaram suas ideias. Ele via o imperialismo capitalista simplesmente como a opressão de um grupo de humanos por outro, não como fonte de desastre ecológico. E, sem dúvida, mesmo dentro da esfera das questões humanas, sua teoria simplificava excessivamente o problema. Marx foi muito arguto ao diagnosticar muitos dos males do capitalismo, mas equivocou-se em supor que este último estava prestes a se livrar desses males ao entrar em colapso.

Ao recordar essa história familiar, o ponto que pretendo enfatizar é a ilusão de imparcialidade que pode resultar da aceitação dessa perspectiva de longo alcance. A teoria marxista transitou de um princípio geral profundamente abstrato sobre causação — de que todas as mudanças se desenvolvem a partir de um conflito — para a dedução de resultados sobre um conflito político em particular, a respeito do qual seus fundadores já haviam tomado partido. A imaterialidade do princípio universal parecia garantir a impessoalidade inerente às leis físicas, impessoalidade de um tipo que não poderia ser encontrado na série habitual de causas históricas. Porém, essa impessoalidade era ilusória, porque o princípio estava sendo compreendido desde o início de maneira tendenciosa, o que predeterminou sua aplicação àquele caso.

Abstrações spencerianas

Essa ilusão fica mais óbvia ainda no projeto social darwinista, o maior rival do marxismo, e que parece ter sobrevivido a ele, persistindo hoje de forma rigorosa como uma crença na supremacia das forças de mercado. Seu profeta, Robert Spencer, inferiu suas ideias a partir de uma única, grandiosa e altamente abstrata Lei da Evolução.

> Evolução é uma integração entre a matéria e a concomitante dissipação de movimento, durante a qual a matéria passa de uma homogeneidade indefinida e incoerente para uma heterogeneidade definida e coerente, e durante a qual o movimento preservado sofre uma transformação paralela.[3]

Como muitos de nós que se sentem impressionados por uma ideia promissora, Spencer começou então a ver isso acontecendo em toda parte. Como ele disse: "Mantendo a generalização em mente, ela precisava apenas passar deste lado para aquele lado, e de uma classe de fatos para outra, para encontrar exemplificações em toda parte."[4]

Para o caso de alguém poder considerar essa lei vaga demais para oferecer orientação prática, Spencer extraiu dela

---
3 Spencer, *A System of Synthetic Philosophy*, v.1 (1884), p.396.
4 Id., *Autobiography*, v.2, p.11.

imediatamente uma conclusão política simples e satisfatória: de que a heterogeneidade requeria o máximo de liberdade política e que isso significava, acima de tudo, livre comércio. A liberdade comercial garantiria (na expressão desastrosamente ambígua que ele inventou) a "sobrevivência do mais apto". Assim, chamou o princípio básico de "evolução", termo por cujo significado ele foi, em grande parte, responsável, e que Darwin evitou com todo o cuidado. Por isso (dizia Spencer), o funcionamento desse princípio não pode, em nenhuma circunstância, ser perturbado por tentativas de ajudar os não aptos – isto é, os pobres:

> O grande esforço da natureza é o de livrar-se deles, varrê-los do mundo e abrir espaço para os melhores. [...] Se eles forem suficientemente completos para viver, irão viver. Se não forem suficientemente completos para viver, eles irão morrer, e é melhor que morram.[5]

Como explica James Moore, Spencer raciocinou assim:

> Toda heterogeneidade, toda individualidade, é o produto inevitável de forças naturais e uma manifestação do progresso universal. Assim, nos locais onde os mercados são de livre concorrência, onde o governo é descentralizado [...] nesses lugares, pode-se ter certeza, os seres humanos estão cooperando com as forças que moldam seu destino promissor. E em que outro lugar essas condições foram mais plenamente realizadas do que nos Estados Unidos? Os negócios prosperavam, livres de regu-

---

5 Id., *Social-Statics*.

A presença dos mitos em nossas vidas

lamentos, e os mais aptos sobreviviam orgulhosamente em um mercado competitivo.[6]

O que a evolução demandou foi, então, a imitação universal dos métodos atuais do capitalismo americano. Se essa conclusão teria sido classificada como "científica", caso Spencer não tivesse concluído que *A origem das espécies* apoiava sua doutrina, não fica totalmente claro. Depois de tomar essa decisão, entretanto, ele sempre afirmou ser um patrocinador entusiasmado da teoria de Darwin, que ele achava equivalente à sua. Foi assim que, sob os auspícios da ciência darwiniana, Spencer alcançou – e converteu para suas teorias – um grande e receptivo público, sobretudo nos Estados Unidos.

É por essa razão que o que é realmente spenceriano recebeu – e ainda mantém – o nome de "darwinismo social". É também uma importante razão por que uma parte diferente, porém grande, da opinião norte-americana ainda vê o próprio darwinismo como absolutamente imoral e a ciência em geral como sinistra. Na verdade, como vimos, o próprio Darwin rejeitou a abordagem metafísica de Spencer. O problema estava, como Darwin percebeu, no rápido trânsito entre os amplos princípios e os casos específicos. Se perguntarmos por que Spencer e seus conversos estavam tão certos de que os princípios de heterogeneidade que eles defendiam requeriam especialmente liberdade *comercial* – em vez de (digamos) liberdade para os operários terem o controle de suas condições de trabalho, ou para os cidadãos protegerem seu meio ambiente –, o princípio não fornece qualquer resposta. Essa escolha, na verdade, proveio das ideias

---

6 Moore, *The Post-Darwinian Controversies*, p.168.

econômicas correntes na época e teve sua origem nas objeções de Adam Smith ao bastante confuso sistema tributário do final do século XVIII. E mais uma vez – como ocorreu com o marxismo –, uma grande caixa preta se interpôs aqui entre o princípio abstrato e a aplicação, uma caixa que escondeu um amontoado de influências locais e pessoais não investigadas.

A interferência dessa caixa preta – essa arena de autoengano em relação à tendenciosidade – parece-me o maior obstáculo a perseguir tentativas de ver mudanças sociais "cientificamente", a partir de uma perspectiva de longo alcance. O spencerismo fornece um claro exemplo desse obstáculo. Outros podem ser encontrados nas supostas "leis da história", propostas por teóricos como Spengler e Arnold Toynbee.

Em todos esses casos, como ocorreu no marxismo, importantes ideais estavam em pauta. Meias verdades importantes estavam sendo afirmadas; o problema estava no fato de elas serem euforicamente universalizadas. Em geral, os marxistas eram movidos por uma genuína indignação acerca da injustiça social. E a insistência de Spencer na liberdade individual era, ela própria, uma insistência respeitável, parte da longa campanha do Iluminismo contra hábitos opressivos advindos do feudalismo. Havia também algo muito bom acerca de sua tentativa de ver a vida humana e o restante da natureza sob uma única perspectiva. O problema é que essa é uma empreitada muitíssimo mais difícil do que Spencer e seus seguidores poderiam conceber . Por muitos séculos, nossa cultura havia deliberadamente construído muros resistentes entre a humanidade e outras espécies, permitindo o desenvolvimento de ideias muito irrealistas acerca do território estrangeiro, exterior à barreira da espécie. A aparelhagem do pensamento que precisava ser

A presença dos mitos em nossas vidas

utilizada para generalizar para além dessa barreira era, portanto, precária e enganosa. Termos aparentemente simples como "animal", "natural" e "seleção" acabaram se tornando portadores de uma carga não examinada de significados explosivos. Essa mesma combinação de nobres ideais e dúbios resultados pode ser encontrada também no sistema anterior subjacente a ambas ideologias – a primeira tentativa real de explicação histórica universal e a origem da ênfase compartilhada por elas no conflito: a dialética hegeliana. Era, inicialmente, o relato de como as ideias se desenvolvem por oposição, cada tese oferecendo resistência à sua antítese e por fim, num crescente, tem-se uma síntese maior que combina os pontos positivos de ambas.

Tal noção tem a grande vantagem de minar a intolerância. Ela obriga os adversários a aceitarem o fato de que eles não têm o monopólio da verdade. Apesar da combatividade dos acadêmicos, ela tem tido um efeito positivo duradouro no sentido de civilizar a controvérsia, fazendo as pessoas buscarem verdades fora de seu próprio campo.

Entretanto, a desvantagem de tudo – como nos outros casos – emerge da escolha das teses que se supõe estejam em conflito. Por exemplo, durante longo tempo na história europeia, muitas pessoas achavam que a única escolha acerca de religião estava entre o catolicismo e o protestantismo. Dentro desses campos, também, a escolha podia parecer até mesmo mais estreita; por exemplo, entre Calvino e Lutero. A perspectiva hegeliana tende a concentrar a atenção nesses duelos existentes, em vez focalizar novas direções. Dessa maneira, ela pode encerrar as pessoas dentro de padrões de pensamento existentes, em vez de ajudá-las a sair deles. Foi isso o que Kierkegaard disse que havia acontecido à sociedade dinamarquesa de sua época, quando as pessoas, satisfeitas com as opiniões burguesas, circulavam harmonizando-se novamente com base em padrões hegelianos. Kierkegaard escreveu seu livro *Ou-Ou – um fragmento de vida* para lembrar a elas que algumas vezes, pelo contrário, é necessário fazer escolhas reais.

Prós e contras semelhantes estavam presentes no paradigma ainda mais anterior, explicando todas as enigmáticas mudanças como desígnios de Deus, o que revelava a óbvia desvantagem de que isso poderia facilmente levar ao fatalismo. Entretanto, ele também forneceu uma opção muito mais útil de como tratar a nova situação: como um desafio – o que os *Quakers* chamavam de Carruagem, uma oportunidade enviada pela Providência para uma atividade nova e louvável. Portanto, esses projetos sempre envolvem um lado positivo e um lado negativo.

13
Selecionando os selecionadores

O pensamento evolutivo é diferente?

Já discutimos o suficiente os paradigmas do passado, formas iniciais de explicar mudanças sociais. O que dizer a respeito do candidato mais recente? Quais são as vantagens especiais e as desvantagens da explicação dessas mudanças através da seleção natural?

Sem dúvida alguma, essa abordagem tem a grande vantagem de tratar a vida humana como parte da natureza, não como algo misteriosamente dissociado dela. Ela celebra nossa continuidade com o mundo do qual nos originamos, em vez de tentar, demonstrando impaciência, repudiá-lo. Tal continuidade é um fato central da vida. A dignidade humana não nos convida a afirmar que, ao nascermos, éramos uma página em branco, seres puramente cognitivos moldados apenas por algo chamado Sociedade ou Cultura e capazes de mudar o resto do mundo a nosso bel-prazer. Essa noção confusa de liberdade humana ainda é muito forte nas ciências sociais, mesmo que um pouco menos do que costumava ser; dessa forma, o modelo evolutivo nos presta um grande serviço ao insistir que a própria cultura é parte da natureza e deve ser vista como se estivesse, de alguma maneira, continuando padrões naturais.

Porém, que padrões são esses? É mais fácil dizer isso como uma questão geral de fé do que decidir, em detalhes, de que forma deveríamos entrelaçar os modos de pensar que desenvolvemos para descrever o mundo natural a partir do exterior – como espectadores e exploradores – com os modos que utilizamos para lidar, como participantes, de nossa vida social a partir do interior. Muitos intelectuais vêm agora oferecendo mecanismos evolutivos para conectar essas duas abordagens. Ao fazê-lo, eles estão navegando na onda da moda corrente, mesmo quando eles também a dirigem. Conversas sobre evolução têm o sabor da época e irão permanecer conosco ainda por muito tempo.

Muitas dúvidas a respeito dela – as quais estão intimamente ligadas às dúvidas de Darwin – com toda a certeza não irão arrefecer esse entusiasmo. Na medida que ela for realmente útil, não farei mal algum criticando-a. Espero que, ao mencionar minhas preocupações a respeito dela, eu possa ajudar seus proponentes a torná-la mais clara.

Seleção de quê por meio de quê?

Não há dúvida de que a maior dificuldade aqui é colocar uma floresta dentro de uma caneca de cerveja. Tudo aquilo que consideramos como elementos da cultura são tão diversos em sua forma que é difícil ver, de imediato, como podemos encontrar um modelo único de mudança que se ajuste a todos eles sem causar uma distorção procustiana. Haveria um modo de reduzi-los a uma taxonomia, tornando-os de alguma forma paralelos aos conhecidos elementos da biologia, tais como espécies, indivíduos, populações e genes?

O que, na verdade, o modelo evolutivo requer aqui? John Ziman, na introdução a sua coletânea de ensaios intitulada *Technological Innovation as an Evolutionary Process* [Inovação tecnológica como um processo evolucionário] escreve que ele e seus colegas colaboradores, quando afirmam que os artefatos *evoluíram*, "querem dizer mais do que a ideia de que se desenvolveram aos poucos. Estamos indicando que esse desenvolvimento ocorreu através de variação genética e seleção natural". Ele prossegue e pergunta: "*Todas as entidades culturais* desenvolvem-se nesse sentido – isto é, mudam no decurso do tempo por meio, basicamente, do *mesmo mecanismo*?". No último capítulo do livro, ele e sua equipe oferecem a seguinte resposta à questão: "Passamos a ver a perspectiva evolutiva como uma ferramenta indispensável do pensamento, realçando um aspecto vital de *todos os processos históricos*. Nossa contribuição para este livro [...] mostra a *eficácia do "selecionismo" como um paradigma unificador da racionalidade*".[1]

Trata-se de uma alegação relevante, que vai além dos exemplos tecnológicos com os quais eles, de fato, lidaram. Acho importante saber como podemos nos beneficiar dela na prática. Em qualquer um dos casos, que tipos de forças concorrentes deveriam formar a população que é a matéria-prima desse processo de seleção? *Como encontramos nossas unidades de seleção?* Poderíamos fazer essa pergunta (por exemplo) acerca de alguns dos itens mais importantes que são constantemente mencionados como "ascendentes" no decorrer da história do mundo

---

1 Ziman (ed.), *Technological Innovation as an Evolutionary Process*, p.3 e 313, grifos meus.

ocidental nos dois últimos séculos. Esse parece ser um exemplo razoável, pois pode-se dizer que o que se ergue, sem dúvida, evolui, e esses são, na verdade, exemplos do tipo de processo histórico que muitas vezes precisamos explicar. Entre esses itens "ascendentes", os historiadores muitas vezes enumeram coisas como: individualismo, classe média, espírito comercial, sistema fabril, mecanização, urbanização, igualitarismo, imperialismo, padrão de vida, transporte rápido, feminismo, letramento e população, enquanto se diz que outras coisas tais como feudalismo, fé e habilidade com artesanato entraram em declínio de forma correspondente.

O que é preocupante aqui não é apenas a grande variação entre os tipos de coisas que esses termos denotam, mas o processo prévio de escolha deliberada que precisa continuar muito antes de tais abstrações serem nomeadas em primeiro lugar. Termos como esses não são meros nomes de certas entidades, como os nomes de espécies específicas de animais existentes, que poderiam ser vistos como se estivessem em competição para sobreviver. São abstrações, termos aos quais se chegou fragmentando-se o *continuum* da história de maneiras específicas para realçar aspectos particulares do que vem acontecendo. E essas maneiras não são arbitrárias ou impostas pela seleção natural, mas deliberadas. Utilizar esses termos já é assumir uma posição acerca de questões relativas ao que lá é importante. Esses termos são seletivos no sentido bastante literal de que envolvem escolha humana real. Como é possível combinar essa situação com o discurso metafórico do "selecionismo" envolvendo a seleção a partir de fora, por forças do meio ambiente?

É mesmo verdade que há sempre "um aspecto vital" de tais casos, que pode, de forma proveitosa, ser considerado como

A presença dos mitos em nossas vidas

uma seleção, uma competição entre um conjunto de contendores rivais, terminando em vitória para os "mais aptos"? Sem dúvida, se temos confiança especial no valor desse modelo, conseguimos amiúde vê-lo nos eventos que estudamos. Entretanto, o ponto que desejo enfatizar é que a decisão de aplicá-lo a uma mudança social em particular já envolve uma visão particular do significado e da importância de tal mudança. É fundamental ter consciência dessa perspectiva.

Por exemplo, com certeza é possível considerar a "emergência da classe média" simplesmente como um caso de sobrevivência dos mais aptos: a vitória de determinado grupo de pessoas sobre determinada gama de outros grupos, porque ele se ajusta melhor àquele determinado ambiente. Isso, porém, significa comprometer-se com uma visão estática, essencialmente marxista do conflito de classes. Não se considera a possibilidade de que o que está acontecendo pode ser mais bem explicado como uma ampla mudança nos modos como as pessoas ganham a vida – uma gama diferente de ocupações, produzindo diferentes costumes e diferentes juízos de valor para todos.

Quando uma classe média "ascende" de forma notável, ela recebe muitos novatos, tanto de cima quanto de baixo, mudando sua própria constituição juntamente com a de seus companheiros. O resultado é que todos acabam vendo tanto a si mesmos quanto toda a hierarquia social de forma bem diferente, e as fronteiras tornam-se menos nítidas. Não existe (exceto fatores físicos externos) um "ambiente" fixo, neutro, ao qual essa classe fixa e esperançosa tenha que se adaptar. Seria, portanto, mais natural dizer que, se alguma coisa está evoluindo, é, na verdade, toda a estrutura social. Falando ainda com mais ousadia, seria plausível dizer que todos os componentes "ascendentes" que listei acima são meramente aspectos de um único e grande processo histórico – uma fatia mais larga da evolução social. Mas em ambas as sugestões fica até mesmo mais difícil ver o processo como um processo de seleção "darwiniana" (ou spenceriana) entre determinado conjunto de candidatos.

Existem espécies culturais?

Como realmente selecionamos do cenário cultural nossas unidades principais, as entidades que podemos descrever, de uma forma útil, como evolutivas? Isso é mais fácil no caso de artefatos, que são o que Ziman e sua equipe mais discutem. Catedrais, vagões de trem e espadas de samurais são tipos definidos de itens, quase tão claramente demarcados quanto espécies naturais. Os propósitos para os quais foram feitos podem ser complexos e às vezes podem mudar, mas, de maneira geral, são relativamente limitados. Seus fabricantes normalmente supõem que esses propósitos são claros, e aqueles que os estudam podem considerá-los como algo normal. Muitas vezes não há necessidade de discuti-los. E, embora esses propósitos não sofram mudanças, o padrão de seleção entre vários candidatos pode, muitas vezes, ser utilizado.

Contudo, até mesmo aqui podemos encontrar problemas. Deveriam as estações de trem vitorianas e os modernos arranha-céus ser considerados como estágios adicionais na evolução da catedral? Ou eles são espécies mais novas, formas de vida que vêm competindo com ela e tomando seu lugar? Elas ocupam o mesmo nicho ecológico ou um nicho diferente?

Em tais casos, a mudança de propósito rapidamente se torna o problema central. Ela se faz notar no fascinante artigo de Gerry Martin sobre espadas de samurais em *Technological Innovation*, quando ele se sente movido a acrescentar uma nota de desculpa:

> (Caro leitor, neste ponto peço sua piedade e compreensão; estamos discutindo um objeto construído com perfeita e dedicada habilidade, reverenciado, colecionado e exibido nos maiores museus do mundo, mas cujo único propósito é fracionar violentamente seres humanos vivos. Não consigo conciliar esses atributos conflitantes.)[2]

Porém, se ele levasse seu estudo adiante e considerasse o modo como essas espadas, com o tempo, deram lugar a armas posteriores, a mudança nos papéis que tais armas desempenharam na sociedade tornaria, com certeza, difícil tratá-las como simplesmente adaptações mais eficientes ao mesmo ambiente. E se estivéssemos escrevendo sobre o desenvolvimento de armas ou métodos de tortura modernos, esse tipo de questão poderia se tornar fundamental.

E a questão fica ainda mais premente se estamos escrevendo sobre abstrações explícitas como individualismo, ou feminismo, ou imperialismo, em vez de armas. Não parece possível mencionar tais pontos sem sinalizar um juízo de valor, e esses juízos fazem uma diferença crônica na maneira como identificamos os itens em primeiro lugar e, portanto, no que se pode considerar como sua "evolução". Normalmente não dizemos

---

[2] Martin, Stasis in Complex Artefacts, apud Ziman, *Technological Innovation*, p.92.

que algo está evoluindo, a menos que o examinemos sob algum tipo de luz positiva. Não costumamos falar da evolução de crimes, ou de embriaguez, ou de negligência na direção. Ainda assim, as estatísticas que mostram um aumento nessas coisas, sem dúvida, estão também entre os "processos históricos" que Ziman menciona. Minha pergunta é: há alguma razão por que elas não se qualificam como "evoluções"?

O elemento avaliativo no termo "evolução" foi seguramente uma das razões centrais que levaram Darwin a evitá-lo. Esse elemento revela-se de forma interessante no primeiro exemplo que o OED – *Oxford English Dictionary* – registra para o sentido biológico do termo. Em seu *Principles of Geology* [Princípios de geologia], Charles Lyell escreveu: "Os testáceos do oceano existiram primeiro, e alguns deles, por evolução gradual, foram *melhorados* e vieram a ser os que habitaram o solo.[3] É claro que, quando discutimos mudança social, essa maneira de falar, carregada de valor, não nos obriga a aprovar o desenvolvimento específico que estamos discutindo. Mas isso, de fato, significa que o estamos escolhendo como empreitada, um projeto que as pessoas estão, de alguma forma, tentando promover, em vez de algo que apenas acontece a elas (como sugere o modelo do "*meme*"). Portanto, precisamos nos interessar pela própria noção do que elas estão fazendo, não apenas pelas forças externas que podem estar operando sobre elas. Isso também significa que temos alguma razão para acreditar que o tópico em questão é importante o suficiente para merecer uma análise. Se, entretanto, escolhemos qualquer um dos *ismos* de minha lista como projeto desse tipo, estamos dizendo algo sobre o

---

3 Lyell, *Principles of Geology*, v.2, cap. 11, grifo meu.

conjunto da sociedade, não somente sobre um único elemento dela. Quando cunhou o termo "individualismo", Alexis de Tocqueville falava a respeito da forte mudança na atitude social dos Estados Unidos como um todo, não de um elemento limitado que por acaso prevalecia sobre um dado conjunto de adversários.[4]

"Mecanismos"?

Ao tentar compreender essas diversas e importantes mudanças, não estou convencida de que o melhor caminho é procurar um único "mecanismo" que possa ser considerado como a causa de todas elas (é aqui que a objeção de Darwin à ampla extrapolação a partir de limitados exemplos me parece muito correta). Ao discutir questões de largo espectro, estamos inevitavelmente falando em termos de grandes abstrações que já formamos. O "mecanismo" a ser encontrado – que, presumimos, é uma forma comum de desenvolvimento – precisa, portanto, operar no nível dessas abstrações. Isso significa que ele já incorpora nossos vieses anteriores. E sabemos o quão rapidamente essas predisposições mudam de período para período, alterando, de forma contínua, a linguagem que usamos para descrever questões sociais. É de se lamentar que não haja aqui nada como a linguagem antisséptica, artificialmente imutável da física. Não há unidades neutras de seleção, concedidas naturalmente, como há quando falamos sobre a evolução de uma espécie animal.

---

4 Tocqueville, *Democracy in America*, 1835-40, parte 2, livro 2, cap. 27.

Isso não significa que não possamos lidar de forma racional com essas questões. Nossa parcialidade não é tão fatal se temos consciência dela e a tornamos explícita. Todas as nossas opiniões são, é claro, nossas próprias opiniões, exprimindo certas ideias a respeito do que é importante, mas podemos articular essas ideias e oferecê-las abertamente aos outros como contribuições para o estoque geral. O problema só se manifesta quando, em vez disso, universalizamos dogmaticamente nossas próprias generalizações e as promovemos (como Spencer, Marx e Toynbee fizeram) como leis da natureza.

Para evitar isso, parece bastante pertinente lembrar que a entidade diretamente responsável por causar determinada mudança social – excluindo as condições físicas – precisa agregar as pessoas realmente envolvidas, não seus princípios. Nossos vários *ismos* são maneiras taquigráficas de descrever as atividades dos seres humanos, não aquelas das abstrações. Para compreender tais atividades, precisamos ter alguma ideia do que as pessoas tinham em mente, o que achavam que estavam fazendo, o que pode ser bem diferente do que aquilo que elas por fim conseguiram. E se estamos discutindo alguma mudança contemporânea, algum dilema em relação ao qual precisamos escolher o caminho adiante, falar como se um conjunto de abstrações que estão competindo entre si fosse os agentes no comando, só pode nos levar ao fatalismo.

Como vimos, esse voo instantâneo que leva de entidades concretas a entidades abstratas é uma das características mais enganosas do modelo do *"meme"*, que agora é popular como uma explicação sugerida de mudança social. O discurso acerca do *meme* simplesmente estende a dimensões bizarras as falhas típicas nas explicações que tentam usar a perspectiva de longo alcance, quando examinam algo tão próximo de nós quanto a motivação para mudança social. Contudo, o respeito com que essa proposição vem sendo tratada hoje mostra o quão forte é o preconceito em relação a tais métodos.

Ao resistir a esse preconceito, posso, sem dúvida, estar apenas mostrando um daqueles extraordinários pontos cegos que achamos tão divertidos quando estudamos a história do pensamento. Posso apenas repetir que minha objeção não é, de forma alguma, à introdução de questões humanas na mesma perspectiva do restante da natureza. Essa é uma proposição que defendo com veemência. O que me preocupa é o uso precipitado de certos padrões que vêm sendo considerados úteis na biologia para explicar questões humanas em que eles têm uma aplicação um tanto quanto artificial, às custas do estudo diretamente relevante das motivações humanas.

Nesse contexto, qualquer atenção dedicada a essas motivações tende a ser descartada como mera "psicologia do senso comum", não científica. Essa rejeição ignora a massa de informações valiosas que coletamos em nossas vidas ao lidarmos com nossos semelhantes como participantes do processo social. A rápida mudança para o pensamento evolutivo troca esses dados imediatos pelo tipo mais indireto e irregular que teríamos de usar se estivéssemos lidando com espécies muito mais remotas de nós. Trata-se de uma política que examina a vida humana pelo lado errado do telescópio, fazendo-a parecer muito menos inteligível do que realmente é.

14
A razão está ligada ao sexo?

A admirável persistência da mente

Vimos considerando alguns mitos atuais projetados para colocar a vida mental dentro da província do método científico. De certa forma, entretanto, é surpreendente perceber que eles ainda são considerados necessários depois de tantos problemas vividos para descartar por completo essa perturbadora entidade. Como Steven Pinker afirmou:

> O conceito da mente é um conceito intrincado desde quando as pessoas começaram a refletir acerca de seus pensamentos e sentimentos. A própria ideia tem semeado paradoxos, superstições e bizarras teorias em cada época e cada cultura. Chegamos quase a nos solidarizar com os behavioristas e os construtivistas sociais da primeira metade do século XX, que observavam mentes como enigmas ou armadilhas conceituais, os quais deviam ser evitados a favor de comportamentos observáveis ou dos traços de uma cultura.[1]

---
1 Pinker, *The Blank Slate*: the modern denial of human nature, p.31.

Se obviamente não há nada *senão* um corpo, então não há necessidade de que surjam problemas mente/corpo. O corpo, portanto, não precisa se relacionar com nada. Se (conforme já vimos) certas confusões resultam da divisão que Descartes faz dos seres humanos, partindo-os ao meio, muitas pessoas sentem bem no fundo do coração que simplesmente descartar a metade imaterial por completo é a melhor cura.

Os primeiros behavioristas afirmavam isso explicitamente: a mente e a consciência eram irreais. E, sob a superfície, essa suspeita ainda é muito difundida. Acredita-se que técnicas reducionistas não deveriam apenas atomizar a mente; deveriam se livrar dela por inteiro, traduzindo o que for necessário acerca de pensamentos em afirmações sobre o corpo. E, no fim, as traduções seriam verificadas através de experimentos em laboratório.

Como já vimos, não há certeza de que essa proposta possa algum dia fazer sentido, mas, sem dúvida, por razões morais, não pode, de maneira aceitável, ser aplicada *livremente* a nossa cultura atual. Ela conflita com a posição moral central à própria atitude que precisa dessa redução científica. Peca contra o individualismo.

Quando os pensadores do Iluminismo destituíram Deus e desmistificaram a Mãe Natureza, eles não nos privaram de um objeto de reverência. A alma humana, rebatizada como indivíduo – livre, autônomo e criativo –, assumiu aquele posto e, desde então, foi nele confirmada com confiança crescente. Embora não seja agora considerada imortal, ela é ainda nossa pérola valiosa. Assim, por mais paradoxal que possa parecer, nossa cultura "materialista" assume como normal uma entidade para a qual sua filosofia reducionista não tem espaço.

A presença dos mitos em nossas vidas

Poderia haver uma maneira de descrever de forma reducionista esse impressionante objeto como mera função do corpo? Isso é difícil, porque liberdade e independência em relação às compulsões desse corpo são consideradas cruciais para o valor que ele tem. De acordo com uma influente noção gerada pelo Iluminismo, o indivíduo é, em sua essência, uma vontade usando um intelecto. Esse indivíduo ainda é largamente imaginado da forma como os pensadores do século XVIII o imaginavam, ou seja, como uma razão ativa, afirmando-se em uma batalha contra o sentimento passivo, o que é visto como relativamente sub-humano – uma questão meramente animal que emana do corpo (iremos considerar a força da figura animal mais adiante, nos capítulos 21 a 23). A dignidade da vontade baseia-se no controle e na conquista desse sentimento.[2]

A supremacia desse modelo tem se constituído sério assunto filosófico, mas não podemos tratar disso mencionando apenas filosofia acadêmica. Com efeito, à medida que o modelo perde seu poder de atração para os filósofos profissionais, seu apelo cultural geral – ironicamente – parece crescer. Grandes esquemas conceituais como esse operam em cada nível de nossa vida. A estrutura conceitual é, de fato, seu esqueleto, mas esqueletos não andam por aí nus. Conceitos são incorporados em mitos e fantasias, em imagens, ideologias e meias verdades, em expectativas e receios, em vergonha, orgulho e vaidade. Como os grandes filósofos do passado que ajudaram a moldar nossa tradição, precisamos começar a perceber tais conceitos.

---

2 Para uma abordagem breve, mas muito reveladora, de diferentes visões dos iluministas sobre o "homem da razão", ver Lloyd, *The Man of Reason in Western Philosophy*.

Mary Midgley

A necessidade de tomar partido

A divisão mente/corpo evoca a tendência humana em geral a dramatizar conflitos. Se perguntarmos aos teóricos "de que consiste um ser humano?", eles prontamente escolherão dois elementos que parecem opostos, porque tal oposição é surpreendente e, na verdade, muitas vezes precisa de nossa atenção. Com frequência, temos de lidar com conflitos interiores.

Esse não é o único modo de começarmos a pensar a respeito da personalidade humana, mas tem sido um modo muito atuante em nossa tradição. O apóstolo Paulo, seguindo Platão, escreveu: "a carne deseja o que é contrário ao Espírito e o Espírito, o que é contrário à carne; e eles se opõem um ao outro, para que não façais o que quereis" (Gálatas 5:17), e a ideia tornou-se uma trivialidade moral.

As noções tanto da mente quanto do corpo foram, portanto, formadas, desde o início, por seu papel como adversários nesse drama. Sem isso, a profunda divisão entre ambos pode perder grande parte de seu propósito. "Talvez", poderíamos afirmar, "um ser humano seja um todo e aja como um todo, apesar desses conflitos interiores. Não importa, no momento, o que possa acontecer após a morte; nesta vida o que interessa é olhar para além de conflitos, para a integração da personalidade".

De fato, quando a questão é colocada de maneira abrupta, a noção de que a mente se opõe ao corpo pode atualmente soar bastante moralista. Não obstante, a ideia de que tal drama é fundamental à dignidade humana ainda é poderosa. As ações através das quais a vontade deve mostrar sua independência podem, de fato, ser diferentes agora. Hoje, aprovamos um adultério ousado mais do que um martírio. Isso, porém, não é, na

A presença dos mitos em nossas vidas

verdade, uma concessão à carne. O que se admira é a ousadia. O ideal que se insere na afirmação da própria vontade – em vez de apenas seguir naturalmente o curso dos acontecimentos – é tão forte quanto sempre foi. A força desse modelo pode ser vista em uma centena de batalhas teóricas. Ela surgiu em especial na violenta objeção ao "determinismo biológico", que acolheu a sugestão dos biólogos de que a motivação humana pode dever algo a causas genéticas.

Não há dúvida de que havia outras coisas muito questionáveis no pensamento sociobiológico, mas essa queixa específica era bizarra. Por que as causas biológicas deveriam ser especialmente objetáveis dentre os muitos tipos de causas que – acerca de qualquer visão – estabeleceram o cenário para a ação humana? Por que as influências genéticas eram mais ofensivas do que o condicionamento social, de cuja presença ninguém duvidava? Presumia-se realmente que os hormônios não afetavam nosso estado de espírito, ou que os bebês começavam a vida sem qualquer sentimento e qualquer tendência para desenvolver qualquer tipo especial de sentimento? Então, toda a nossa vida emocional e imaginativa era pura imitação, um conjunto de padrões de comportamento, incorporado, com base em material passivo, por uma misteriosa entidade suprapessoal chamada sociedade? Ou, se ocasionalmente escapássemos dessas influências, estaríamos sempre realizando algum milagre existencial de assertividade, sem origem no mundo ao nosso redor? O gênio (por exemplo) não tinha raiz na constituição física individual? Nosso *corpo* não desempenha função alguma em nossa vida pessoal, exceto como um veículo inerte, uma massa ou, eventualmente, um impedimento?

Acredito que essas sejam posições que ninguém, por seus próprios méritos, aceitaria hoje. Ainda assim, muitas pessoas de boa vontade as consideram tanto factualmente verdadeiras quanto moralmente necessárias. Seu fascínio emana de poderosos padrões imaginativos usados pelos pensadores do Iluminismo, padrões que nos serviram bastante, mas que estão agora atingindo os limites de sua utilidade.

Vimos que o pensamento iluminista não era, tanto quanto qualquer outra forma de pensamento, inteiramente imparcial, desvinculado, racional e impessoal. Era, de fato, tão prático, tão local, tão colorido com programas políticos e sociais específicos e com as idiossincrasias particulares de seus criadores quanto quaisquer outros grupos de pensamento. Já que agora apreendemos muito do que nele existe de bom, precisamos então cuidar desses corpos estranhos.

A vontade solitária (e o corpo abandonado)

A questão central tem a ver com identidade pessoal, com o que "eu" essencialmente sou. A noção do racionalismo iluminista acerca disso era muito equivocada. Em termos grosseiros – e temos que ser grosseiros aqui para trazer a questão à tona – essa noção mostrava o *self* essencial consistindo de razão. Isso significava uma vontade isolada, conduzida por uma inteligência, ligada arbitrariamente a um conjunto muito insatisfatório de sentimentos e alojada, por acaso, em um corpo humano igualmente insatisfatório. Exteriormente, esse ser existia sozinho. Cada relação do indivíduo com todos os outros era opcional, a ser combinada à vontade por um contrato. Dependia das estimativas do intelecto em relação ao interesse pessoal e das visões desse interesse livremente escolhido pela vontade.

Esse não é, evidentemente, um quadro incontroverso ou *óbvio* da condição humana. Como pôde ele ser aceito de forma tão ampla? A resposta é, sem dúvida, que ele foi projetado principalmente para fins políticos específicos e prementes, ligados à liberdade cívica e ao voto. O esquema conceitual do contrato social era um instrumento, um cortador de fio para nos liberar de uma equivocada obediência a reis, religiões e costumes. Como outras ferramentas do gênero, o uso dessa maneira de pensar era cuidadosamente evitado em locais onde ele não se ajustava àqueles propósitos. De forma especial, ele foi, no início, aplicado apenas aos homens, e quaisquer tentativas posteriores de estendê-lo às mulheres despertavam angustiante indignação e desordem. Cada homem – cada eleitor – era idealizado como representante e protetor de sua família. Não havia qualquer dúvida de que os outros membros da família não precisavam falar por si mesmos.

A razão por que a questão de gênero é relevante

Esse não é um ponto perverso ou irrelevante. Não é uma questão trivial o fato de que a noção de um indivíduo independente, questionador, exigente – uma noção central ao pensamento ocidental – sempre foi, basicamente, a ideia um tanto romantizada do macho. Ela foi desenvolvida dessa maneira pelos gregos e mais ainda pelos grandes movimentos libertários do século XVIII,[3] cujo clamor pelos "direitos do

---

[3] Ver Okin, *Women in Western Political Thought*.

homem" e por "um homem, um voto" não foi por acaso, pois estava implícito nesses desdobramentos uma identificação velada da vontade individual com o macho, e do corpo (e sentimento) negligenciado com a fêmea. O próprio Rousseau, o grande arquiteto do pensamento moderno do contrato social e defensor da liberdade individual, rejeitava categoricamente a possibilidade de que quaisquer ideias desse tipo pudessem se estender às mulheres. "Meninas", explicou ele,

[...] devem, desde cedo, ser acostumadas a restrições, porque no decorrer de toda a sua vida elas terão de se submeter às restrições mais permanentes, aquelas do decoro [...] Elas têm, ou devem ter, pouca liberdade [...]. Como a conduta de uma mulher é controlada pela opinião pública, da mesma forma sua religião é controlada pela autoridade [...]. Incapazes de julgar por si próprias, elas devem aceitar o julgamento do pai e do marido, inclusive o da Igreja.[4]

Assim declarou Rousseau – o homem que deveu toda a sua carreira ao encorajamento dedicado, inteligente e erudito que recebeu de madame de Warens, d'Épinay e de outras – em *Emílio*, obra cujo tema principal é a necessidade de liberdade completa na educação de meninos. Quanto à questão da igualdade, isso também, dizia ele, era um assunto apenas para homens. "A mulher foi feita para se submeter ao homem e para suportar até mesmo injustiça nas mãos dele."[5]

---

4 Rousseau, *Émile or On Education*, livro V, p.332.
5 Ibid., p.359.

A presença dos mitos em nossas vidas

No final do século XVIII, Mary Wollstonecraft sugeriu em seu *Vindication of the Rights of Woman* [Em defesa dos direitos da mulher] que isso era estranho, e que os ideais de Rousseau deveriam se estender a ambos os sexos. Horace Walpole expressou a fúria geral, chamando-a de "hiena de anágua". E, no decorrer do século XIX, propostas para educar e conceder às mulheres direitos civis e políticos continuaram a gerar exaltação semelhante. Essa oposição não significava apenas que suas eram propostas importunas e inconvenientes, mas também monstruosas — uma visão respaldada por argumentos espantosamente frágeis.

A mentira na alma

Sem dúvida, fica evidente que a noção original — associada ao sexo — de um indivíduo livre e independente não foi objeto de reflexões muito profundas. Apesar de sua força e grandeza, essa noção continha um forte traço de falsidade. O problema não é apenas que a razão pela qual ela deveria se aplicar somente à metade da raça humana não tenha sido honestamente levada em consideração. O que acontece é que a suposta independência do macho era, por si mesma, falsa. Era parasitária, tomava como fatos normais o amor e os serviços de fêmeas não autônomas, e também, durante algum tempo, dos homens menos instruídos e não eleitores que supriam as necessidades físicas do corpo. Ela excluía a maior parte da população, embora se pretendesse universal.

A dependência mútua é fundamental a toda a vida humana. A rejeição equivocada e irrealista dessa noção não apenas incomoda as mulheres; ela distorce a moralidade com um melodrama desigual. Essa rejeição leva as virtudes das quais precisamos para dar e receber amor e atendimento (e, na verdade, para satisfazer as necessidades rotineiras do corpo) a serem depreciadas sem qualquer senso crítico, enquanto aquelas associadas com assertividade são exaltadas sem qualquer senso crítico – exceto, é claro, quando são manifestadas por mulheres. A questão não é apenas que virtudes masculinas heroicas estão sendo exaltadas em detrimento de virtudes femininas "passivas". É que, na verdade, ambos os sexos precisam – e podem praticar – todas as virtudes. Embora haja diferenças reais (alguns ainda diriam "naturais") entre homens e mulheres, conforme já argumentei em outro momento,[6] elas não têm essa drástica consequência moral. O ideal oficial, completamente distinto, de masculinidade como vontade incorpórea é um ideal distorcido. Essa concepção prejudica a vida dos homens e também das mulheres. A suposta divisão de gênero do labor moral é – e sempre foi – uma mentira.

O protesto de Mary Wollstonecraft foi exasperador aos seus contemporâneos, porque foi justificado de maneira muito clara. Ela não estava mudando as regras. A tradição individualista, supostamente radical e universal, exigia, de fato, ser estendida às mulheres. Contudo, ela havia sido moldada de tal forma que isso não poderia acontecer; ela repousava sobre uma noção irreal e estereotipada da relação entre os gêneros e as virtudes. Embora um realismo inflexível e honesto tivesse sempre sido o lema da tradição racionalista, em relação a esse

---

[6] Em On not being afraid of natural sex differences. Ver Griffiths e Whitford, *Feminist Perspectives in Philosophy*, p.29-41.

A presença dos mitos em nossas vidas

assunto ele estava permeado pelo subterfúgio, pelo preconceito e pela ilusão. Colocando a questão de outra forma: "feminismo" não é o nome de algum princípio novo, trazido para dentro de controvérsias sem qualquer razão justificável. Esse nome representa uma correção sistemática de um preconceito antigo e muito pernicioso. Seu oposto, que pode ser designado de "virismo", sempre reinou sem ser notado. Corrigir essa situação não é uma iniciativa única e simples; requer ênfase em diferentes locais, porque o preconceito opera de modo desigual. Como ocorre com outras correções, o feminismo poderia esperar, no fim das contas, tornar-se desnecessário e, então, encerrar suas atividades. Entretanto, esse "no fim das contas" ainda está muito longe de se realizar.

15
O caminho que vai da liberdade à desolação

Nietzsche, Sartre e a privatização da moralidade

A parcialidade de gênero mencionada no último capítulo tem sido particularmente debilitante na tendência ao extremo individualismo que em geral é visto como pertencente à esquerda: o elemento quase anarquista que deriva de Rousseau chega até Nietzsche e Heidegger e alcança Sartre, além de uma grande variedade de individualismo egocêntrico, bem como os tipos mais afeitos à direita, expressos em monetarismo e sociobiologia.[1] Infelizmente, feministas modernas demonstraram, no início, muita confiança nessa tradição e, de imediato, não submeteram Nietzsche a qualquer coisa parecida como a bem merecida acidez a que submeteram Freud[2] (A veneração de Simone de Beauvoir por Sartre provavelmente o protegeu). Vale a pena refletir a

---
1 Ver Easlea, *Science and Sexual Oppression*.
2 Entretanto, para uma exposição recente e brilhante dos perigos ao feminismo de uma apressada aliança com o pós-modernismo nietzschiano, ver Lovibond, Feminism and Postmodernism, *New Left Review*, n.178, p.5-28, 1989.

respeito de como esse fio de tradição influencia de forma significativa (mesmo que indiretamente) o problema mente/corpo.

O que Nietzsche fez foi retirar a boa vontade – que Kant havia colocado no centro dos princípios morais – de um habitat social e transferi-la para um outro, solitário. Para Kant, a boa vontade era a vontade racional. Ela respeitava todos os outros seres racionais e concordava com as leis morais que eles também pudessem achar razoáveis. Ela estava unida a eles no "Reino dos Fins" – não, é claro, um estado real, mas uma comunidade ideal, imaginada, em que todos pudessem, em princípio, concordar acerca de valores.

Embora profundamente impressionado com a asserção de Kant acerca de dignidade da vontade, Nietzsche rejeitou esse comunalismo. Por um lado, ele era cético demais quanto ao raciocínio moral para considerar uma possível concordância racional. Por outro lado, Nietzsche – ele próprio um solitário – sentiu-se simplesmente indignado com o ideal de harmonia social e vida comunal preconizado por Kant:

> Uma palavra contra Kant como moralista. Uma virtude precisa ser invenção *nossa*, nossa defesa e necessidade mais pessoais; em qualquer outro sentido, ela é simplesmente um perigo. [...] "Virtude", "dever", "o bem em si mesmo", impessoal e universal – fantasmas, expressões de declínio, da exaustão derradeira da vida, do espírito chinês de Königsbergian. As mais profundas leis da preservação e do crescimento exigem o inverso disso; que cada um de nós deve criar sua própria virtude, seu próprio e categórico imperativo.[3]

---

3 Nietzsche, *Twilight of the Idols and The AntiChrist*, seção 11, p.121.

Isso, afirma ele, naturalmente levaria qualquer pessoa instruída da era moderna a viver sozinha, desprezando seus contemporâneos e rejeitando apelos dos outros por irmandade ou compaixão, sentimentos que ele considerava fraquezas vergonhosas. Nietzsche promoveu com muita veemência esse ideal como um ideal viril e o reforçou com muita misoginia rancorosa, ao estilo de Rousseau e Schopenhauer. Aparentemente, ele não percebeu nem que a solidão poderia facilmente ser tanto um refúgio para a fraqueza como uma afirmação de força; nem que o gabar-se de forma infantil acerca da própria superioridade torna essa interpretação bastante provável.

De muitas maneiras, Nietzsche foi, sem dúvida, um pensador sério e notável; contudo, ele era extraordinariamente inconstante e desprovido de autocrítica. O fato de ter escolhido a solidão tornou difícil para ele perceber defeitos em seu pensamento, e – da mesma forma como ocorreu com Rousseau – naquele ambiente protegido, suas neuroses, prosperando como viçosos loureiros, muitas vezes agarravam sua caneta e distorciam sua metafísica.

Não é possível considerar como literal e explícita a noção de muitas moralidades privadas, personalizadas, todas bem distintas umas das outras. É bem possível que Nietzsche não tenha pretendido que a aceitemos literalmente, pois ele sempre operou através da retórica e amiúde ria de teóricos sistemáticos. Porém, desde que ele se tornou um filósofo reconhecido, as pessoas tomam sua visão literalmente. Fantasias como essa são, com certeza, tão influentes quanto sistemas concluídos, e Nietzsche certamente pretendeu que elas exercessem uma influência.

A maneira respeitosa de tratá-lo não é colocar educadamente todas as suas ideias em um museu, mas fazer o que ele próprio fez, apontando com clareza, dentre as coisas que ele disse, quais têm valor ativo e quais são – como essa – disparates (discuti o Imoralismo em maiores detalhes em meu livro *Wickedness*[4]).

Inventando valores

Essa fantasia moral nietzschiana é, sem dúvida, a fonte de proposições semelhantes feitas por Sartre, das quais precisamos para criar ou inventar, em algum sentido, nossos próprios valores. Valores podem, em princípio, ser qualquer coisa. "Pode-se escolher qualquer coisa, mas apenas se ela estiver no plano do compromisso verdadeiro", afirma ele. Alguém poderia, ele acrescenta, objetar, dizendo que '"seus valores não são sérios, já que foi você que os escolheu'. A isso posso apenas dizer que lamento que deva ser assim, mas se excluí Deus-Pai, é preciso que haja alguém para inventar valores".[5]

Portanto, o que acontece (como a filósofa Philippa Foot, certa vez, perguntou) se eu decidir que o único valor deverá ser não pisar nas linhas dos paralelepípedos, ou talvez espirrar a cada dez minutos?[6] Isso se tornaria, assim, um valor? Não há dúvida de que, atualmente, a resposta é não, mas, então, é exatamente por isso que tive que inventá-lo. Se mostro compromisso verdadeiro – dedicar minha vida à prática dessas coisas –, será que isso irá constituir os valores que inventei? Ou será que esse compromisso envolve também um enorme esforço para convencer os outros a praticá-los também?

---

4 *Wickedness*, cap. 2.
5 Sartre, *Existentialism and Humanism*, p.54.
6 Foot, When is a principle a moral principle?, *Aristotelian Society Supplementary*, v.XXVIII, p.95-110.

A presença dos mitos em nossas vidas

Livres de quê?

Uma pergunta interessante é: o que há de errado com esse exemplo? Sinceramente, está claro que não o veríamos como um exemplo de liberdade moral, mas de obsessão, isto é, de se tornar *não livre* por meio de uma compulsão arbitrária, extrínseca à personalidade.

Qual é a diferença? Philippa Foot apontou que, embora qualquer coisa possa, em princípio, ser considerada valor, nem tudo pode ser descrito inteligivelmente. Sempre surge a questão: que tipo de valor essa coisa tem? Quando as pessoas exaltam algo, cujo sentido não apreendemos, perguntamos a respeito desse sentido, e muitas vezes ele nos é esclarecido. Isso é necessário não apenas para convencer os outros, mas para nossa própria satisfação.

Aquele que espirrou ou aquele que evitou o paralelepípedo poderia explicar seus princípios como rituais religiosos, ou talvez como atitudes que promovem a saúde, mas ele teria que deixar claro por que deve ser assim, e ele dependeria, tanto para se satisfazer quanto para convencer qualquer outro, de um entendimento preexistente e compartilhado, do tipo de valor que a própria saúde ou a própria religião possui. A linguagem não é uma coisa privada. O que torna o juízo moral inteligível é uma gama de valores e ideais que atuam como pano de fundo, em parte fornecidos por nossa cultura e também – mais profundamente – pelo repertório comum de nossa espécie.

Na verdade, Kant não estava sendo tolo quando enfatizou o conhecimento comunal necessário para a moralidade. Não há dúvida de que ele foi limitado demais em suas noções acerca do que era, de fato, conduta moral, e também confiante demais no papel do raciocínio, em oposição aos sentimentos, na produção de um consenso. Entretanto, ele acertou ao afirmar que o consenso relativo a um conhecimento era necessário e que um raciocínio novo e livre precisava estar inteligivelmente relacionado com aquilo do qual proveio. *Insights* morais não são explosões que interrompem todos os pensamentos anteriores. São extensões orgânicas, continuidade de linhas existentes. Porém, por mais impressionantes que possam parecer, eles sempre surgem de uma comunidade e sempre aspiram pela continuidade, desejando influenciar uma comunidade.

O quão sérias eram, de fato, essas declarações de independência solipsística moral? Não há dúvida de que foram de enorme utilidade para adolescentes naquela fase da vida em que eles precisam se desenvolver longe de casa (nesse ponto, algumas vezes pode até mesmo ser necessário, no momento, esquecer a própria independência em relação aos outros). Elas também têm um valor especial em situações públicas, tal como o de Sartre – o da Resistência Francesa durante a Segunda Guerra Mundial –, em que circunstâncias externas obrigam a uma mudança súbita e drástica nas opções morais abertas às pessoas. Porém, outras vezes é difícil ver a que elas equivaleriam.

Na vida real, tanto Sartre quanto Nietzsche foram homens de princípios que, de fato, se preocuparam muito em justificar as ações dos outros e, por vezes, atuaram intensamente para promover causas públicas. Ao fazer isso, eles usaram o vocabulário moral comum sem constrangimento e recorreram a noções de valor existentes. Com efeito, eles mostraram originalidade quando fizeram novas sugestões morais que, de certa maneira, refinaram, expandiram ou remodelaram valores. Mas o que significaria inventar um novo? E se isso, de alguma maneira, fosse feito, de que forma poderia parecer obra da vontade em vez de obra da imaginação? E – o mais significativo para nossos propósitos presentes – o que foi feito do corpo?

Onde fica a esquerda?

Toda a ideia de centralizar a personalidade humana na vontade (incorpórea) é, acredito eu, propaganda imaginativa e moral, em vez de um exemplo de análise psicológica imparcial. É uma imagem planejada para induzir as pessoas a deixar certas posições em que elas se encontram no momento – uma imagem que jamais deveria ter se enrijecido e ter se transformado em doutrina metafísica acerca do que um ser humano fundamentalmente é. Até certo ponto, sem dúvida, todas essas ideias estão pintadas dessa maneira. É por isso que é essencial compreender qual a mensagem que elas transmitem – como se pretende que elas operem. Politicamente, essa exaltação da vontade individual foi, no passado, popular em relação à "Esquerda", na medida em que esquerdismo significa inovação, porque a vontade era necessária para romper os vínculos emocionais da convenção. Ademais, a exigência de liberdade individual – de um tipo político modesto, não a liberdade sartreana, interna, radical – é outra marca do Esquerdismo.

A antítese Direita/Esquerda é, contudo, confusa e de pouca valia em relação a esse tópico, como também em muitas outros. Não fica claro onde, nesse espectro político, devemos situar o credo implícito que reza "Acredito apenas no indivíduo independente, criativo. O único e definitivo dever humano é evitar interferir nesse indivíduo, e trata-se de um dever exigido especialmente das mulheres". Se existe tal espectro, suas extremidades acabam se juntando.

Quanto à Direita reconhecida, o ideal de um espírito livre como um indivíduo heroico, um governante inflexível, equilibrado acima da multidão tola, é muito poderoso. Nietzsche gostava desse ideal, mas seu defensor mais eloquente foi Carlyle, o qual vale analisarmos em nosso tópico presente. Após a morte de sua esposa, Carlyle contou a Tyndall, com o coração partido, "que de modo leal e apaixonado ela havia tornado a si mesma uma almofada macia para protegê-lo dos violentos embates da vida".

Como poderia alguém, cujo tema de toda uma vida fora heroísmo e que mantivera as plateias encantadas celebrando isso, fazer tal afirmação e admitir tal coisa? Por que ele precisava de sua "almofada"? Choques entre ideais nunca aborreceram muito Carlyle, pois ele, de qualquer forma, via a consistência como uma questão de pouco valor. Entretanto, ele também levava aqui uma verdadeira vantagem sobre outros teóricos de seu tempo e do nosso, no sentido de que jamais pretendeu endossar os ideais de liberdade, igualdade e fraternidade. Seria possível àqueles que realmente os endossavam adotar a mesma linha em relação às mulheres? Pode parecer difícil, mas a maioria deles conseguiu fazê-lo. Conforme comentou Mill:

> A subordinação social das mulheres é evidente, um fato isolado nas instituições sociais modernas. [...] uma lembrança singular de um velho mundo de pensamento e de prática explodiu e envolveu tudo o mais, porém reteve a única coisa de grande interesse universal; era como se um gigantesco dólmen, ou um templo de Zeus Olímpico, ocupasse o local da Catedral de St. Paul e recebesse culto diário, enquanto às igrejas cristãs ao redor os fiéis somente acorriam em dias de jejum e em festivais.[7]

---

7 Mill, *The Subjection of Women*, p.21.

A presença dos mitos em nossas vidas

As mulheres (é isso) ainda eram convocadas a acatar as relações hierárquicas, feudais, emocionais, "corpóreas" e biológicas, a fim de possibilitar ao homem ser totalmente livre, igual, autônomo, intelectual e criativo.

Imagens em muitos espelhos

Embora a vida em muitas partes do mundo ainda seja conduzida com base na suposição acima, defendê-la hoje no mundo ocidental significa enfrentar enormes dificuldades. Muitíssimas mulheres percebem o absurdo da exigência e são corajosas o bastante para mencioná-lo. Elas não podem ser humilhadas e chamadas de hienas. Politicamente falando, então, a escolha agora é entre promover todo mundo – de modo igual – à posição do indivíduo solitário de Hobbes ou de Sartre, ou repensar radicalmente essa noção de individualidade, partindo do zero.

É animador ver que as feministas estão agora se revelando muito críticas quanto às proposições relativas à primeira solução, bastante comuns algumas décadas atrás.[8] Sem dúvida, a opção do repensar é que precisaremos tentar. Grande parte da boa literatura feminista atualmente dedica-se a fazer essa tentativa, e isso é, com certeza, o que estou tentando fazer agora; porém, o caminho que temos pela frente não está, de forma alguma, claro.

No entanto, por que (você deve estar se perguntando) eu insisto em falar das relações entre os sexos, em vez de falar diretamente do problema mente/corpo? Minha resposta: *porque*

---

[8] Para uma discussão elucidativa sobre os tipos de feminismo que sucederam sua forma inicial (individualista e "liberal"), ver Jaggar, *Feminist Politics and Human Nature*.

os problemas mente/corpo, as dúvidas sobre nós mesmos, nunca se apresentam a nós diretamente. Eles são sempre vistos refletidos de forma indireta em algum espelho ou outro, e as distorções do espelho em particular são cruciais para compreendê-los. Eles sempre aparecem em nossa vida em termos de mito, e os mitos correntes estão inundados de dramas sobre gênero.

Consideremos, por exemplo, os comentários de Sartre a seguir, quando, em sua exaltação da vontade, ele tem a oportunidade de denunciar a matéria física como algo estranho a ela e, portanto, ao nosso ser essencial. Dificilmente poderíamos esperar uma conexão mais explícita entre o físico ou corpóreo e o "feminino". Sartre descreve o mundo material como "viscoso", agarrando-se em nós para nos armar uma cilada:

> O Para-Si subitamente fica *comprometido*. Abro as mãos, quero me livrar do pegajoso e ele gruda em mim; ele me arrasta, ele me suga [...] é uma ação suave, de entrega, um sugar úmido e feminino [...] ele me puxa para si como se o fundo de um precipício estivesse me puxando [...]. O limo é a vingança do Em-Si. Uma vingança feminina doce e doentia [...] A obscenidade do sexo feminino é a obscenidade de tudo o que está "escancarado". É um *apelo ao ser*, como são todos os buracos [...]. Sem qualquer sombra de dúvida, o sexo dela é uma boca — uma boca voraz que devora o pênis.[9]

Isso mostra quão extraordinariamente fácil é, quando tentamos falar sobre a condição humana como um todo, projetar nossas fantasias nessa imensa tela, e quão dominante, entre tais fantasias, é o tipo de conflito que prontamente se apresenta

---

9 Sartre, *Being and Nothingness*, p.76-7, 782.

A presença dos mitos em nossas vidas

tanto como um conflito da razão *versus* sentimento como também um conflito entre os sexos.

Com toda a certeza, essa é uma passagem imprudente, sem grande pretensão, não o tipo de coisa que pudesse aparecer em periódicos filosóficos anglo-americanos sérios. É claro que eu a escolhi por esse motivo. Porém, essas afirmações bizarras sobre o isolamento da vontade são úteis apenas porque são imprudentes. Nós nos acostumamos tanto às formas mais cinzentas, mais moderadas, que elas permeiam nosso pensamento e torna-se difícil percebê-las. Por exemplo, a descrição altamente respeitável, acadêmica e "prescritivista" dos princípios morais de R. M. Hare[10] pode ter raízes em uma noção de liberdade moral individual não de todo diferente do relato existencialista de Sartre (apesar de todas as diferenças). Poderia, portanto, ser que ela deva seu sucesso ao fato de que seus leitores tivessem, em algum nível imaginativo, já aceitado a descrição existencialista mais colorida? A questão que estou tentando levantar aqui é: que pacote de suposições endossa tal visão? Que preconceitos inconfessos sobre corporeidade e feminidade? É sempre válido sondar essas questões.

A apoteose do intelecto

Até este ponto, venho discutindo principalmente a noção do eu essencial como vontade. A vontade, entretanto, sempre foi vista como acompanhante – e usuária – do intelecto. No sentido que possuía no século XVIII, "Razão" incluía ambos; na verdade, como Kant propôs, a vontade é simplesmente a razão prática. Atualmente, essa ideia desviou-se da exaltação direta da vontade

---

10 Ver seus livros *The Language of Morals* e *Freedom and Reason*.

para produzir um diagnóstico antagonista de identidade pessoal centralizada no intelecto científico.

Essa é, hoje em dia, uma noção poderosa, sobretudo nas situações em que as pessoas interessadas em inteligência artificial querem obscurecer as diferenças entre pessoas e programas de computadores. O espaço me permite apenas um único exemplo dessa síndrome, e, por razões já mencionadas, escolho um exemplo sensacionalista que, no entanto, tem o respaldo de alguns cientistas muito respeitados.[11]

Já faz algum tempo que surgiu a proposta de que o *Homo sapiens* deveria colonizar o espaço e deveria, por uma questão de conveniência quanto a esse projeto, transformar-se mecanicamente em formas não orgânicas. Hoje, tal projeto é considerado cada vez mais factível, com base na noção de que software de computador é o mesmo, independentemente do tipo de hardware em ele opera, e que mentes são apenas um tipo de software de computador. Portanto, como afirmou Freeman Dyson, o eminente físico de Princeton:

> É impossível estabelecer qualquer limite para a variedade de formas físicas que a vida pode assumir [...] É concebível que em mais 10^{10} anos a vida possa evoluir para além da carne e do sangue e incorporar-se em uma nuvem interestelar negra [...] ou em um computador consciente [...][12]

Nossos sucessores podem, portanto, não apenas evitar a morte comum como também sobreviver (se é que você deseja

---

11 Discuti o tema em *Science as Salvation:* a modern myth and its meaning.
12 Dyson, Time without end: physics and biology in an open universe, *Reviews of Modern Physics*, n.51, p.447-60, 1979.

chamar isso de sobreviver) à morte térmica do universo, e passar o tempo no modo eletrônico, trocando ideias em um cosmo de outra forma vazio. De acordo com Dyson, isso restauraria o significado da vida, que, de outro modo, seria extraído dela por meio da noção de que a destruição final é inevitável.

Poderiam o medo e o ódio da carne ir mais além? Atrás disso encontra-se a profecia de Bernal, que já vimos anteriormente, uma profecia à qual Dyson admite dever muito:

> Como o cenário da vida seria mais o gélido vazio do espaço do que a tépida e densa atmosfera dos planetas, a vantagem em não conter absolutamente nenhum material orgânico [...] seria cada vez mais sentida [...]. *Nesse período, os corpos seriam deixados para trás, muito atrás...*[13]

Na verdade, a razão pode, enfim, divorciar-se da esposa insatisfatória da qual vem se queixando desde o século XVIII, e pode viver confortavelmente para sempre entre os meninos que se divertem com jogos de computador na solidão do espaço. Não é uma cena comovente?

Fantasmas persistentes

É evidente que o culto ao cérebro tem aspectos mais suaves, menos delirantes do que isso e originalmente não necessitava de tais aberrações. Entretanto, ele se hipertrofiou e hoje as engendra. A vontade individual e o intelecto são exaltados de um modo que pode fazer qualquer interferência neles – até

---

13 Bernal, *The World, the Flesh and the Devil*, p.56-7, grifo meu.

mesmo aquela das outras características do organismo ao qual pertencem – parecer uma atrocidade. O solipsismo moral está em oferta. Não se trata apenas do fato de que a escolha racional é exaltada em um nível muito acima das emoções; ela também foi radicalmente separada delas, tratada como a parte central e necessária da identidade pessoal, enquanto as emoções são uma questão casual e extrínseca. Essa análise não é apenas cruel; ela é incoerente. Escolha e pensamento não podem ser separados do sentimento e da imaginação; todos são aspectos da personalidade. Os que exaltam a escolha e o intelecto não são isentos de sentimentos; eles são inconscientemente guiados por um conjunto de sentimentos mais do que por outro, muitas vezes a lugares muito estranhos e desagradáveis. A divisão entre mente e corpo, concebida como basicamente uma divisão entre razão e sentimento, não é necessária. Nosso corpo não está serrilhado em sua metade de modo a nos indicar o ponto exato a partir do qual podemos ser divididos.

Filósofos contemporâneos notaram isso em uma infinidade de profícuas discussões.[14] Diferentemente das mitologias populares que vimos examinando, a filosofia recente da mente tem feito o possível para despedir-se do herói incorpóreo do Iluminismo. Sua preferência continua – de forma devastadora – por uma descrição "materialista" da relação mente/corpo, porém expressa de forma sutil.[15] O que é irônico, entretanto,

---

14 Bons compêndios das visões sobre o problema da identidade pessoal podem ser encontrados em Perry (ed.) *Personal Identity*, e em Rorty (ed.), *The Identities of Persons*.
15 É evidente que isso provém da seleção de ensaios do livro *The Mind--Body Problem*, de Warner e Szubka, apesar do cuidado com a inserção

A presença dos mitos em nossas vidas

acerca dessa rejeição ostensiva do "dualismo" pela maioria dos filósofos contemporâneos da mente, é a persistência que eles têm mostrado no sentido de pensar em sombras do fantasma do Iluminismo que eles achavam que haviam derrotado, pois quando discorrem sobre a relação "mente/corpo", eles raramente consideram algo nesse "corpo" abaixo do nível do pescoço; eles focalizam sua atenção exclusivamente na relação da mente com o cérebro, ou, de forma mais geral, na sua relação com o mundo físico *tout court*. Carne e ossos (e, sem surpresa, a mente feminina) ainda são temas relativamente negligenciados na área. Tampouco os pensadores acham fácil juntar pensamento e sentimento de forma realística para que a relação entre eles faça sentido. Examinaremos essa dificuldade no capítulo seguinte.

---

de uma ampla gama de opiniões.

16
A biotecnologia e a sabedoria da repugnância

A bifurcação da moralidade

Vimos percebendo que os seres humanos não são duas partes distintas, compostas de modo frouxo. Não há qualquer orifício logo abaixo da metade do corpo com o letreiro "Rasgue aqui para separar o corpo da mente". Tampouco, como algumas vezes se sugere, eles consistem de apenas um desses itens, como se o outro tivesse sido jogado fora.

Quando observamos isso, notamos também a ausência de outra perfuração sugerida nesses seres, marcada com um "Rasgue aqui para separar a razão do sentimento". Na vida real, inclinamo-nos a não achar que razão e sentimento são partes separadas; são aspectos interdependentes de uma pessoa, divisíveis apenas pelo pensamento. Porém, tentativas de separar esses fatores e colocá-los em guerra são extremamente comuns. Vale a pena ver como eles estão operando hoje em relação a algumas questões atuais que dizem respeito a muitos de nós.

Poderíamos, então, perguntar: falando de modo geral, que tipo de objeções morais existem a intervenções como xenotransplante, engenharia genética e bioengenharia? Ao responder a tais perguntas, os estudiosos da ética, frequentemente e com muita determinação, gostam de dividir os argumentos morais em dois conjuntos: os que apontam para consequências perigosas e aqueles que afirmam que o ato em si mesmo é intrinsecamente errado. No entanto, a menos que os dois pontos de vista se juntem novamente em algum momento, essa divisão pode cindir o sujeito de forma desastrosa.

Muitas vezes é difícil considerar as prováveis consequências isoladamente, já que, na verdade, não sabemos que consequências poderão advir. Por outro lado, tentar levar em conta objeções intrínsecas isoladas, além das consequências, não parece realista. Acreditamos que essas objeções diretas devam ser irracionais, porque a única maneira racional de julgar as coisas é, como sugerem os utilitaristas, pesando suas consequências.

As pessoas inclinam-se a descartar objeções intrínsecas por entendê-las como sendo emocionais, subjetivas, algo que não pode, de fato, ser justificado ou discutido de nenhuma maneira. Entretanto, como acabamos de notar, as próprias consequências prováveis muitas vezes também não são claras o bastante para tornar possíveis conclusões equilibradas. Portanto, ambas as linhas de investigação fracassam.

Não é de muita serventia ver debates desse tipo como conflitos explícitos entre pensamento e sentimento, porque, em geral, ambos estão comprometidos com os dois lados. No caso da bioengenharia, acredito que essa abordagem tem sido particularmente lamentável. Com frequência, as pessoas têm a impressão de que a razão simplesmente favorece os novos avanços, embora o sentimento seja contra eles. Essa estereoti-

A presença dos mitos em nossas vidas

pia paralisa porque as pessoas não sabem como arbitrar entre esses litigantes tão diferentes.

Na verdade, entretanto, é raro o debate entre esses dois. Os sentimentos sempre incorporam pensamentos – muitas vezes pensamentos que ainda não foram plenamente articulados – e sempre se encontram razões como resposta a tipos específicos de sentimentos. Em ambos os lados, precisamos buscar os parceiros ocultos. Temos que articular as ideias escondidas atrás de objeções emocionais e perceber o elemento emocional em afirmações que se supõe puramente racionais. Muitas vezes, a melhor maneira de começar a fazer isso é levar as objeções intrínsecas mais a sério. Se olharmos sob a superfície dos sentimentos, podemos encontrar pensamentos que mostram como esses dois aspectos estão ligados.

No caso da biotecnologia, tais pensamentos, de fato, emergem. O que realmente preocupa os objetores não é, acredito eu, o detalhe de qualquer proposta em particular. É a publicidade exagerada, a escala do projeto proposto, o peso das forças econômicas que agora a sustentam e a radical mudança de atitude que está sendo exigida. A biotecnologia, na escala que muitos agora estão demandando, não parece ser compatível com nossos conceitos existentes acerca da natureza e da espécie – conceitos que são parte de nossa ciência atual bem como do pensamento do dia a dia. Está sendo proposta uma nova ideologia que remodelaria esses conceitos para que se ajustem às novas tecnologias, concebendo a espécie como irreal e a natureza como infinitamente maleável.

De qualquer forma, a experiência prática pode, sem dúvida, colocar essas grandes aspirações no seu devido lugar. As prometidas esperanças oferecidas podem se frustrar, como aconteceu em relação a milagres tecnológicos anteriores, como a energia nuclear. Porém, quer isso aconteça ou não, precisamos ser críticos quanto a tentativas como essa de remodelar toda a nossa visão acerca da natureza com base no modelo de uma tecnologia em particular, que atualmente está sendo priorizada. Sabemos que os mecanicistas do século XVII se equivocaram ao supor que o mundo era feito dos mecanismos de um relógio, e não parece provável que, no século XX, uma repetição dessa confiança excessiva confiança possa funcionar melhor. Assim, perguntas a respeito de biotecnologia levantam questões muito amplas, não apenas acerca da relação entre pensamento e sentimento, e entre atos e consequências, como também em relação à origem das imagens que temos do mundo e ao que é necessário acontecer quando as modificamos.

Obtendo o que pedimos

Comecemos, entretanto, com a questão de atos e consequências: é interessante notar que algumas consequências não são apenas uma questão de acaso. É de se esperar que atos errados por si mesmos tenham efeitos perniciosos de um tipo especial que não é apenas acidental. Sua perniciosidade emana do que há de errado no próprio ato, de forma que existe uma ligação racional e conceitual entre eles e seus resultados. Essas consequências são um sinal do que havia de errado com o ato em primeiro lugar.

Irei propor mais tarde que esse tipo de conexão entre ato e consequência ajuda-nos, de fato, a dar sentido às objeções levantadas em relação à bioengenharia. Mas em primeiro lugar devemos notar que esse tipo de raciocínio não é algo novo e sinistro. É lugar-comum em outros domínios da moralidade. Por exemplo, não é por acaso que mentir habitual e sistematicamente, ou cometer injustiças habitual e sistematicamente, gera efeitos nocivos à vida humana. É de se esperar que tais hábitos destruam a confiança e respeito mútuos, e não é por acaso, mas porque aceitar essas consequências é parte do ato. Atos de mentira ou de injustiça são, eles próprios, expressões de desrespeito e falta de confiança; portanto, inevitavelmente, eles convidam para mais da mesma coisa.

De forma semelhante, práticas como tortura, ou escravidão, ou qualquer evidente sujeição de uma classe a outra, têm consequências morais que não são fortuitas. Podemos esperar que essas consequências sobrevenham, não por causa de um elo causal contingente (como, por exemplo, presumir que um tornado possa matar alguém), mas porque são efeitos invocados por alguém que age dessa maneira, que se compromete a aceitá-los. A escravidão é um convite ao ressentimento, à amargura e à corrupção, atitudes que não podem deixar de produzir os tipos de atos que os exprimem. Recorrendo a uma expressão muito inteligível, aqueles que instituem a escravidão *recebem aquilo que estão pedindo*. Húbris pede nêmesis, e, de um modo ou de outro, ela virá, não como punição do exterior, mas como o desfecho de um padrão já iniciado.

Essa linguagem de "receber aquilo que se pediu" parece-me importante. Nos últimos tempos, por todo lado e da parte de todos os tipos de pessoas na Grã-Bretanha ouve-se falar a respeito da "doença da vaca louca". Aparentemente, essa doença surgiu porque, para reduzir despesas, passaram a ser utilizados o cérebro de carneiros e outros resíduos animais como ingredientes em ração animal. Esse artifício parece ter transferido uma doença de carneiros para grande quantidade de gado, que precisou ser abatido. A doença, então, espalhou-se e atingiu seres humanos que haviam consumido carne bovina, provocando um número indefinido e ainda crescente de pessoas com um tipo novo e desastroso da doença, conhecida como doença de Creutzfeldt-Jacob.

Aqueles que afirmam que esse tipo de consequência era esperado não estão, é claro, afirmando que existe uma lei causal especial no sentido de que "alimentar herbívoros com restos de animais sempre lhes transmite uma doença que pode devastar a indústria de carne e em seguida destruir seres humanos". Tampouco estão dizendo que "a maldade é sempre punida". O raciocínio deles é menos simples e mostra tanto um aspecto moral quanto causal. Acredito que seja mais ou menos assim: "Não é possível continuarmos a explorar indefinidamente as criaturas vivas se não prestarmos atenção às suas necessidades naturais. Em primeiro lugar, não devemos tentar fazer isso. Negligenciar a vaca enquanto espécie é, em si mesmo, errado. É um vergonhoso insulto à vida dos animais. Portanto, não deveria ser surpresa perceber que esse insulto afeta a saúde deles, com consequências posteriores imprevisíveis. Tais consequências não são, então, casuais. Elas provêm diretamente da imbecilidade que acompanha a ganância".

O papel dos sentimentos na moralidade

Nada comentei ainda a respeito de até que ponto essa forma de objeção se justifica. Estou apenas explicando-a. Mais adiante pretendo examinar em maiores detalhes algumas das ideias envolvidas na questão, sobretudo os conceitos-chave de

A presença dos mitos em nossas vidas

"espécie" e "natureza". No momento, porém, quero apenas explicitar o raciocínio a respeito disso, salientando que não se trata apenas de um clamor emocional amorfo. Essas pessoas não estão, como algumas vezes se insinua, meramente expressando uma repulsa inarticulada ao que não é familiar exclamando "eca!". A conversa que eles têm mais tarde mostra que estão dizendo algo inteligível, algo que necessita de uma resposta. Para expressar a questão de forma breve, eles estão mostrando objeção a ataques em relação ao conceito de espécie; e eu acredito que haja boas razões para tal objeção.

Essa questão precisa ser suscitada porque objeções diretas, intrínsecas à bioengenharia, muitas vezes são vistas como se estivessem abaixo do nível do argumento real. Elas são descritas como o *"yuk factor"* ou "sabedoria da repugnância". Podem ser ainda tratadas com respeito por razões políticas, porque sabe-se que elas têm poder de influência. E podem também ser toleradas, por causa de uma crença geral de que, de qualquer maneira, toda ética é irracional – uma noção de que o sentimento é sempre separado da razão –, de forma que a irracionalidade de tais objeções é particularmente surpreendente. Muitas vezes, também, essas objeções são manifestadas em linguagem religiosa, e muitos agora parecem pensar que pessoas de fora, os *outsiders*, não conseguem entender a linguagem religiosa. O pensamento religioso é visto como algo isolado do restante de nosso raciocínio, a tal ponto que ele mal conta como pensamento. Portanto, também isso pode fazer que pareça impossível discuti-las (por essa razão evitarei linguagem religiosa nesta discussão, tentando mantê-la inteiramente dentro de termos seculares). Essas formas atuais de relativismo e subjetivismo podem gerar uma abordagem insensata dos princípios morais, uma espécie de exaurida tolerância a escrúpulos igualmente sensatos e tolos.

Acredito que podemos fazer algo melhor do que isso. Podemos tentar compreendê-los.

Em primeiro lugar, estou propondo, de maneira geral, que a "sabedoria da repugnância", esse sentido de repugnância e ultraje, não é em si mesmo, de forma alguma, sinal de irracionalidade. O sentimento é parte essencial de nossa vida moral, embora, é claro, não a totalidade dela. Coração e mente não são inimigos ou ferramentas alternativas. São aspectos complementares de um único processo. Quando, com sensatez, julgamos alguma coisa como errada, um sentimento intenso necessariamente acompanha esse juízo. Alguém que não tenha tais sentimentos — alguém que tenha um interesse simplesmente teórico por valores morais, que não sente qualquer indignação ou repugnância e ultraje em relação a questões como escravidão e tortura — não entende absolutamente nada de moralidade.

Artificial?

É claro que sabemos que esses sentimentos não são um guia infalível. É claro que precisamos suplementá-los com o pensamento, analisar seu significado e articulá-los de uma forma que nos dê padrões coerentes e funcionais. Amiúde, sentimentos não analisados acabam sendo colocados no lugar errado. O sentimento de repugnância pode se originar de associações fortuitas, ou de estranheza, ou de mera repulsa física, como, por exemplo, horror a gatos. Sempre temos que olhar sob a superfície. Precisamos explicitar a mensagem de nossas emoções e ver o que elas estão tentando nos dizer; e,

A presença dos mitos em nossas vidas

na verdade, dispomos de um vocabulário muito bom e flexível para fazer isso, para articular o significado delas e ver que importância têm.

Por exemplo, se alguém diz que a agricultura, ou a contracepção, ou a criação de animais de estimação não são coisas naturais, outros podem entender que tipo de objeção essa pessoa está fazendo, mesmo que discordem. Disso pode resultar um argumento razoável, envolvendo prós e contras. É verdade que a agricultura foi, realmente, a primeira medida tomada a indicar que a vida humana afastou-se do equilíbrio relativo com relação ao ambiente circundante, evento que parece ter marcado uma vida dedicada a caça e coleta de plantas e grãos para alimentação. E a contracepção é, de fato, uma interferência considerável em uma área central da vida humana social e emocional. Essas são objeções reais que podem ser explicitadas, tornadas mais claras e comparadas com outras circunstâncias. Todas as partes envolvidas podem, então, considerar o equilíbrio e se perguntar o que é mais importante – e é aqui que entra o pensamento. Pouco a pouco, com tempo e boa vontade, frequentemente chega-se a um acordo. Isso aconteceu com relação a incontáveis questões no passado, muitas vezes resultando em total esquecimento do assunto. A tarefa pode ser difícil, mas, em princípio, essas são questões que podem ser decididas em termos racionais – não são questões que precisam ser entregues a um brutal conflito de sentimentos inarticulados, mesmo que tenham emergido dos sentimentos em primeiro lugar.

Tampouco é a noção de que algo está errado, porque uma noção vazia *não é natural*. Suponhamos que alguém sugira que não é natural educar filhos de forma impessoal, sem laços individuais com os cuidadores, como propôs Platão, e nisso também insistiram teóricos modernos, entre os quais estão Shulamith Firestone e o behaviorista J. B. Watson. Ou que não é natural impedir que as crianças brinquem ou mantê-las na solidão. A maioria de nós provavelmente concorda com essa objeção, aceita sua linguagem e sente-se ultrajada se essas coisas são propostas de fato.

Sem dúvida, muitas vezes a noção de *natureza humana* é distorcida e utilizada de forma equivocada. Contudo, está claro que precisamos dela e contamos com ela em tais ocasiões. O mesmo vale para a noção de *direitos humanos*, apesar de muitos pontos obscuros. Supõe-se que isso também seja apenas o resultado da nossa condição de membros de nossa espécie. Esses direitos não são anulados pela cultura, como seriam se fôssemos simplesmente moldados por nossa sociedade e não tivéssemos nenhuma natureza original. São direitos que se supõe possam garantir o tipo de vida de que todos os espécimes do *Homo sapiens* precisam: um tipo diferente do que poderia convir a cangurus inteligentes ou a moluscos, ou a mentes puramente incorpóreas. É por essa razão que certas pessoas se queixam de que seres humanos muito maltratados foram "tratados como animais". Supõe-se como por demais evidente que saibamos o que uma natureza tipicamente humana exige.

Esse ponto é sempre difícil de lembrar hoje em dia, pela simples razão de que a ideia de natureza humana é repetidas vezes utilizada de forma incorreta para propósitos políticos por aqueles que pretendem resistir à reforma. A ideia como um todo foi bastante criticada durante o Iluminismo; isso, porém, não significa que possamos viver sem ela.

Obviamente, essa noção, como muitas outras noções importantes, é multifacetada, vacilante e muitas vezes obscura.

Isso acontece porque nossa natureza é complexa e faz exigências conflitantes, entre as quais temos que arbitrar; porém, não podemos prescindir da ideia. Trata-se de um padrão que precisamos usar sempre que quisermos avaliar e criticar nossas instituições. Precisamos de alguma concepção da natureza humana, na qual acreditamos que elas devam se adequar, como um critério para julgá-las. Estamos sempre desenvolvendo e atualizando essa noção, mas nunca tentamos dispensá-la. Precisamos dela para compreender tanto nossas próprias reações morais quanto as dos outros, mais do que para meramente disputá-las. Portanto, quando aqueles que estão preocupados com as novas tecnologias se queixam de que elas não são naturais, devemos tentar compreender a que essas pessoas estão mostrando objeção. Precisamos encontrar alguma coisa séria.

Um notável exemplo disso em nossa tradição ocorreu quando as pessoas começaram a se sensibilizar em relação à crueldade, algo que, de fato, não havia ocorrido antes. No século XVI, alguns corajosos, como Montaigne, por exemplo, começaram a demonstrar sentimentos de repulsa e indignação contra a tortura judicial e punições cruéis, e também contra os maus-tratos de animais. Eles afirmavam que esses costumes, na maioria das vezes aceitos como perfeitamente normais e justificados antes, eram *monstruosos, anormais e desumanos*. Graças à força de seu sentimento de indignação, outras pessoas ouviram e, pouco a pouco, começaram a concordar com eles. A percepção do que é *humano* teve uma reviravolta surpreendente e incluiu esse tipo de resposta ao sofrimento.

Isso indicou que, durante o Iluminismo, o movimento "humanitário" ganhou impulso, articulou suas objeções e tornou-se uma verdadeira força política. As pessoas começaram a pensar seriamente que era ruim infligir sofrimento quando isso não era necessário. Elas não mais sentiam que deveriam reprimir seus sentimentos de compaixão como se fossem sentimentos afeminados. A atenção a essa gama de sentimentos solidários provocou um raciocínio que modificou nossa visão de mundo. Essa visão requereu ideias diferentes em relação ao *status* da humanidade como um todo e ao mundo natural que habitamos, ideias que ainda estão sendo desenvolvidas e que ainda são muito importantes para nós hoje.

17
A nova alquimia

Quão sólidas são as espécies?

Vamos, então, a partir dessa discussão geral, ouvir por alguns minutos as pessoas que agora demonstram sua repulsa pela bioengenharia e perguntar o que esses objetores pensam, em vez do que simplesmente sentem. Afinal de contas, elas são muitas, e muitas delas são pessoas ponderadas, que têm opiniões incisivas a respeito da bioengenharia. Como Jean Bethke Elshtain declarou em um artigo a respeito de clonagem:

> Esse é um avanço extraordinariamente perturbador.[...] Não foi nada divertido ouvir por acaso a especulação de que a clonagem poderia se tornar disponível aos pais que estão prestes a perder um filho ou que perderam um filho em um acidente, de modo que eles possam reproduzir e substituir o filho que perderam. Essa imagem beira a obscenidade. [...] As panaceias comuns são inúteis aqui. Tenho em mente o clichê de que, mais uma vez, o pensamento ético não alcançou o "avanço" tecnológico. Essa é uma maneira equivocada de refletir a respeito da clonagem e de

tantas coisas mais. O problema não é que tenhamos, de alguma forma, que atualizar nossa ética em relação à nossa tecnologia. O problema é que a tecnologia está massacrando nossa ética. E trata-se de *nossa* ética. A reflexão ética pertence a todos nós – todos esses aflitos ouvintes de rádio que nos ligam – e é aos temores e apreensões dos cidadãos comuns que devemos prestar muita atenção e mostrar muito respeito.[1]

Essa é, sem dúvida alguma, uma reivindicação razoável, quer, no final das contas, concordemos ou não com as objeções levantadas por essas pessoas. E o que elas pensam não é, acredito, particularmente obscuro; centraliza-se no conceito de *monstruoso*. A bioengenharia, pelo menos em algumas de suas formas, é vista como monstruosa ou não natural, em um sentido que significa muito mais do que apenas incomum ou antinatural. Esse sentido é bastante interessante e precisa ser examinado.

O elemento natural que consideramos ameaçado aqui concentra-se no conceito de espécie. Até agora, nossa tradição acreditou que esse conceito deve ser levado muito a sério, que as fronteiras entre as espécies devem ser respeitadas. Um exemplo óbvio disso é a objeção geralmente feita à prática de relação sexual com outros animais. Também visto de uma perspectiva popular, essa convicção reflete-se no simbolismo de nossos mitos. Monstros híbridos tradicionais – minotauros, quimeras, lâmias, górgones – representam uma desordem profunda e ameaçadora, algo não apenas confuso, mas também terrível e

---

1 Elshtain, To clone or not to clone. In: Nussbaum e Sunstein, *Clones and Clones, Facts and Fantasies about Human Cloning*, p.184.

invasivo. Embora monstros benignos, como Pégaso e arcanjos, sejam vez ou outra encontrados, o simbolismo existente na mistura de espécies é, de maneira geral, muitíssimo estranho e intimidante. Até mesmos monstros menos híbridos, como gigantes e cães de três cabeças, são forjados de forma a violar os princípios de construção que normalmente tornam a vida possível para sua espécie. Também eles, via de regra, são vistos como forças desconhecidas e destrutivas.

Até agora, a ciência também apoiou essa tradição, levando as espécies a sério e, em geral, ainda o faz atualmente. É claro que as ideias científicas a respeito dela mudaram em um sentido muito importante. Sabemos hoje que as espécies não são essências permanentes, eternas – que elas se formaram e podem mudar e entrar em declínio – e também que algumas espécies se hibridizam e se misturam em suas fronteiras.

Mesmo assim, em termos gerais, os biólogos ainda veem as espécies como profundamente moldadas pelos nichos que ocupam. Sabe-se que os híbridos são raros e em geral malsucedidos. A biologia atual tende a enfatizar com muito ardor o âmbito de cada espécie, para que se ajuste ao seu nicho e mantenha suas partes precisamente adequadas uma à outra se quiser sobreviver. Os biólogos atualmente se mostram muito dispostos a estudar as *funções evolutivas*, questionando por que as criaturas têm apenas esse ou aquele conjunto de características e explicando como esse conjunto é necessário para que elas se adaptem ao seu próprio e peculiar estilo de vida.

De maneira geral, então, a biologia evolutiva atual nos diz que, por mais que queiramos ter um mundo cheio de novidades e monstros, quimeras, cavalos alados e cães de três cabeças, isso não é possível, porque, no meio ambiente real, essas não seriam formas viáveis de vida. Em laboratórios, podemos criar ratos com orelhas humanas nas costas, mas eles não conseguiriam sobreviver no mundo selvagem. Da mesma forma, os híbridos leão-tigre que algumas vezes podem ser gerados em zoológicos, não conseguiriam sobreviver no habitat de nenhuma das duas espécies de progenitores. A confusa mistura de traços herdados que os caracteriza não permite que eles se ajustem ao estilo de vida de nenhum dos pais. Na verdade, parece que realmente muito poucos nichos evolutivos estão disponíveis em qualquer período específico, e que esses nichos estão normalmente muitos distanciados entre si, acomodando apenas as criaturas com variação mais ampla que agora os ocupam. A maior parte da série de possibilidades aparentes no intermédio não é habitável. Por essa razão têm havido tantas extinções; normalmente, espécies ameaçadas não poderiam encontrar outro lugar para viver. É provável que qualquer alteração que não seja diretamente exigida por circunstâncias externas alteradas seja letal. A evolução, de fato, sabe do que se trata quando ela monta o repertório de características que marca uma espécie.

Assumindo o controle da natureza

Ultimamente, entretanto, alguns defensores da bioengenharia começaram a contar uma história diferente, argumentando que toda essa ideia de divisões rígidas entre as espécies está desatualizada. Não apenas (eles afirmam) algumas características podem se deslocar entre as espécies, mas também, em princípio, não há motivo para que tais características não devam se deslocar dessa maneira. Espécies não são entidades significativas de forma alguma; são meramente estágios fluidos ao longo de cuja trajetória os organismos sempre podem se deslocar e se transformar um no outro. A essa capacidade de transformação dá-se o nome de *algenia*, termo modelado a partir de alquimia, mas dessa vez (afirma-se) não um equívoco, mas um avanço genuíno (o termo não foi criado como uma brincadeira por críticos externos. Ele foi proposto por Joshua Lederberg, veemente defensor da bioengenharia, premiado com o Nobel de Biologia e antigo reitor da Universidade Rockefeller[2]).

Os algenistas propõem, então, que, da mesma forma que os alquimistas consideravam todas as substâncias químicas como meras fases em um *continuum* ininterrupto, também os biólogos deveriam ver as espécies vivas como fases em um *continuum*, ao longo do qual, em princípio, elas sempre podem ser mudadas e podem trocar suas propriedades. Como na alquimia, esse processo tem uma direção, sendo o próprio termo "alquimia" aparentemente derivado de uma palavra árabe que significa "perfeição". Para os alquimistas, todos os metais estavam em vias de se tornar ouro. Os alquimistas viam a si mesmos como parteiros, acelerando esse processo natural de melhoria. E, notoriamente, esse era para eles um empreendimento não apenas comercial, mas também místico e religioso. Quando Mestre Eckhart escreveu que "o cobre fica agitado enquanto não se transforma em ouro,"[3] ele se referia, em termos figurativos, à luta da alma pela salvação, um modo de pensar que impressionou Newton.

---

2 Lederberg, Experimental genetics and human evolution, *Bulletin of the Atomic Scientists*, p.6, out. 1996.
3 Burckhardt, *Alchemy, Science of the Cosmos, Science of the Soul*, p.25.

Da mesma maneira, atualmente, os místicos da revolução genética se veem como especialistas empenhados em completar o trabalho da natureza e, sobretudo, em aperfeiçoar a humanidade. Como Robert Sinsheimer afirma:

> Os velhos sonhos da perfeição cultural do homem sempre foram muito restringidos pelas imperfeições que ele herdou e pelas suas limitações. [...] Os horizontes da nova eugenia são, em princípio, ilimitados –, pois *nós* devemos ter potencial para criar novos genes e novas qualidades ainda não sonhados. [...] De fato, esse conceito marca um ponto de transição em toda a evolução da vida. Pela primeira vez em todos os tempos, uma criatura viva compreende sua origem e pode empenhar-se em planejar seu futuro. Mesmos nos mitos antigos o homem era reprimido pela natureza. Ele não podia erguer-se acima de sua natureza para projetar seu destino. Hoje podemos vislumbrar essa possibilidade – e suas sombrias acompanhantes, a escolha e a responsabilidade assustadoras.[4]

Mais recentemente, Gregory Stock levantou essa bandeira e a levou mais adiante em um livro de muito sucesso chamado *Redesigning Humans: Choosing our Children's Genes* [Redesenhando humanos: escolhendo os genes de nossos filhos][5]. No primeiro capítulo, intitulado "O último humano", ele comenta que "chegamos à cúspide de uma profunda mudança biológica, preparada para transcender nossa forma e nosso caráter atuais

---

4 Sinsheimer, The prospect of designed genetic change, *Engineering and Science*, p.8-13, abr. 1969, grifos meus.
5 Stock, *Redesigning Humans*.

A presença dos mitos em nossas vidas

em uma jornada rumo a destinos que pedem nova imaginação". Essa jornada, como ele explica mais tarde, tornou-se possível porque

[...] os poderes tecnológicos que usamos com tanta eficácia para refazer nosso mundo são agora potentes e precisos o bastante para que os direcionemos para nós mesmos [...]. Com nossa pesquisa biológica estamos assumindo o controle da evolução e começando a direcioná-la [...]. Ray Kurzweil, inventor da máquina de leitura Kurtzweil, do sintetizador de música Kurzweil e outros produtos *high tech*, [...] [prevê que] "Gradativamente, iremos melhorar nosso cérebro através da conexão direta com a inteligência da máquina, até que a essência de nosso pensamento tenha migrado totalmente para o novo maquinário, muito mais capaz e confiável". [...] Até 2029, a tecnologia do computador terá progredido a ponto de "caminhos neurais diretos serem aperfeiçoados para conexão de banda larga com o cérebro humano" [...]. Conforme Hans Moravec [...] indica em *Mind Children* [...] uma vez que tenhamos construído computadores equivalentes a humanos, eles descobrirão como construir super humanos [...] Algum dia iremos manipular os genes de nossos filhos de formas sofisticadas, usando tecnologias germinais avançadas e escolhidas [...]. O desejo e a necessidade sentida são claros.[6]

Esse último ponto é importante para Stock, porque ele percebe que nem todos os seus leitores irão concordar de imediato que sentem esse desejo irresistível. Ele resolve essa dificuldade

---

6 Ibid., p.1, 13, 20-1,124-5.

com duas estratégias alternativas, ambas legados familiares da tradição marxista utópica. Parte do tempo, ele assegura que provavelmente queremos essas mudanças, mesmo que ainda não estejamos conscientes disso; mas não tem muita importância se alguns de nós não as desejamos, porque todos os demais querem. Portanto, de qualquer forma, essas coisas acontecerão.

O restante do tempo ele admite que talvez ainda não as queiramos de fato, mas ele nos estimula a superar essa fraqueza, encorajando-nos a seguir nosso destino espiritual – não porque sabemos qual ele é, mas, pelo contrário, exatamente porque não sabemos:

> Ironicamente, acatar os desafios e metas dessas tecnologias transformadoras é um ato de fé extraordinário. Isso incorpora a aceitação de um destino humano escrito tanto em nossa natureza subjacente quanto na biologia que nos constitui. Não podemos saber aonde a evolução autodirigida irá nos levar, nem esperamos controlar o processo por muito tempo [...].
> *Ao nos oferecermos como recipientes para transformação potencial em não sabemos o quê, estamos nos submetendo à mão modeladora de um processo que nos aniquila individualmente* [...]. De uma perspectiva espiritual, o projeto de autoevolução da humanidade é a derradeira materialização de nossa ciência e de nós mesmos como instrumento cósmico em nosso emergir, que está em andamento [...]. Conhecemos muito bem nossas limitações, nossas ineptidões e fraquezas. Não é surpresa que a noção de que tentaríamos modelar não apenas nosso mundo futuro mas também nosso *self* futuro apavora muitas pessoas [...] Estaríamos voando adiante, sem qualquer noção de para onde estamos indo e sem qualquer rede de segurança para nos apanhar [...]. Se, em vez de nos cegarmos

A presença dos mitos em nossas vidas

com imagens utópicas, admitirmos que não sabemos para onde estamos indo, talvez trabalhemos com mais empenho para assegurar que o próprio processo nos sirva, e, no final de tudo, que ele é aquilo com o que devemos contar.[7]

Essa visão seria, sem dúvida, mais impressionante se fosse realmente *nós mesmos*, e não nossos infelizes descendentes, que estivéssemos oferecendo-nos como recipientes para esse misterioso processo. Nesse caso, porém, nós deveríamos, é claro, estar até menos dispostos a participar dele. O pronome *nós* opera de forma muito estranha nesses contextos.

Stock também cita, embora com menos confiança, o manifesto de 1992, de uma seita chamada Os Extropistas, assim denominados porque não acreditam na entropia. Aqui está uma carta à Mãe Natureza:

Mãe Natureza, somos verdadeiramente gratos pelo que você fez por nós. Não há dúvida de que você fez o melhor que pôde. Entretanto, com todo o respeito, precisamos dizer que, de muitas maneiras, você fez um serviço de baixa qualidade em relação à constituição dos seres humanos. Você nos fez vulneráveis a doenças e danos. Você nos impeliu a envelhecer e morrer – e justamente quando começamos a adquirir sabedoria. E você se esqueceu de nos dar o manual de instruções! [...] O que você fez é magnífico, mas extremamente falho [...]. Decidimos que chegou a hora de mudarmos a constituição humana [...]. Não fazemos isso de forma leviana, descuidada ou desrespeitosa, mas com cuidado, de forma inteligente e em busca de excelência [...]. Nas

---

7 Ibid., p.173, grifo meu.

décadas vindouras estaremos em busca de uma série de mudanças em nossa própria constituição [...] Não iremos mais tolerar a tirania do envelhecimento e da morte [...]. Iremos expandir nosso alcance perceptivo [...] melhorar nossa organização neural e nossa capacidade [...] remodelar nossos padrões motivacionais e nossas respostas emocionais [...] assumir controle de nossa programação genética e dominar nossos processos biológicos e neurológicos.[8]

Se conseguirmos "remodelar nossos padrões motivacionais e nossas respostas emocionais", presumivelmente tornando-os diferentes, como saberemos que iremos, então, querer prosseguir com os projetos que começamos? De onde se supõe que deva vir essa confiança em não-sei-o-quê? A fé está, sem dúvida, em grande demanda nesses rincões e a oferta não é pequena. Da mesma forma, as transformações das espécies são vistas com confiança e parecem bastante claras. Assim escreve Thomas Eisner:

> Como resultado de recentes avanços na engenharia genética, [uma espécie biológica] precisa ser vista como [...] depositária de genes potencialmente transferíveis. Uma espécie não é meramente um volume de capa dura da biblioteca da natureza. É também um livro com folhas soltas, cujas páginas individuais, os genes, poderiam estar disponíveis para transferência e modificação seletivas de outras espécies.[9]

---

8 Ibid, p.158.
9 Eisner, *Chemical Ecology and Genetic Engineering:* The prospects for plant protection and the need for plant habitat conservation, Symposium on Tropical Biology and Agriculture, 15 jul. 1985.

18
O engenheiro sobrenatural

Imagens de alienação

A que equivale essa ideia de folhas separadas? Cientificamente, é claro, a ideia não funciona. Essa linguagem reflete uma visão imprestável da genética, a assim chamada "genética do saco de feijão", do tipo mais ordinário: um gene, uma característica. Também do ângulo metafórico, as implicações desses quadros não são nada encorajadoras. A ideia de melhorar livros juntando trechos de outros livros não é sedutora, porque em livros, como em organismos, ignorar o contexto geralmente produz insensatez. Tampouco é mais promissor o paralelo com os elementos químicos, que têm uma pretensão mais séria e mais esperançosa. Sem dúvida, é verdade que os físicos atômicos, até certo ponto, confirmaram a suspeita dos alquimistas de que era possível romper as fronteiras entre os elementos. Eles as romperam em Los Alamos e Hiroshima e em várias outras ocasiões desde então, por exemplo, em Chernobil. Entretanto, esses eventos não geraram qualquer receita geral para rompê-las com segurança e sucesso. Tampouco os pesquisadores descobriram que os elementos evidenciam qualquer progresso geral na direção da perfeição derradeira, seja em ouro seja no *Homo sapiens*.

Todavia, outra imagem, mais poderosa, esconde-se atrás dessa. É a imagem constantemente sugerida pelo termo "engenharia": a simples analogia com máquinas. Engrenagens e rodas dentadas podem, em princípio, ser transferidos de uma máquina para outra, já que são, em si mesmos, artefatos simples, e o funcionamento dessas máquinas é mais ou menos plenamente compreendido por seus projetistas. Aqueles que utilizam essa analogia parecem estar afirmando que temos uma compreensão semelhante das plantas e animais, nos quais poderíamos colocar novos componentes; mas não fomos nós que projetamos essas plantas e animais. Talvez essa seja uma diferença bastante importante.

O mais estranho e perturbador acerca de todas essas imagens reside na noção de que o operador humano se aliena do sistema no qual ele opera. Ele aparece fora do sistema. É um crítico autônomo, que não depende das forças que moldam tudo ao seu redor, um leitor exigente, em condições de remodelar livros para se adequarem ao seu próprio gosto, um engenheiro indiferente, redesenhando um carro que o satisfaça. Mesmo quando o livro ou o carro em questão for um corpo humano – talvez seu próprio corpo –, esse projetista posiciona-se do lado de fora, um ser superior que não compartilha de sua natureza. Os leitores sempre conseguem obter outro livro, se não gostam do primeiro, e os proprietários de carros não se surpreendem muito se precisarem adquirir outro carro.

Que tipo de ser, então, se supõe que esse operador seja? Ele (sem dúvida, é um ele) só pode ser uma alma cartesiana incorpórea, um fantasma lidando com a máquina. Ele "vive em seu corpo" apenas no mesmo sentido em que um velejador poderia viver em seu barco. Como muito da ficção científica que as influenciou, essas imagens são irremediavelmente dualistas, sugerindo uma separação bastante irreal entre nós mesmos e o mundo físico no qual vivemos. Hoje supõe-se que tenhamos escapado da prisão dualista de Descartes, mas alguns de nós não queremos nem mesmo tentar fazer isso.[1]

Novas tecnologias, novas visões de mundo

Até que ponto devemos levar esses manifestos algênicos a sério? Precisamos realmente nos preocupar com suas estranhas metáforas?

Com toda a certeza, nem todos os bioengenheiros aceitam participar – ou querem participar – dessa ideologia bizarra. Eles podem não falar ou escrever nesses termos. Não obstante, não há dúvida de que parece que eles estão sempre agindo nesses termos, seja conscientemente ou não. A escala em que todo o trabalho está avançando, a colossal confiança demonstrada nele, o modo como ele desvia a atenção de outras possíveis iniciativas, a proporção em que o dinheiro flui para dentro dele mais do que em outras direções – tudo parece sugerir uma crença de que suas possibilidades são inigualáveis, potencialmente infinitas. Assume-se como certo que essa é a melhor maneira de revolver nossos problemas. Espera-se, via de regra, que questões sociais tenham esse tipo de solução bioquímica.

---

1 Devlin, *Goodbye Descartes*; Ryle, *The Concept of Mind*, cap. 1.

Com certeza, isso é o que apavora os objetores. Basicamente, o que eles estão rejeitando não é qualquer projeto em especial.

É esse enorme ímpeto não sujeito a críticas, essa confiança corporativa excessiva, indiscriminada, contagiosa, essa obsessiva canalização de energia de mão única, animada por uma visão única. A velocidade e a escala envolvidas são cruciais. Projetos únicos, introduzidos de forma lenta, provisória e crítica não iriam necessariamente distorcer a visão total que temos da natureza. Nós nos acostumamos a muitas mudanças desse tipo na história da humanidade, mas sempre leva algum tempo até que aprendamos a conviver com elas, para obtermos uma noção realista de seus prós e contras, para acomodarmos coisas novas à nossa vida sem que nos equivoquemos. Já fazemos isso há algum tempo fazer com invenções existentes, por exemplo, a contracepção e o transporte rápido.

Quem não achar que esse tipo de atraso seja necessário – alguém que queira que as pessoas serenamente se lancem nesse investimento em larga escala da mente e de recursos – está, de fato, exigindo uma visão radicalmente modificada da natureza como um todo, uma visão que insiste que nosso poder e nosso conhecimento são tais que, de modo racional, esperamos poder modificar tudo. Para sentirmos esse tipo de confiança precisaríamos parar de ver o mundo natural como um sistema gigantescamente complexo com suas próprias leis, um sistema ao qual nós, como uma minúscula parte dele, precisamos de alguma forma tentar nos acomodar. Precisaríamos, em vez disso, vê-lo apenas como uma consignação de matéria-prima inerte disposta para nosso uso.

Dizer que essa mudança é *antinatural* não é apenas dizer que ela é anormal. É antinatural no claro sentido de que nos

A presença dos mitos em nossas vidas

convoca a mudar radicalmente toda a nossa concepção da natureza. É claro que nossa cultura já caminhou muito na direção dessa mudança – desde os clamores de Bacon, no século XVII, aos de Henry Ford, no século XX. Recentemente, entretanto, alarmes acerca do meio ambiente vêm desacelerando de forma acentuada esse movimento triunfalista, forçando-nos a sermos mais realistas quanto à nossa própria vulnerabilidade e dependência. A ideologia da algenia é claramente um retrocesso nessa dolorosa luta em relação ao realismo.

Na verdade, aqui, nossa cultura está hoje tentando cavalgar com dois cavalos. Ela está desconfortavelmente equilibrada entre duas visões da natureza. A visão confiante e desdenhosa de Bacon já permeia muitas de nossas instituições, em especial, a criação intensiva de animais, em que os programas de alimentação que produziram a doença da vaca louca não são nada excepcionais. As forças do mercado cuidam para que o curto prazo e a insensibilidade institucionalizada controlem o modo como criamos animais para nosso sustento. Vendo isso, proponentes da bioengenharia algumas vezes perguntam por que devemos nos opor à ideia de seguir em frente nessa direção. A consistência não requer que estendamos a conquista que começamos e mecanizemos completamente nossa vida?

Consistência, no entanto, nem sempre é sabidamente uma virtude, e disso o público, constrangido, está ciente. O fato de que tenhamos amputado o braço de alguém nem sempre é motivo para termos que amputar também a perna. Uma coisa é sermos levados a ter instituições falhas que ainda não vemos como mudar; outra coisa bem diferente é adotar deliberadamente uma ideologia que obscurece por completo o que é ruim em relação a elas.

É essa ideologia que, na verdade, me perturba, e acredito que seja também o que perturba o público. Essa nova proposta de ver a natureza não é científica. Não é algo que a biologia mostrou ser necessário, longe disso. Ela é cientificamente confusa, baseia-se em uma genética nociva e em uma biologia evolutiva duvidosa. Embora utilize a ciência, ela não é, em si mesma, parte da ciência, mas um mito poderoso exprimindo a determinação de nos colocar em situação de controle do mundo não humano a nosso redor, de ocupar o assento do motorista a qualquer preço, em vez de atentarmos para o universo e procurarmos compreender como ele opera. É um mito que repete em um sentido grotescamente simples a proposta bastante irrefletida de Marx de que o importante não é entender o mundo, mas, sim, mudá-lo. A imagem desse mundo é a de um espectro de Brocken, uma enorme sombra projetada nas camadas densas das nuvens pelo formato de algumas realizações tecnológicas recentes.

O debate, então, não é entre Sentimento, no canto azul, desaprovando os novos avanços, e a Razão, no canto vermelho, defendendo-os. Retórica como a de Stock, Sinsheimer e Eisner não está endereçada à Razão; ela se manifesta por si mesma como uma fantasia exuberante e poderosa, muito semelhante às canções entoadas nos anos 1950, durante o breve período de crença em um almoço atômico grátis, e também como aqueles primeiros tempos da inteligência artificial. Trata-se da mesma euforia. É claro que ela é também parcialmente motivada pela mesma esperança de atrair subsídios financeiros, da mesma forma que os primeiros alquimistas precisavam convencer seus patronos poderosos de que iriam produzir ouro verdadeiro, ouro passível de cunhagem.

A presença dos mitos em nossas vidas

Todavia, além dessas considerações práticas, em cada caso há também um arrebatamento sincero, uma crença reverente, um sentimento real de ter-se realizado um contato com algo sobre-humano. O mágico fica extasiado ante a ideia de que, finalmente, ele está adquirindo um poder que se encontra próximo do âmago da vida. Esse tipo de exaltação tem uma história significativa. Em nossa cultura ela surgiu no século XVII, quando os teóricos se encantaram com os prodígios dos autômatos mecânicos. Foi nesse ponto que a tecnologia começou a moldar a imagem com a qual as pessoas representavam seu mundo e, assim, *ditavam sua metafísica* – um processo que continua e que tem efeitos profundos. Em cada ocasião, os profetas foram muito além das expectativas razoáveis de utilização de dispositivos provenientes da nova forma de trabalho. A cada vez, eles utilizavam essa nova forma para remodelar toda a sua visão do mundo, e a deles próprios, com base no modelo do que acontecia em suas oficinas.

No caso do sistema de mecanismos do relógio, Descartes, Newton e os mecanicistas do século XVIII conseguiram formar uma poderosa visão que mostrava todo o mundo físico como um imenso relógio, afirmando que a maneira correta de compreender qualquer parte desse mundo era simplesmente encontrar seu "mecanismo", isto é, a parte da máquina que o acionava. Supunha-se que os encaixes desse maquinário operassem sempre pelo impacto físico direto. Essa imagem era tão poderosa que, quando os próprios físicos começaram a se distanciar dela no final do século XIX, as tentativas feitas por eles geraram enorme angústia na área. Einstein e muito outros achavam que a própria racionalidade estava ameaçada. E uma crença geral nessa espécie de relógio, sem dúvida, permanece

243

até hoje, embora o maquinário agora seja eletrônico. Ainda falamos de "mecanismos" e ainda não estamos, de fato, felizes em relação a ações que ocorrem à distância, como no caso da gravitação; e ainda usamos essa linguagem quando falamos de "bioengenharia". Entretanto, no decorrer do último século, não estamos em condições de supor, como fez Laplace, que o relógio seja – literalmente – a estrutura universal do mundo.

A relevância de "Deus"

As dificuldades que os físicos tiveram ao se distanciar do mecanismo rígido revelam-se um problema que não deixa de ser recorrente. Como podem aqueles que veem o mundo como o reflexo de sua tecnologia atual predileta lidar com a mudança de uma tecnologia para outra? A importância de uma visão de mundo que gira em torno de uma tecnologia específica deve variar com o sucesso prático e as falhas dessa tecnologia. Não obstante, espera-se que visões de mundo sejam permanentes, que expressem verdades atemporais. Espera-se que sejam definitivas quando se supõe que são religiosas, e não menos do que isso, quando científicas.

O quadro mecanicista era tanto religioso quando científico. Da perspectiva religiosa ele não caracterizou, em sua forma original, nenhuma ruptura drástica com visões anteriores, já que Deus ainda era o projetista. Como Addison celebra em seu cântico sacro, as estrelas ainda estavam ocupadas.

> Resplandecentes, cantam e louvam sem cessar
> "Aquele que todos nós em divinos quis transformar"[2]

---
2 Addison, Ode, *Spectator*, n.465.

A presença dos mitos em nossas vidas

Foi essa ambiguidade que possibilitou que o padrão se popularizasse, permitindo ao público em geral aceitar a celebração que Pope fez dela:

Na noite escondem-se a Natureza e as leis da Natureza, Deus disse: "Faça-se Newton!" e a luz tornou-se realeza.[3]

Com base no modelo do relógio, o mundo, então, tornou-se extraordinariamente inteligível. No entanto, Deus saiu de cena aos poucos, deixando um vácuo imaginativo deveras inquietante. A imagem do maquinário sobreviveu, mas, onde não há mais um projetista, toda a ideia de mecanismo começa a se tornar incoerente. Presume-se que a seleção natural preencha a lacuna, mas trata-se de uma ideia inexpressiva, que não satisfaz adequadamente a imaginação.

Foi assim que surgiu o vazio que os biotécnicos esperançosos agora decidiram preencher. Eles sentem que o pensamento mecanicista precisa de um projetista, e eles se sentem bem qualificados para se oferecerem como voluntários para preencher essa posição vaga. Sua confiança acerca disso fica muito clara com as palavras que enfatizei na proposta de Sinsheimer — de que

os horizontes da nova eugenia são, em princípio, ilimitados –, pois *nós* devemos ter potencial para criar novos genes e novas qualidades ainda não sonhados. [...] Pela primeira vez em todos os tempos uma *criatura viva* compreende sua origem e pode empenhar-se em projetar seu futuro.[4]

---

3 Pope, Epitaph intended for Sir Isaac Newton.
4 Sinsheimer, The prospect of designed genetic change, *Engineering and Science*, p.8-13, abr. 1969.

Qual criatura viva? De maneira geral, não podem ser seres humanos; eles não saberiam como fazê-lo. É preciso que seja a elite, os tecnólogos, que são as únicas pessoas capazes de produzir essas mudanças. Então, segue-se que os membros do público que se queixam de que projetos biotecnológicos envolvem *brincar de Deus*, compreenderam, de fato, corretamente essa afirmação. A expressão, que defensores de projetos repudiam como mera patacoada, é, na verdade, uma expressão muito precisa para o tipo de pretensão à onisciência e onipotência que está sendo apresentada em relação a essas questões.

O buraco em questão, que tem a forma de Deus, vem, é óbvio, causando problemas há algum tempo. Depois do salto triunfante de Newton, a física ficou cada vez mais complicada, chegando ao ponto de levar J. C. Squire a rever o epitáfio de Pope, queixando-se de que

> Não podia durar; o Diabo gritando "Hoh! Hoh!
> Pois faça-se Einstein!" restaurou o *status quo*.[5]

Átomos, computadores e genes

Nesse ponto, um novo quadro do mundo deveria ter emergido, um quadro desenhado, dessa vez, não a partir da tecnologia, mas a partir da própria ciência. Porém, como afirmou Squire, o público achava essas novas teorias físicas tão obscuras que ninguém conseguia expressá-las em uma imagem conveniente. A noção de "relatividade" só gerou um mito social, um vago relativismo cultural a respeito dos assuntos

---

[5] Ou talvez, como alegam algumas autoridades, Hilaire Belloc.

A presença dos mitos em nossas vidas

humanos. Foi somente depois da Segunda Guerra Mundial que três imagens novas – e muito mais coloridas – emergiram em rápida sucessão. Todas elas alcançaram o público em geral, e todas foram reflexos de novas tecnologias. São as imagens que nos preenchem hoje.

Primeiro, no nível físico, foi a noção de que o átomo foi engrandecido pelas bombas e pela promessa da energia nuclear, de forma que o mundo parecia consistir basicamente de átomos. Segundo, na vida humana social, foram os computadores, que emergiram e prontamente se explicou que tudo era, de fato, informação. E, terceiro, no cenário biológico, surgiu o determinismo genético, declarando que tudo (entre os seres vivos, pelo menos) era, na verdade, genes, e nós éramos apenas os veículos de nossos genes, mas que (bastante surpreendente), não obstante, tínhamos o poder de controlá-los.

Tem se revelado muito difícil associar esses três diferentes quadros, todos eles reducionistas, porém, requerendo diferentes reduções. Teoricamente, sem dúvida, eles não deveriam ser conflitantes. Tanto quanto são científicos, todos eles, falando de maneira apropriada, devem encontrar seus modestos lugares dentro do campo mais amplo da ciência. Entretanto, em primeiro lugar, quadros do mundo como esse não são ciência. A ciência que deve justificá-los é uma parte bem pequena de seu conteúdo. Eles são, na verdade, esboços metafísicos, mapas ambiciosos de como se presume que toda realidade opera, visões orientadoras, sistemas de direção para o restante de nossas ideias. E como essas visões extraem sua força de tecnologias especiais existentes no mundo exterior, a crença nelas flutua com o sucesso – e, sobretudo, com os desastres – da sua tecnologia-mãe.

Mary Midgley

A notícia dos acidentes em Three Mile Island e Chernobil removeu do mito atômico boa parte da sua força. Embora ainda saibamos que os átomos são importantes, hoje não recorremos a eles para nos salvarmos. A bioengenharia ainda não sofreu semelhante desastre; se sofrer um, as consequências certamente serão as mesmas. Quanto à inteligência artificial, a experiência vivida podou muitas das afirmações feitas quando ela surgiu; porém, os computadores estão se tornando cada vez mais fundamentais em nossa vida, e a noção metafísica de que "tudo é, de fato, informação" ganha força com a aceitação deles. Portanto, hoje ninguém se surpreende de ler em um livro escrito por dois (de outra forma respeitáveis) cosmólogos a estranha mistura de afirmações metafísicas:

> Um ser inteligente – ou, falando de maneira mais geral, qualquer criatura viva – é, basicamente um *tipo de computador*. [...] Um ser humano *é um programa* projetado para funcionar com um *hardware* específico chamado corpo humano. [...] Um ser humano vivo é a *representação de um programa definido*.[6]

Então, de um modo que é, sem dúvida, extraordinário, nossa tecnologia e nossa economia se juntam para moldar nossa visão de mundo. Como Jeremy Rifkin sensatamente assinala:

> Cada nova revolução social e econômica na história é acompanhada de nova explicação da criação da vida e do funcionamento da natureza. O novo conceito da natureza é sempre o fio mais

---

6 Barrow e Tipler, *The Anthropic Cosmological Principle*, p.659, grifos meus.

A presença dos mitos em nossas vidas

importante da matriz que forma qualquer nova ordem social. *Em cada caso, a nova cosmologia serve para justificar a retidão e a inevitabilidade do novo modo como os seres humanos estão organizando seu mundo, sugerindo que a própria natureza está organizada ao longo de linhas semelhantes.* [...] Nossos conceitos acerca da natureza são totalmente, desavergonhadamente, quase constrangedoramente antropocêntricos. [...] As leis da natureza estão sendo reescritas para se adequarem à mais recente manipulação do mundo natural. [...] As novas ideias a respeito da natureza fornecem a estrutura legitimadora do Século da Biotecnologia [...] A algenia [...] é a tentativa que a humanidade faz para dar significado metafísico à sua emergente relação tecnológica com a natureza.[7]

Possuídos por uma tecnologia

É claro que a tecnologia é parte importante de nossa vida. Sem dúvida alguma, cada nova tecnologia nos ensina algo a respeito do mundo a nosso redor — muitas vezes algo muito importante. Podemos acertadamente extrair dessas lições modelos que nos ajudem a compreender os fenômenos mais amplos, na medida que tais modelos sejam de fato úteis.

O problema só surge com a obsessão por um modelo em particular que afasta outros modos de pensar necessários. Os objetores dizem que a resplandecente fascinação pela bioengenharia está nos obrigando a buscar soluções bioquímicas para problemas complexos que não são, de forma alguma, bioquímicos, mas sociais, políticos, psicológicos e morais. Por exemplo, boa parte da demanda por transplantes de fígado deve-se ao

---

[7] Rifkin, *The Biotech Century*, p.197-8, grifos meus.

álcool. Contudo, é muito mais difícil pensar no que fazer em relação ao álcool do que exigir pesquisa sobre transplantes. Da mesma forma, a infertilidade é causada principalmente por um casamento tardio e doenças sexualmente transmissíveis; mas mudar os costumes em relação a essas coisas demanda tipos muito diferentes e muito menos diretos de raciocínio. Uma vez mais, a escassez de alimentos no mundo é causada muito mais por sistemas deficientes de distribuição do que por colheitas escassas, e – na visão da maioria das agências internacionais de ajuda humanitária – a promoção de safras transgênicas patenteadas em países pobres é calculada para aumentar os erros nesses sistemas de distribuição, não para saná-los.

De forma breve e cruel, chamo aqui a atenção para esses exemplos, apenas para mostrar que objetores movidos por forte emoção não estão necessariamente sendo irracionais e negativos. Meu objetivo como um todo foi assinalar os pensamentos consistentes que podemos encontrar sob essa emoção em particular e sugerir – aqui e em outras questões de políticas – que é melhor consideramos seriamente tais ideias. Um sentimento intenso não invalida esses protestos contemporâneos mais do que o sentimento igualmente intenso que acompanhou os primeiros protestos contra a escravidão e a tortura invalidaram aquelas campanhas. Em todos esses casos, precisamos entender o que toda essa agitação significa e não simplesmente descartá-la. E aqui, se examinarmos o que está causando o alarme, descobriremos que essa não é uma questão meramente local ou passageira. Essas notáveis propostas provêm de uma atitude irrealista de longa data em relação à Terra, da qual muitas vezes não temos consciência. Examinaremos isso na sequência.

19
Céu e terra
Uma história incômoda

Problemas acima e abaixo

Como aconteceu de nos identificarmos tão criteriosamente com nossa vontade ou com nossa inteligência? E por que separamos com tanto cuidado essas entidades dos corpos que as sustentam? Com toda a certeza, muitos fatores contribuíram para essa estreiteza de pensamento. E entre eles está nossa atitude suspeita em relação à própria terra.

As pessoas de nossa civilização veem o planeta de diversas maneiras. Algumas vezes elas o cultuam, consideram-no como sua mãe, sentem respeito por ele e lhe são gratas pelas dádivas que ele lhes ofereceu. Outras vezes, entretanto, elas o desprezam e o temem; veem-no principalmente como o oposto do paraíso, como um reino mesquinho e degradado que os apanha em uma armadilha e os impede de realizar seu verdadeiro destino. O *Oxford Dictionary* assim nos fornece o significado do adjetivo "terrestre": "pesado, bruto, material, grosseiro, amorfo, impuro [...] típico de existência mundana em oposição à existência celestial [...]". Se examinarmos o termo "sujeira", encontraremos: "(1) excremento; (2) matéria obscura, como a que macula qualquer objeto, aderindo-se a ele, sobretudo o limo ou lama do solo"; e se buscarmos "solo", encontraremos "1) local enlameado ou barrento, utilizado por um javali para chafurdar", e logo chegamos a "(4) imundície, matéria suja ou refugo".

Até recentemente, essa visão mais hostil era a que prevalecia em nossa cultura – e não apenas no pensamento religioso. Acho que não percebemos essa tendenciosidade, mas ela tem se mostrado eficaz em muitos aspectos de nosso pensamento, até mesmo no campo das ciências. Durante muito tempo, ela nos impediu completamente de ver a Terra como um sistema inteligível. É somente agora que essa barreira começa a ser removida.

O medo e a desconfiança em relação à Terra derivam grande parte de sua força da sólida imagem natural que associa a dimensão acima/abaixo a uma diferença de valor. A terra está "abaixo" de nós, o céu "acima". A terra é, obviamente, também mais escura, ao passo que o céu é fonte de luz. A luz e a direção ascendente sempre tendem a representar mais nobreza.

Esse tipo de raciocínio pode parecer ingênuo, mas ele é admiravelmente poderoso. Ainda nos dias de hoje sua influência vai muito além da esfera da religião tradicional. Por exemplo, via de regra, os proponentes de viagens espaciais tomam por certo que as aspirações em relação ao que está, literalmente, mais alto – ao que nos leva para longe da Terra – são também espiritualmente mais "altas", isto é, mais nobres do que qualquer coisa que possamos encontrar aqui embaixo.

Essa maneira de falar é apenas fantasia, apenas uma extensão aleatória de uma figura de linguagem, ou existe algo mais aqui? Se quisermos compreender seu significado, podemos muito

A presença dos mitos em nossas vidas

bem lançar um breve olhar de retrospecto para a história do simbolismo para vermos como chegamos aqui.

Em nossa cultura, o Paraíso, a casa de Deus, foi, é claro, literalmente instalado há muito tempo no céu. A cosmologia pré-copérnicana desenvolveu essa noção com alguns pormenores. Ela estabeleceu o Paraíso, acomodando Deus e seus anjos, e fora colocou um conjunto de esferas concêntricas transparentes conduzindo o Sol, a Lua, as estrelas e os planetas. Todos esses corpos foram feitos de uma substância especial – o *éter* – distinto dos quatro elementos que nos são familiares aqui embaixo. Todos esses corpos se moviam também, em um movimento circular, que se considerava ser o mais perfeito de todos os movimentos, em contraste com o movimento descendente bruto, em linha reta, que se encontra na Terra.

No *Timeu*,[1] Platão explicou que nosso próprio cérebro é um sistema em rotação, modelado a partir desses círculos celestiais, e nossos pensamentos, à medida que giram, ecoam esses movimentos cósmicos. Em contraste, a Terra era meramente o ponto morto no centro do sistema, o local onde as coisas caem se não puderem subir. Sua posição central não era sinal de importância, mas apenas marcava seu *status* inferior, sua distância de tudo o que tinha valor superior. Afinal de contas, como mostrou Dante, o que estava no centro da própria Terra era o Inferno.

As almas tornam-se observadores

A obrigação das almas cristãs era, então, subir aos céus, distanciar-se desse planeta e seguir em direção a sua verdadeira

---

[1] § 44-6.

moradia. Estavam aqui apenas como visitantes, em trânsito, em um acampamento temporário, criado principalmente como um estágio para suas interações com Deus e, sobretudo, para o drama de sua salvação.

Isso significou que, quando Copérnico deslocou a Terra de sua posição central, a humilhação que, como muitas vezes se diz, acompanhou esse passo não foi plenamente sentida. Embora houvesse, sem dúvida, uma sensação de desordem e insegurança, a cidadania das almas humanas no Paraíso se manteve e sua salvação ainda era obrigação central do cosmo. Além disso – o que é realmente interessante –, esse senso de independência complacente em relação à Terra conseguiu até mesmo sobreviver ao descrédito que o Iluminismo imputou à religião.

Quando os seculares ocidentais pararam de ver a si mesmos como almas cristãs sujeitas a julgamento, eles não concluíram, revelando humildade, que eram apenas animais mundanos bastante talentosos. Em vez disso, eles conseguiam se ver, em termos cartesianos, como puro intelecto: observadores, acomodados acima do restante do mundo físico para compreendê-lo e controlá-lo. Qualquer um que queira ver como essa imagem funciona hoje deve examinar o Princípio Antrópico Forte, que propõe que todo o universo é basicamente um aparelho cujo único propósito é estimular seres intelectuais desse tipo – isto é, nós, ou pelo menos os físicos entre nós. Não surpreende que esses antropicistas encenem seu drama cósmico principalmente no espaço exterior, tratando a Terra e sua fauna como mais ou menos obsoleta e dispensável.[2]

---

[2] Barrow e Tipler, *The Anthropic Cosmological Principle*. Abordei esse princípio em *Science as Salvation*, cap. 17.

A presença dos mitos em nossas vidas

Glorificando a astronomia

Essa associação entre a magnificência espiritual e o céu verdadeiro significa que as investigações científicas a respeito dos corpos celestes há muito tempo são tidas em uma alta estima muito particular. A reverência especial pela astronomia remonta (novamente) ao *Timeu*, de Platão, que declarou que os corpos celestiais eram, eles próprios, seres divinos, animados por uma inteligência que fazia que se movessem pelo céu, seguindo o projeto racional que regia o universo[3] (os planetas, é claro, precisavam ter uma inteligência especial para seguir suas trajetórias complexas, enquanto a Terra, que apenas tinha que ficar imóvel, não precisava ser tão inteligente).

Estudar os céus era (então) estudar diretamente o divino e, portanto, uma ocupação de uma nobreza excepcional. Hoje, provavelmente as pessoas não aceitariam essa razão para priorizar a astronomia; porém, a noção de que essa investigação tem um valor espiritual especial é ainda manifestada, por exemplo, por astrofísicos como Steven Weinberg, que celebra esse estudo, afirmando, no epílogo de seu *The First Three Minutes* [*Os três primeiros minutos do Universo*], que ela fornece uma justificativa fundamental para a vida humana:

> Quanto mais compreensível parece o universo, mais sem sentido ele parece.
> Mas se não há consolo nos frutos de nossa pesquisa, há pelo menos algum consolo na pesquisa por si mesma. Os homens e as mulheres não se contentam em encontrar consolo nas histórias

---

3 § 38-40.

de deuses e de gigantes, ou em restringir seus pensamentos aos assuntos da vida cotidiana; eles também constroem telescópios, satélites e aceleradores; sentam-se em suas escrivaninhas por horas a fio resolvendo o significado dos dados que coligem. O esforço para compreender o universo é uma das pouquíssimas coisas que elevam a vida humana um pouco acima do nível da farsa e conferem a ela um pouco da beleza da tragédia.[4]

É interessante perguntar: há, de fato, alguma razão para considerarmos (digamos) a pesquisa a respeito de um tópico, por exemplo, buracos negros, como essencialmente mais nobre do que a pesquisa a respeito de algo mundano, como, por exemplo, parasitas ou baratas?

Os deuses da cozinha

Essa hierarquia de valores entre as ciências remonta a longo tempo em nossa tradição. Quando Aristóteles começou a escrever seu livro *Parts of animals* [*Partes dos animais*], ele teve que se desculpar por discutir um assunto tão banal, anotando:

> Após discutir o mundo celestial [...] passamos agora, da melhor maneira possível dentro de nossa habilidade, a discutir os animais [sem excluir] qualquer membro do reino, por mais ignóbil que seja, pois se alguns não têm nenhuma beleza para encantar os sentidos, ainda assim esses, por revelar à percepção intelectual o espírito artístico que os projetou, dão imenso prazer a todos aqueles que podem traçar elos de causação e inclinam-se à filosofia

---

4 Weinberg, *The First Three Minutes*, p.155.

[...]. Nós, portanto, não podemos recuar com aversão infantil, evitando o exame dos animais mais modestos. Todos os reinos da natureza são maravilhosos.

Em seguida, ele conta uma história. Heráclito (afirma Aristóteles) recebeu a visita de alguns forasteiros que hesitavam em entrar, porque o encontraram na cozinha, ao lado do fogão, aquecendo-se. Heráclito, entretanto, disse-lhes imediatamente

[...] que não tivessem medo, pois até mesmo naquela cozinha as divindades estavam presentes. Da mesma forma, devemos nos aventurar no estudo de cada espécie de animal sem repulsa, pois cada um e todos eles nos revelarão algo natural e belo.[5]

Com efeito (disse Aristóteles), na cozinha há deuses como em qualquer outro lugar, e os cientistas devem aprender a não desdenhá-los. O verdadeiro cientista deve ser capaz de dizer, como faz James Lovelock: "Falo como representante das bactérias e das formas de vida menos atraentes, que têm poucos para falar por elas."[6]

Aristóteles nunca conseguiu comunicar essa ideia a respeito da importância dos deuses da cozinha à sua própria tradição filosófica. Depois de sua morte, nenhum de seus discípulos deu sequência a seu programa de pesquisa criteriosamente planejado para o desenvolvimento científico da zoologia, embora tenham lidado com quase todos os outros aspectos de sua filosofia. E acadêmicos posteriores ignoram isso por completo.

---

5 *De partibus animalium*, livro 1, cap. 5, 645a, em *Aristotle's Works in Translation*, v.5.
6 Lovelock, *Gaia: the practical science of planetary medicine*, p.9.

Mary Midgley

Levando as minhocas a sério

Tampouco as coisas haviam mudado muito em 1882, quando Darwin, então no seu último ano de vida, ofereceu um almoço a Edward Aveling, tradutor de Karl Marx. Aveling, veemente defensor das teorias evolutivas de Darwin, quis saber no que ele estava trabalhando naquele momento. Darwin disse que estava pesquisando o comportamento das minhocas. Chocado com essa frivolidade, Aveling perguntou-lhe o que o teria levado a se interessar por um assunto são insignificante? Darwin simplesmente respondeu: "Venho estudando as minhocas há quarenta anos".

Com toda a certeza, Aveling não havia percebido que Darwin jamais poderia ter produzido suas teorias mais abrangentes e que mais marcaram a época sem esse tipo de atenção a detalhes zoológicos. Ele já havia passado oito anos trabalhando na classificação de cracas, e esse trabalho, conforme ele próprio afirmou, lhe tinha sido de grande valia ao escrever *A origem das espécies*. Aveling teria ficado mais transtornado ainda se tivesse sabido o quão meticuloso Darwin estava sendo em sua pesquisa sobre as minhocas. Darwin testava a reação das minhocas, submetendo-as a todo tipo de situação, confrontando-as com todo tipo de experiência: diferentes tipos de luz, calor, odor, vibrações e música, inclusive o fagote e o piano de cauda:

> O que mais o impressionou a respeito das minhocas foi a mentalidade delas. Elas pareciam "desfrutar dos prazeres de comer", a julgar pela ansiedade que mostravam em relação a certos tipos de alimento, e sua paixão sexual era forte o bastante para "superar [...] o pavor que tinham da luz". Ele chegou até a

A presença dos mitos em nossas vidas

encontrar "algum vestígio de sentimento social"; observou como elas arrastavam folhas para suas covas. O hábito era instintivo, mas o que dizer da técnica? Ao retirar os objetos das covas, ele descobriu que a grande maioria havia sido puxada para dentro delas da maneira mais fácil, pela extremidade mais estreita ou superior. De alguma forma, as minhocas haviam adquirido uma noção, por mais rústica que fosse, do formato de um objeto.[7]

Ademais, ao investigar essas coisas, ele fez a revolucionária descoberta de que, na verdade, as minhocas – que, até então, haviam sido consideradas ou insignificantes ou pestilentas – desempenhavam um papel fundamental na reciclagem da vegetação, transformando-a em solo aproveitável. Sem elas, esse processo seria muitíssimo mais lento para que outras formas de vida se beneficiassem dele.

Atualmente, o tipo de estudo que Darwin fez desse tema é, sem dúvida, respeitado; por vezes, pode até mesmo receber alguma subvenção, mas ainda é visto como uma das partes mais modestas e mais cotidianas da ciência. Não é exaltado com o tipo de fervor extático, semirreligioso que Weinberg mostra ao celebrar a astrofísica.

Da mesma forma, pessoas como Aveling esperavam de Darwin algo muito diferente de seu interesse científico direto pelas criaturas para o próprio benefício delas. Aveling foi um dos muitos que, tanto naquela época como agora, acolheu as ideias de Darwin, sobretudo como armas em uma guerra que eles já estavam deflagrando em relação a questões humanas – em seu caso, uma guerra entre o Homem (*sic*) e Deus. Aveling

---

[7] Desmond e Moore, *Darwin*, p.650.

era um humanista, o que para ele significava um ateu em campanha. Na verdade, ele visitou Darwin exatamente nessa época, na esperança de envolvê-lo na campanha para permitir que o ateu Bradlaugh ocupasse uma cadeira no Parlamento. Darwin recusou-se a se envolver nessa guerra. Sua razão para isso estava absolutamente além da capacidade de compreensão de Aveling. Darwin queria se distanciar de ambos os combatentes. O ponto – a questão relativa a Deus – não era apenas que ele era mais agnóstico do que ateu; era muito mais profunda: Darwin não tinha o menor desejo de ser um "humanista", no sentido de lutar em nome do Homem. Em sua visão, os eruditos já haviam concentrado atenção em demasia na presunçosa espécie humana chamada *Homo sapiens*. Agora era, então, tempo para que eles voltassem sua atenção para outras espécies ao redor que habitavam a fecunda Terra.

20
A ciência olha para os dois lados

O fascínio da simplicidade

Tanto Darwin quanto Aristóteles tentaram corrigir um preconceito contra a Terra que sempre deu à nossa tradição científica um viés tendencioso. Esse viés não ditou uma total negligência em relação a fenômenos fora da vida humana; no entanto, ela, de fato, ditou um estranho modo seletivo de atentar para eles, uma disposição muito maior de perceber coisas nos céus do que coisas na terra. Os acadêmicos demonstraram muito mais disposição para buscar sistemas e significação nas estrelas do que nas coisas terrestres.

Já vimos que uma razão para essa preferência encontrava-se no simbolismo natural de altura e luz. Entretanto, outra razão especialmente poderosa entre os eruditos era a visível claridade dos modelos celestiais. O apelo especial que a astronomia exercia sobre pensadores inclinados à matemática, como foram Platão e Pitágoras, centralizava-se na simplicidade da ordem que eles lá encontravam. Os pensadores gregos conseguiam ver imediatamente como poderiam aplicar seus métodos matemáticos em relação ao céu. Aplicá-los nas coisas mais complicadas da Terra parecia muito mais difícil, e por um longo tempo isso permaneceu dessa forma. Por isso, de maneira geral, até o Renascimento, as coisas do mundo continuaram a ser tratadas como genuinamente confusas e incompreensíveis – uma massa irracional e caótica com a qual só se podia lidar por meio de uma regra geral baseada na experiência. Aristóteles protestou contra isso, mas não teve muitos seguidores.

Então, no Renascimento, quando os esforços científicos para compreender o mundo físico recomeçaram, eles, mais uma vez, tomaram a astronomia como ponto de partida. Coisas distantes eram estudadas por muito mais tempo do que coisas próximas, mesmo quando tais coisas próximas eram de importância prática premente. Galileu, sem dúvida, prestou atenção à trajetória de balas de canhão, já que essa era uma coisa que interessava especialmente a seus ricos benfeitores. Porém, com exceção de algumas poucas questões desse tipo selecionadas por ele, Galileu preferiu concentrar suas investigações no movimento das estrelas e dos planetas. A mesma coisa fez Copérnico; e o que eles buscavam prioritariamente era, mais uma vez, simplicidade. O modelo tradicional de círculos complementados por epiciclos acabou não proporcionando simplicidade; então, tentaram encontrá-la modificando o ponto de partida.

Isso levanta uma questão da maior relevância em relação à natureza da própria ciência. *A ciência sempre oscila entre dois ímãs, dois ideais igualmente importantes.* Por um lado, ela visa representar os imensamente complexos fatos do mundo. Por outro lado, ela visa a clareza e, para isso, precisa de simplicidade formal. Quando os matemáticos estão no comando, o segundo ideal

A presença dos mitos em nossas vidas

sempre tende a prevalecer sobre o primeiro. E, por um longo tempo, a matemática forneceu o único modelo de inteligibilidade com que os cientistas físicos sabiam trabalhar. Também dentro da matemática eles buscaram as formas mais simples e mais regulares.

É por isso que o ideal de utilizar círculos exercia tanto poder. Portanto, quando Kepler e seus colegas tentaram calcular as órbitas dos planetas, durante muito tempo eles acharam impossível admitir que essas trajetórias pudessem ser elípticas. Eles passaram muitos anos tentando evitar essa conclusão e somente acabaram admitindo-a com a maior relutância. Como Platão, eles haviam presumido com firmeza que as órbitas deviam ser circulares, porque essa era evidentemente a forma perfeita para elas.

Decepção: a Terra não é redonda

Esse mesmo anseio por círculos perfeitos também provocou um impacto em questões relativas ao formato da Terra. Aqui, a posição original inferior de nosso planeta foi exacerbada pelo envolvimento na Queda do Homem. Ao especular a respeito da Terra, autores medievais e renascentistas deploravam seu estado rústico e desordenado, infestados de montanhas e buracos que impediam que ela fosse a esfera perfeita que, com toda a certeza, Deus devia ter em mente ao criá-la. Eles concluíram que tal imperfeição, sem dúvida, teria sido causada pelos pecados da humanidade.

À medida que as especulações científicas avançavam, várias teorias engenhosas foram propostas para explicar exatamente como isso aconteceu. Na década de 1680, Thomas Burnet insistiu que o presente formato da Terra não poderia ser o formato original. Ele afirmou:

> Como não parece haver nada de qualquer ordem ou de qualquer projeto regular de suas partes, parece razoável acreditar que não foi obra da natureza, de acordo com sua primeira intenção, ou de acordo com o primeiro modelo projetado em termos de medidas e proporção, pela linha e pelo prumo, mas uma obra secundária e a melhor que poderia ser feita com materiais fragmentados.[1]

Burnet chamou isso de "ruína medonha", "um amontoado de corpos fragmentados e confusos", "um planetinha sujo". Ele explicou que a forma original, que era plana, devia ter sido danificada pela enchente de Noé, que havia liberado as águas subterrâneas. Essas águas haviam originalmente formado uma camada contínua sob a superfície, mas, quando o pecado humano revelou-se flagrante demais, Deus as fez vazar e cobrir o globo. Isso abalou a crosta terrestre, que continua despedaçada até os tempos atuais.

Desde aquele tempo, o único processo que permanecia em atividade era a gradual erosão das montanhas, provocada pelas chuvas. A Terra dos tempos atuais era, então, uma ruína decadente, um lembrete constante do desastroso efeito da maldade humana. Como descendentes degenerados de uma família antiga, estávamos acampando na cozinha toda avariada de um castelo ancestral, o restante dele destruído pela depravação e insensatez de nossos antepassados.

---

1 Burnet, *The Sacred Theory of the Earth*, p.102. Ver uma discussão detalhada feita por Stephen Jay Gould em *Time's Arrow, Time's Cycle*.

A presença dos mitos em nossas vidas

Que formatos são razoáveis?

Especulações como essa podem muito bem soar ingênuas, e não há dúvida de que podemos nos sentir surpresos ao imaginar que elas eram consideradas necessárias; no entanto, a convicção de que havia algo *errado* – que o planeta realmente devia ser uma esfera perfeita – era apenas uma convicção religiosa. Aos cientistas daquela época ela soava como uma exigência da razão. E, de fato, quando Deus é visto como aval da ordem, dificilmente vem à tona a diferença entre pensamento religioso e pensamento científico a respeito de tais questões.

Precisamos entender essa incapacidade que os pesquisadores genuínos têm em ver como racional qualquer formato menos simples do que um círculo. Trata-se do tipo de dificuldade imaginativa recorrente sempre que precisamos modificar e expandir a linguagem do pensamento – sempre que chegamos (como eles afirmam) a uma mudança de paradigma. Trata-se do tipo de dificuldade que enfrentamos hoje acerca do conceito de Gaia. Acredito que talvez seja mais ou menos como a dificuldade que sempre temos ao reagir a algum tipo desconhecido de música ou arquitetura. A princípio, os padrões apresentados parecem sem significado; na verdade, eles não parecem, de forma alguma, ser padrões. Depois, misteriosamente – considerando tempo e boa vontade –, a ordem que eles revelam começa a fazer sentido para nós. Foi exatamente dessa mesma maneira que os geógrafos consideraram a noção de uma Terra que não conseguiu ser esférica não apenas blasfema, mas também irracional, uma proposição ininteligível.

Essa objeção surgiu de forma tão natural em meditações diretas a respeito da natureza quanto em meditações religiosas a respeito de uma mente divina e criativa. O ideal de inteligibilidade era o mesmo em ambos os contextos e, é claro, concentrava-se em uma simplificação da própria matemática. A geografia clássica era basicamente o estudo de formas regulares. Ninguém havia ainda proposto a geometria fractal como um modo alternativo de se detectar a ordem.

A geologia vem em nosso socorro

Como resultado, a reputação moral e espiritual da Terra não pôde ser melhorada enquanto não pôde, de alguma forma, ser vista como mais inteligível, isto é, enquanto alguém não encontrou um modo mais adequado de tentar compreendê-la. Encontrar esse modo foi obra de geólogos do século XVIII, especialmente James Hutton[2]. A primeira conquista desses geólogos foi a descoberta de um mecanismo de reparo que poderia equilibrar o processo de erosão, segundo o qual a Terra poderia reconstruir a si mesma de forma a constituir um sistema duradouro. Eles chegaram a essa descoberta pela demonstração de como o peso de sedimentos acumulados esmaga e acaba derretendo as camadas mais inferiores de uma rocha, fazendo que elas explodam através de vulcões, assim reconstruindo as montanhas.

Isso significava que os movimentos da Terra podiam ser considerados como um ciclo contínuo, um eficiente processo

---

2 Hutton (1726-97) é, às vezes, chamado de pai da geologia, mas deveria, na verdade, dividir esse título com alguns outros estudiosos europeus. Ver Laudan, *From Mineralogy to Geology:* the foundations of a science.

A presença dos mitos em nossas vidas

de manutenção em andamento, não mais uma trajetória de mão única a caminho da desintegração. O segundo feito dos geólogos, que sucedeu a esse, foi demonstrar que o processo não era um expediente recente, mas, ao que tudo indicava, em curso há incontáveis eras. Tratava-se de uma máquina enorme, fixa, regular e confiável que não mostrava, nas memoráveis palavras de Hutton, "qualquer vestígio de um começo – qualquer perspectiva de um fim".[3] Poderia até mesmo ser algo comparável ao sistema perpétuo que Newton havia proposto em relação aos céus.

Foi nesse ponto que a Terra começou, mais uma vez, a aparecer como algo compreensível e, portanto, potencialmente respeitável. Como anotou Playfair, amigo de Hutton, após ver uma formação rochosa que ilustrava esse vasto processo,

> Para nós que vimos esses fenômenos pela primeira vez, a impressão não será facilmente esquecida [...]. Muitas vezes perguntamo-nos: que evidência maior poderíamos ter tido da diferente formação dessas rochas e do longo intervalo que separou sua formação se as tivéssemos, de fato, visto emergindo do âmago do oceano? [...] Revoluções ainda mais remotas apareceram à distância dessa extraordinária perspectiva. A mente pareceu atordoada ao olhar tão no fundo do abismo do tempo.[4]

A explicação que Hutton oferece dessas reviravoltas havia, por fim, dado sentido aos contornos denteados da superfície da

---

3 Hutton, *Theory of the Earth, Transactions of the Royal Society of Edinburgh*, p.1209-305.
4 Citado por Gould em *Time's Arrow, Time's Cycle*, p.62, a partir de J. Playfair, *Illustrations of the Huttonian Theory of the Earth*.

Terra. Finalmente, a música especial desses contornos começou a ser ouvida. Desnivelamentos que não podiam ser compreendidos em termos de espaço tornaram-se agora claros e razoáveis, quando se acrescentava a dimensão do tempo. E a vastidão absoluta do tempo envolvido afastou o processo em relação ao doloroso drama do pecado humano. O comportamento da Terra podia agora ocupar seu lugar em algo mais parecido com o modelo newtoniano aceito para os corpos celestiais.

É necessário que o tempo seja uma via de mão única?

Isso significou enorme progresso. Não obstante, além disso, outra mudança dolorosa seria necessária, uma mudança que incluía a perspectiva da história. A noção de racionalidade proposta por Hutton requeria que o ritmo dos movimentos da Terra deveria ser – no decorrer de um longo período – tão imutável quanto o dos planetas. Poderia haver oscilações, mas não poderia haver qualquer mudança cumulativa. E depois de Hutton, Charles Lyell formulou a mesma exigência em termos de uniformitarianismo. Como Hutton, Lyell era deísta. Isso os tornava ansiosos por se livrarem da história bíblica da criação em um momento especial, que eles viam como arbitrário e irracional – por que determinada época seria mais adequada para o começo do que outra? A preocupação era a mesma que muitos outros sentem hoje em relação ao *momento* do Big Bang. Vista de certa perspectiva, a imutabilidade parece ser um requisito da razão. Entretanto, estudos posteriores não respaldaram essa impressão. Oficialmente, agora vivemos em um modelo de evolução cósmica contínua, cumulativa e irreversível.

A presença dos mitos em nossas vidas

A questão aqui é, com certeza, uma questão acerca do que você aceitará como explicação – sobre o que você está preparado para considerar como racional. Para Lyell e Hutton, uma mudança séria, duradoura e irreversível parecia simplesmente contrária à razão. Eles achavam esse tipo de melodia dissonante e sem sentido. De acordo com Newton, uma mudança como essa não ocorreu nos céus e não havia por que ocorrer na Terra. Esses geólogos, após encontrarem processos que poderiam cancelar muitas mudanças supostamente permanentes, decretaram – o que é compreensível – que toda mudança era reversível, como, de fato, se presumia acontecer na física até a descoberta da termodinâmica, que ocorreu mais ou menos na mesma época. A melodia da história, que, sem cessar, envolve-se em eventos e mudanças irreversíveis, ainda não era familiar naquela época. Pensadores como Vico, Hegel e os inventores da termodinâmica estavam começando a fazê-la se ouvir; mas ela ainda esperava seu Beethoven em Charles Darwin.

A bestialidade dos animais

Grande parte do choque presente no trabalho de Darwin deveu-se ao modo como ele lidou com o desenvolvimento da vida, considerando-a uma mudança contínua e direcional. Contudo, o aspecto mais perturbador aqui foi, sem dúvida, que isso, mais uma vez, colocou a mente humana em relação com a Terra, rastreando a origem dela em outros animais. O escândalo, na verdade, não se deveu a um ataque a Deus (como disse Charles Kingsley, Deus poderia muito bem ter criado o mundo tanto de uma maneira quanto de outra). A ofensa verdadeira cometida por Darwin foi contra a dignidade do HOMEM. Ele se propôs abertamente a demolir a cerca que isolava nossa própria espécie de outras criaturas. Sendo um historiador natural genuíno, ele tinha plena consciência do parentesco com a vida ao seu redor. Darwin achava essa divisão arbitrária e equivocada. A maioria de seus contemporâneos, no entanto, ainda via essa divisão como uma defesa indispensável contra o caos. Embora os geólogos tivessem conseguido trazer a Terra para dentro dos limites da ciência, eles não haviam domado seu simbolismo a ponto de fazer que ela deixasse de ser assustadora. Muitos devem agora estar dispostos a especular sobre os vastos e distantes processos que formaram a história da Terra; mas era uma questão completamente diferente ser convidado a admitir parentesco com os seus habitantes não humanos. Tais habitantes – minhoca, rato, lobo, vespa, corvo, serpente, macaco – lhes pareciam sobretudo incorporações das perversões. Aqui, mais uma vez, a Terra parecia associá-los de maneira horrível com o pecado humano. Mais uma vez, alarmados, eles recuaram.

Finalmente fazendo sentido da Terra

Esse simbolismo, com o horror que o acompanha, ainda persiste hoje; ele subjaz não apenas ao criacionismo norte-americano como também a uma vasta gama de confusas objeções à ideia de evolução. Entretanto, durante o século XX, duas coisas debilitaram consideravelmente sua influência; uma delas é o sério estudo do comportamento animal; a outra é a descoberta da deriva continental.

Por um lado, os etólogos observaram em detalhes os habitantes vivos da Terra e, finalmente, certificaram-se de que

A presença dos mitos em nossas vidas

eles, na verdade, não são incorporações das perversões. Por outro lado, os geólogos – uma vez que aceitaram a alarmante descoberta de que os continentes se movem – conseguiram acrescentar outra dimensão de inteligibilidade ao estado da superfície da Terra, assinalando esses movimentos. De ambas as maneiras, a Terra, aos poucos, começou a parecer menos estranha e mais inteligível. E um terceiro – e mais abrangente – modo de aceitar a questão foi recentemente acrescentado.

Não é por acidente que a aceitação desses dois avanços foi seguida do surgimento da teoria de Gaia, proposta por James Lovelock: a ideia de um sistema inclusivo, autônomo, que envolve tanto a Terra quanto seus habitantes vivos. Esse conceito finalmente resolve as diferenças entre as discrepâncias dualistas que fragmentaram nossa compreensão da Terra; ele a mostra como um sistema de operação inteligente, em vez de um *background* confuso e sem sentido para a vida humana.

Uma derivação do espaço

Ver a Terra dessa forma abrangente é, com certeza, um tremendo salto em nossa compreensão de todo o universo. Trata-se de um salto que requer uma notável disposição para nos distanciarmos do amontoado de minuciosas reações à Terra que impregnam nossa experiência; isso envolve ultrapassar barreiras entre disciplinas acadêmicas, algo que nossa era de especialização acadêmica considera muito difícil. Nesse caso, entretanto, o salto – surpreendentemente – contou com a ajuda dos experimentos do século XX em relação ao espaço. Astronautas que tentaram se distanciar de nosso planeta não conseguiam mais vê-lo como uma coisa de base indefinida, monótona e sombria, que sempre esteve sob seus pés. Em vez disso, eles se viram forçados a visualizá-lo como um todo, como um planeta deslocando-se pelo céu – na realidade, como um dos corpos celestes. Eles relataram que ver a Terra a distância dessa maneira é uma experiência surpreendente, e as fotos que tiraram dela transmitiram, até certo ponto, essa experiência ao restante de nós. Eles mudaram profundamente nossa reação ao planeta. Eles simplesmente a mostram em seu lugar no firmamento, como um corpo com todo o direito a qualquer tipo de honra e glória que associamos ao sol e às estrelas. Eles, enfim, expulsaram o adepto secreto da teoria da Terra Plana, que, até agora, se escondia atrás de nossa mente. Eles esvaziaram o simbolismo das alturas. Além disso, porém – como já foi apontado –, eles mostram essa Terra como se ela fosse dotada de uma honra própria e distinta entre os corpos celestiais por estar viva de modo visível. Sua superfície é cintilante, multicolorida, muito diferente da superfície da Lua e de outros planetas. É um planeta do qual não precisamos ter receio nem vergonha, e devemos agora acreditar que ficou mais fácil entendê-lo.

Portanto, o planeta como um todo adquiriu um valor simbólico mais alto do que costumava ter. Como acontece nessas ocasiões, pensamos melhor a respeito dele hoje do que costumávamos fazê-lo e começamos a nos perguntar por que não o fizemos antes. Contudo, não necessariamente sua reputação crescente estende-se e abarca todos os seus habitantes. O *status* dos animais que nele vivem é ainda um grande problema para nós. Examinaremos isso no capítulo seguinte.

21
Você é um animal?

"Aquele que compreende o babuíno faria mais em relação à metafísica do que Locke."

— Cadernos de Charles Darwin

A pergunta

Já percebemos que uma das principais razões para o alarme que saudou a revolução de Darwin foi a maneira como suas ideias associaram a humanidade a outros animais, e por meio deles à Terra moralmente ameaçadora. O complexo de símbolos que se avolumou aqui merece nossa atenção.

O que é um animal? Se antropólogos de um estranho planeta viessem aqui para estudar nossos hábitos intelectuais e nossos costumes, eles notariam algo bastante singular na maneira como classificamos os seres vivos a nosso redor. Notariam que usamos uma única palavra – animal – para descrever uma enorme variedade de criaturas, inclusive nós próprios – da baleia azul aos minúsculos micro-organismos, que são muito difíceis de diferenciar de plantas. Por outro lado, eles notariam também que o uso mais comum do termo "animal" é aquele ao qual recorremos para diferenciar todos esses organismos da nossa própria e única espécie, considerando os *animais* como diferentes de humanos. A eles poderia dar a impressão de que em praticamente todos os aspectos os gorilas assemelham-se muito mais a nós do que (digamos) os parasitas de pele, ou até mesmo as minhocas e os moluscos. Esse uso do termo é, portanto, bastante enigmático.

Essas duas maneiras distintas de pensar são nosso tópico agora. Ambas são usadas livremente em nosso dia a dia. Se uma criança pequena pergunta o que é um animal, é provável que escolhamos o primeiro significado e nossa resposta será possivelmente ampla, despreocupada e simpática, sobretudo se somos pessoas com alguma orientação científica. Explicaremos que a palavra pode incluir você e eu e o cachorro e os pássaros lá fora, as moscas e as minhocas do jardim, e as baleias e os elefantes e os ursos polares e o tigre de Blake. Em outros contextos, entretanto, podemos nos surpreender usando a palavra de maneira muito diversa, traçando uma linha forte e dramática ao longo desse *continuum*. "Vocês se comportaram como animais!", diz o juiz aos réus considerados culpados de ofensas humanas sociais altamente complexas, tais como dirigir um carro roubado sob a influência de bebida alcoólica.

O que o juiz está fazendo nesse caso? Ele está, tudo indica, excluindo o transgressor da comunidade moral. Ele está querendo dizer, conforme é entendimento geral, algo assim: "Vocês ofenderam profundos padrões e ideais que não são meras regras locais de conveniência. Vocês forçaram e danificaram as barreiras da cultura, barreiras que – somente elas – nos protegem de um oceano de motivações hediondas. O horror

A presença dos mitos em nossas vidas

de seu ato não está apenas no dano que vocês causaram a suas vítimas, mas também – e mais seriamente – na degradação em que vocês se lançaram, uma degradação que pode contaminar todos nós".

Essa parece uma interpretação justa de tais observações rotineiras, uma interpretação que cobre seus pontos principais, embora seja provável, é óbvio, que outras coisas estejam envolvidas nessa pergunta emocional e perturbadora. A noção de "animal" leva-nos claramente a áreas algo misteriosas de nossos mal-entendidos hábitos de simbolismo. Não se trata de uma ambiguidade causal que possa ser remediada com uma atualização do dicionário. Pela natureza do caso, ela toca em questões que nos assustam quando pensamos nelas.

No segundo uso – aquele que exclui a humanidade – o termo "animal" representa o inumano, o anti-humano. Representa as forças que tememos em nossa própria natureza, forças que não estamos dispostos a considerar como parte verdadeira dela. Ao tratar dessas forças como não humanas, ele as conecta com outras que tememos no mundo a nossa volta – fogo, enchentes, vento, terremotos e vulcões. Assim, o termo dramatiza o poder desses acidentes e também nos permite renegá-los. Sugere que eles não são familiares a nós e, portanto, incompreensíveis.

Insistimos, então, que não somos responsáveis por essas causas. Todavia, o tipo peculiar de horror que elas produzem sugere que há muita má fé nessa insistência, que não estamos totalmente convencidos de sua exterioridade. Vemos essas alarmantes forças não apenas como perigos externos, como, por exemplo, terremotos, mas também como perigos dentro de nós, sementes que jazem ocultas em nossa própria natureza e que podem a qualquer momento se desenvolver se transgressores externos tiverem permissão para encorajá-las com seu exemplo.

Essa, proponho, é a atitude tradicional em relação ao que significa um "animal", tanto em nossa própria cultura quanto, em certa medida, em muitas outras. A segunda parte disso não é explicitada com muita frequência atualmente, nem precisa ser, porque se trata de um *background* imaginativo, poderoso e antigo, que opera como se fosse algo absolutamente normal. É claro que qualquer conceito cindido por uma ambivalência tão grande como essa não irá nos render um único e claro significado, mas um emaranhado de confusões instrutivas.

Então, o termo "animal", embora utilizado como um termo perfeitamente adequado da ciência, funciona mais em áreas que não são de modo algum isoladas ou científicas. Isso o torna um exemplo muito esclarecedor da maneira como nosso raciocínio científico e rotineiro está inter-relacionado. Seus dois usos, acredito, desempenham um papel importantíssimo em nosso pensamento, e, em especial, na formação de nossa autoimagem na comunidade – nossa noção sobre o tipo de criatura que nós próprios somos. Ao tentar nos definir, nós nos contrastamos com algo exterior a nós. Como consequência, qualquer publicidade que os humanos quiserem fazer em relação a si mesmos, em qualquer época que seja, exige e obtém alterações correspondentes nas noções correntes a respeito de animais não humanos.

A escuridão exterior

Essas ideias conflitantes a respeito do significado da fronteira humano/animal são muito antigas, mas o choque entre

A presença dos mitos em nossas vidas

elas está mais acentuado hoje, tendo em vista a noção de que agora nos consideramos como seres absolutamente científicos, indivíduos lúcidos, sensatos e organizados demais para usar conceitos obscuros ou ambivalentes. No entanto, os conceitos que precisamos usar na vida cotidiana são amiúde obscuros ou ambivalentes, porque a própria vida é complexa demais para descrições simples. Por exemplo, noções como amor, cuidado, confiança e consentimento são incrivelmente complicadas. O conceito de amigo não é algo simples e aqueles que insistem em simplificá-lo demais não podem manter seus amigos, nem, na verdade, ser eles próprios amigos, uma vez que não entendem corretamente o que é um amigo. Dificuldade semelhante sempre surge acerca de muitos conceitos da biologia; por exemplo, seleção, evolução, adaptação e, na verdade, a própria vida. Definições muito simples de termos como esses muitas vezes distorcem a ciência. Os padrões de clareza que conseguimos impor em nossos locais de trabalho científico bem iluminados são planejados para se adequarem aos problemas pré-selecionados que levamos para lá conosco, não os emaranhados maiores dos quais esses problemas foram extraídos.

A ambivalência que acabamos de notar em nossa atitude em relação à barreira da espécie é um desses grandes emaranhados, e ela precisa ser levada muito a sério. Nosso duplo uso de palavras com "besta" ou "animal" não é somente uma ambiguidade casual que podemos corrigir fiscalizando o uso. Não podemos, por exemplo, decidir que apenas o primeiro uso (o uso inclusivo) é científico porque ele se harmoniza com a taxonomia atual e com a teoria da evolução, e por isso dizer que somente ele tem o direito de sobreviver. Isso porque alguns objetores poderiam imediatamente dizer que o segundo significado é, de fato, o significado científico, porque animais não humanos precisam ser usados como sujeitos de experiências científicas. Afinal de contas, são as pessoas que, na verdade, fazem a ciência, e, portanto, a aparelhagem que elas utilizam precisa ser classificada em separado delas, de forma a indicar que ela não tem quaisquer direitos que possam impedir isso. Aqui, "científico" significaria algo como "envolvido com a prática da ciência". De modo mais sutil, entretanto, outros diriam que, no interesse da própria verdade, a abordagem científica requer que a diferença entre humanos e outros animais deva ser tratada como absolutamente relevante, porque essas criaturas são, de fato, seres de uma espécie diferente, muito mais assemelhadas a máquinas do que a pessoas.

Essa abordagem surgiu pela primeira vez a partir da ingênua crença mecanicista de Descartes de que os animais eram, na verdade, seres sem consciência. Mais tarde, ela foi muito encorajada pela impiedosa psicologia behaviorista. No decorrer do século XX, ela foi radicalmente minada pelo avanço da etologia, que, pela primeira vez, forneceu evidência sólida e incontestável de que a vida de muitos outros animais sociais se assemelha à vida humana muito mais do que se supunha, e não pode ser corretamente descrita sem o uso de muitos conceitos adequados para descrever o comportamento de humanos. Nenhum leitor sensato e capaz pode rejeitar os relatos feitos por Jane Goodall, Arthur Schaller, Dian Fossey e seus muitos colegas, vendo-os como a realização de um desejo meramente sentimental ou "antropomórfico". Sem dúvida, essas pessoas são cientistas.

Por outro lado, os excessos especulativos do behaviorismo metafísico inicial de Watson não duraram muito, e, como já

A presença dos mitos em nossas vidas

vimos, os princípios centrais propostos não parecem nada "científicos". Falando também de maneira mais geral, o próprio mecanicismo vem perdendo terreno desde que as máquinas começaram a se revelar cada vez menos úteis na física, o campo no qual elas originalmente ganharam prestígio. Contudo, tais mudanças são lentas. O conjunto de ideias que prevaleceram no início do século XX ainda exerce grande influência. Muitos ainda acreditam que explicações mecanicistas são sempre mais científicas do que aquelas que utilizam conceitos apropriados a um contexto humano, mesmo em situações em que elas comprovadamente nos desapontam ao não conseguirem dar qualquer explicação eficiente.

Então, não seria fácil arbitrar entre os dois usos do termo "animal", simplesmente decidindo qual é o mais científico; no entanto, mesmo que essa decisão pudesse ser feita, não seria possível forçar o uso a se acomodar a ele, porque, de qualquer forma, nem sempre as pessoas estão falando sobre ciência. Ambos os usos são comuns, porque ambos são emocionais. Pensar seriamente a respeito de nós mesmos como animais é considerar outros animais como nossos parentes; e é inevitável que isso nos leve, em alguma medida, a acolhê-los, a nos identificarmos com eles, a ver sua causa como a nossa. Na verdade, é precisamente isso que as pessoas acham tanto fascinante quanto amedrontador em relação a essa forma de raciocínio.

O aspecto do valor

Em geral, conceitos de valor não são, na verdade, claramente separados de conceitos factuais ou descritivos, por mais que, se o fossem, isso pudesse simplificar nossos argumentos. Quase sempre há elos conceituais e, de fato, essa questão acerca da barreira das espécies é um bom exemplo de tal conexão inevitável. O modo como consideramos essa barreira não pode ser uma questão neutra para nós. Em alguma medida e de algumas maneiras, uma noção dessa barreira que reconhece sua complexidade certamente nos sugere que nosso lugar é em uma esfera mais ampla. Não obstante, é também natural usarmos essa barreira para indicar a fronteira de valor, de modo que "humano" se torna um importante termo laudatório.

Esse último pensamento é tão inevitável quanto o outro. Já que os humanos têm que viver uma vida humana em sociedade, o que muitas vezes eles acham difícil, sobretudo na infância, a noção da grande e sombria área não humana do lado de fora, sem dúvida, soa-nos, desde nossos primeiros dias, como algo proibido, hostil e provavelmente assustador. Em uma relação incerta, essa área inclui as partes inaceitáveis de nossa própria natureza e as naturezas por inteiro dos outros animais ao nosso redor. É por isso que uma espécie óbvia e familiar de horror está presente em situações nas quais os seres humanos são tratados, conforme dizemos, "como animais" – por exemplo, nos casos em que eles são arrebanhados em caminhões para transporte de gado ou abandonados para morrer de inanição, ou, mais especificamente, devorados sem escrúpulos. Horror semelhante é transmitido pela noção de que eles "se comportam como animais", e isso, como já observamos, pode simplesmente significar "não como se supõe que seres humanos se comportem em nossa cultura", com ênfase particular no tipo de motivação envolvida. Como vimos, o conceito de monstros híbridos, parcialmente humanos, tais como o minotauro, simboliza esse tipo específico de temor e repulsa.

A presença dos mitos em nossas vidas

Iniciei salientando a metade hostil e exclusiva de nossa atitude cindida, porque acredito que muitas vezes não compreendemos o quanto ela nos influencia. O sentido de drama presente na controvérsia acerca das origens do homem, e o modo como novas especulações acerca da origem da singularidade humana emergem plenamente logo depois, até mesmo da mais trivial descoberta arqueológica, mostram claramente o quão apreensivas as pessoas ainda se sentem acerca da noção de um "elo perdido" que poderia erguer-se acima da barreira da espécie. As pessoas temem descobrir não apenas que têm antepassados desonrosos, como também algo que esses antepassados poderiam hoje revelar sobre a natureza humana.

Temos consciência de que não entendemos plenamente nossa própria natureza. É evidente que temos certas noções básicas em relação a ela, mas encontramos sem cessar casos difíceis que surgem de repente, em que essas noções não nos satisfazem, lançando-nos em desastres teóricos e (mais obviamente ainda) práticos. Se pensarmos seriamente a respeito disso, é muito provável que nos vejamos ainda concordando com a visão da humanidade que Alexander Pope expressou em seu *Essay on Man* [*Ensaio sobre o Homem*]:

Empoleirado no istmo de um estado intermediário,
Um ser rudemente grande e sombriamente sábio...
Oscila entre ambos: em dúvida se age ou descansa,
Em dúvida se se considera um deus ou uma fera...
Juiz único da verdade, lançado em erros infindos,
A glória – galhofa e enigma do mundo.[1]

---

1 Pope, *Essay on Man*, epístola 2, linhas 11-15.

Esse, porém, é um quadro perturbador. Por isso, durante o Iluminismo, os pensadores empenharam-se muito em simplificá-lo e domesticá-lo, tratando dos aspectos mais sombrios da vida humana como meros acidentes históricos, efeitos de fracassos morais e políticos desnecessários, "artefatos do sistema". Se eles tivessem sido bem-sucedidos no estabelecimento dessa visão — isto é, se tivessem conseguido abolir esses borrões, modificando métodos educacionais —, então, talvez hoje pudéssemos conseguir olhar para outros animais com mais imparcialidade, como seres separados de nós, que não fomos impelidos a julgar seja como bons seja como maus. Entretanto, apesar de muitos ganhos importantes menores, é claro que eles não poderiam produzir essa revolução total. A conduta humana não melhorou substancialmente nem se acredita que os lugares mais sombrios da alma tenham desaparecido. Ao mesmo tempo, contudo, através da teoria da evolução, o avanço da ciência associou com mais solidez do que nunca os seres humanos com os outros animais.

O medo da continuidade

O próprio Darwin reagiu positivamente a essa mudança. Parecia-lhe óbvio que novas ideias implicavam uma longa e significativa continuidade entre a natureza humana e a natureza das outras criaturas. O método científico, portanto, agora exigia o fim de todos os preconceitos contra uma comparação sincera e imparcial entre a psicologia de ambas. A melhor perspectiva de compreensão das motivações humanas encontra-se na assimilação dos esquemas conceituais utilizados para esses dois estudos, e no desenvolvimento de ambos, através da comparação sistemática entre eles. Para esse propósito, Darwin estava preparado para incursionar pela gama completa de conceitos psicológicos que foram desenvolvidos para descrever o sentimento e o comportamento humanos: uma gama tão rica e variada que, se tratada com inteligência, poderia fornecer modos adequados de descrever os traços que compartilhamos com outros animais e com aqueles peculiares a nós mesmos.

Darwin utilizou eficazmente esse método em *The Expression of Emotions in Man and Animals* [*A expressão das emoções no homem e nos animais*],[2] e, mais tarde, ele foi retomado e desenvolvido por Niko Tinbergen e Konrad Lorenz na criação da etologia moderna.

Entretanto, depois da morte de Darwin, a maré virou contra tal ideia. Na verdade, oficialmente, a psicologia behaviorista tratava os humanos e outros animais como semelhantes, mas ela o fazia de maneira exatamente oposta às noções de Darwin, considerando ambos como máquinas insensatas. O behaviorismo inicial, dogmático e metafísico, decretou que tudo era igualmente mero objeto; não havia o que chamamos sujeito pensante, e toda a ideia de "consciência" nada mais era do que apenas superstição. As temerosas confusões resultantes dessa noção levaram os herdeiros de John Watson a abandoná-la, mas, infelizmente, eles não pensaram com muito cuidado e de maneira aberta, corrigindo as noções metafísicas mais amplas que haviam produzido no início; tudo o que fizeram foi amaldiçoar a metafísica e se retirar para um terreno mais seguro. Para estudo dos humanos, os psicólogos acadêmicos continuaram a usar modelos mecânicos enquanto admitiam

---

2 *The Expression of Emotions in Man and Animals*, 1872.

teoricamente que a subjetividade estava presente, sem qualquer tentativa real de resolver os conflitos que esses dois métodos discrepantes de raciocínio quase sempre geravam. Entretanto, para a psicologia animal, o mecanicismo puro ainda prevalecia, porque ainda era considerado "científico" (para uma descrição completa e equilibrada dessa história fascinante, ver o livro de Robert Boakes *From Darwin to Behaviourism: Psychology and the Mind of Animals*[3] [De Darwin ao behaviorismo: psicologia e a mente de animais]). Todavia, sociólogos e antropólogos continuaram a tratar os seres humanos como singulares e normalmente negavam de forma categórica que comparações a partir de quaisquer outras espécies pudessem ser relevantes a eles.

Portanto, desde a época da morte de Darwin até o desenvolvimento da etologia em meados do século XX, a maioria dos acadêmicos cujos estudos avizinhavam-se da barreira das espécies consideravam o hiato entre elas tão grande que era impossível transpô-lo, e os behavioristas que pensavam de maneira diferente faziam-no porque equipararam ambos os grupos a máquinas. Ademais, a maioria dos behavioristas e sociólogos negou a presença de tendências comportamentais inatas nos humanos. Muitas coisas contribuíram para produzir essa mudança em relação à posição de Darwin, mas, entre os fatores intelectuais envolvidos, provavelmente o principal deles foi a crescente especialização que acompanhou a profissionalização da ciência. Cientistas sociais e físicos cada vez mais tratavam uns aos outros como tribos estranhas entre si, e não se surpreenderam ao constatar que estavam seguindo diferentes linhas de pensamento.

---

3 Cambridge: Cambridge University Press, 1984.

A presença dos mitos em nossas vidas

Não acredito que possamos compreender essa mudança sem também percebermos fatores sociais e emocionais mais amplos, bem como fatores profissionais. A noção de animal é, como já propus, uma noção profunda e incuravelmente emocional, acerca da qual não podemos ser emocionalmente neutros. Se não reagirmos a ela com uma consciência positiva do parentesco existente, como fez Darwin, é quase certo que o faremos com o horror higiênico e desaprovador já mencionado. Darwin foi excepcional, não apenas em sua habilidade científica, mas também na compreensão que mostrou em relação às forças simbólicas que se aglomeram ao redor de tais tópicos e no espírito arrojado e generoso que frequentemente permitiu a ele fazer boas escolhas entre elas. Quando sua abordagem foi menosprezada e tida como amadora, cientistas que se consideravam totalmente objetivos e imparciais muitas vezes reagiram de forma muito confusa a essas pistas simbólicas.

É por essa razão, acredito eu, que um exagero crônico e endêmico das diferenças entre a nossa própria espécie e as outras tornou-se, durante algum tempo, amplamente generalizado (discuti seus efeitos deturpadores em outras obras[4]). Esse exagero era particularmente dogmático nas ciências sociais, mas, muitas vezes, os biólogos parecem também tê-lo acatado, sem muitos questionamentos, como parte de uma atitude científica, e eles têm se mostrado dispostos a acordar que raciocínios pertinentes a sua própria disciplina talvez não se apliquem à raça humana. Mas então os etólogos começaram a propor algo diferente.

---

4 Em *Beast and Man*; *Heart and Mind*; e *Animals and Why They Matter*.

22
Problemas relativos à parcimônia

Extravagância e mesquinharia na explicação

Essa questão de abrir espaço para a consciência tendia a ser vista como uma questão de *parcimônia* — isto é, de como evitar acrescentar qualquer coisa à noção de um animal como simplesmente uma máquina, como se sua mecanicidade fosse um fato literal já determinado. Considerando tal ponto de partida, a inclusão da consciência era vista como um exemplo de extravagância, e qualquer outra atribuição de atitudes subjetivas, tais como propósito ou emoção, pareciam ainda mais extravagantes. Em sua origem, o behaviorismo havia adotado a mesma linha supostamente austera em relação aos seres humanos e, em princípio, continuou a fazê-lo, mas na maior parte esse método funcionou tão mal no campo das ciências sociais que ele jamais se tornou dominante. Não demorou muito para que se percebesse que o modelo da máquina é apenas um modo possível de pensamento, sem qualquer autoridade especial para prevalecer onde ele não oferece resultados proveitosos. No cenário não humano, entretanto, o mecanicismo não foi questionado a sério, porque os cientistas ainda não haviam constatado as desvantagens gerais nem haviam prestado atenção suficiente ao comportamento dos animais para ver que também lá ele funcionava mal.

Assim, havia uma extraordinária discrepância entre o que era tratado como uma parca explicação de um exemplo de comportamento humano e o que poderia ser considerado como tal quando o comportamento era o de algum outro animal. A prática era que, no caso dos humanos, a forma normal – na verdade, praticamente a única – autorizada de explicação era em termos ou de cultura ou de escolha livre e deliberada, ou de ambas. Qualquer um que propusesse que uma tendência inata pudesse até mesmo ser um fator contributivo nas escolhas humanas corria o risco de ser denunciado como fascista. Portanto, o ônus da prova recaía inteiramente na proposição e tornava-se impraticável. Colocando a questão de outra maneira: qualquer explicação que invocasse cultura, por mais vaga, abstrata, estéril e implausível que fosse, tendia a ser prontamente aceita, ao passo que qualquer explicação em termos de tendências inatas, por mais meticulosas, rigorosas, bem documentadas, limitadas e específicas que fossem, tendia a ser ignorada. Na psicologia animal, contudo, imperava a situação oposta. Aqui, o que era tabu era a variedade de conceitos que descrevem o lado consciente e cognitivo da experiência. O tipo seguro e preferido de explicação aqui derivava de ideias de programação inata e condicionamento mecânico. A qualquer aspecto cognitivo mencionado, padrões de rigor elevavam-se imediatamente a uma estratosfera onde não se podia esperar que muitos argumentos se seguissem.

Sem dúvida, a corrente de pensamento nas duas áreas mudou e não acredito que a tradição possa durar muito mais tempo.

A presença dos mitos em nossas vidas

Nicholas Humphrey foi um dos primeiros a lançar a convincente sugestão de que a consciência e a inteligência em criaturas sociais devem ter evoluído principalmente para lidar com problemas sociais em vez de com meras questões práticas – uma sugestão que torna a continuidade da vida humana tão evidente que é praticamente impossível continuar a ignorá-la por mais tempo.[1]

Quanto à questão da parcimônia, Donald Griffin deslocou com muita eficiência o ônus da prova, assinalando quão estranho era supor que seria *mais* econômico explicar um comportamento altamente complexo e flexível, postulando um programa elaborado de tal forma que possa sustentar cada contingência, do que fazer a suposição muito mais econômica de que a criatura possuía cérebro suficiente para ter alguma noção do que estava fazendo. Como ele comenta, a tentativa de criar uma explicação pré-programada para tudo só foi feita para parecer plausível através de constantes justificativas equivocadas: explicações abstratas, muitíssimo simplificadas do que as criaturas, de fato, fazem; explicações que repetidas vezes têm se mostrado inadequadas quando observadores buscam registrar com mais critério o que acontece.

Operações altamente complexas de animais relativamente simples podem, na verdade, ser explicadas até certo ponto, aventando-se a hipótese de que eles possuem "modelos neurais" inatos, que utilizam como padrões. Porém, levando em conta a habilidade e a versatilidade com que eles adaptam esses modelos de forma a se adequarem a variadas condições

---

1 Ver seu artigo Nature's Psychologists, *New Scientist*, n.78, p.900-3, 1978.

e materiais, faz pouco sentido propor que os modelos reinem sozinhos e podem, por assim dizer, se auto-operar:

> Explicar comportamento instintivo em termos de esforços conscientes para corresponder a modelos neurais pode ser *mais econômico* do que postular um conjunto completo de especificações para ações motoras que produzirão a estrutura característica sob todas as condições prováveis. Esforços conscientes para corresponder a um modelo podem ser mais econômicos e eficientes. [...] *Para os biólogos, é sempre perigoso supor que apenas um de dois ou mais tipos de explicação devam se aplicar universalmente.*

Ele cita o caso bastante conhecido de pássaros que conduzem os predadores para longe de sua ninhada, valendo-se de uma estratégia de desorientação, ao se comportarem como se não pudessem voar corretamente enquanto não removerem a ameaça para bem longe do ninho, e depois voando de volta de maneira normal. Os cientistas empenharam-se com muito afã para explicar essa bem estabelecida prática sem invocar uma intenção consciente, postulando conflitos de pulsões inatas tais como medo e preocupação parental. Supõe-se que esses conflitos produzam comportamento hesitante e contraditório que depois, por um acaso muitíssimo feliz, acaba sendo regularmente interpretado pelos predadores como incapacidade de voar. Griffin comenta:

> As noções que estou atribuindo aos pássaros nessas condições são noções muito simples, mas muitas vezes *toma-se por fato normal que um comportamento puramente mecânico, semelhante a um reflexo, seria uma explicação mais parcimoniosa* do que até mesmo sentimentos sub-

A presença dos mitos em nossas vidas

jetivos rudimentares ou pensamentos conscientes. Entretanto, para explicar a estratégia usada pelos maçaricos para afugentar os predadores, precisamos imaginar *cadeias tortuosas e complexas de reflexos mecânicos*. Ideias simples poderiam orientar muitos comportamentos apropriados quase sem a necessidade dessa complexa ginástica mental da parte do etólogo ou do animal.[2]

Nesse caso, a explicação tradicional é muito precária porque, claramente, em muitas espécies, os pais precisam, de fato, se envolver no comportamento de conflito nessas ocasiões; mas é apenas com essas espécies de pássaros em particular que esse envolvimento toma essa forma tão estranha para enganar os predadores. Para essas espécies, contudo, o engano é regularmente cometido por uma grande variedade de predadores, embora seja ocupação de todos os predadores compreender bem os padrões de comportamento típicos da presa que pretendem. Ademais, o momento em que o comportamento de conflito inexplicavelmente interrompe-se e o pássaro voa para casa ocorre quando o predador é conduzido para longe do ninho, o suficiente para não voltar. Não há dúvida de que essa é uma explicação que ninguém proporia, exceto para resguardar um princípio que não vale mais a pena resguardar. O princípio é que animais não humanos não conseguem planejar e, em especial, não conseguem enganar. Porém, agora há muitas evidências de que, algumas vezes, eles conseguem fazer ambas as coisas, e não há necessidade de se imaginar soluções fantásticas para tais problemas.

---

2 Griffin, *Animal Thinking*, p.116 e 94, grifos meus.

Mary Midgley

O que custa mais?

A questão que Griffin levanta aqui é fundamental. Por que razão se supõe ser mais econômico explicar o comportamento de animais *sem* tratá-los como conscientes? Por que a consciência é vista sob suspeita, como uma sinistra entidade extra, em vez de uma função normal de um sistema nervoso desenvolvido? Como pode ser econômico *remover* essa função óbvia do cérebro quando esse cérebro já existe? O que – falando de maneira mais geral – a parcimônia científica normalmente requer de nós? É evidente que a parcimônia não precisa ter o objetivo puramente negativo de apenas excluir as coisas, de fornecer explicações da forma mais simples possível, pois, se o fizesse, a melhor explicação seria sempre a mais breve. Com base nesses princípios, a narrativa bíblica da criação se notabilizaria em detrimento de todas as outras, já que ela designa uma causa única – Deus – e se abstém de complicar a questão, acrescentando quaisquer detalhes acerca dos modos de operação. É claro que muitas vezes somos forçados a aceitar descrições tão simples e gerais quanto essa, em que nossa ignorância é imensa, mas admitir com honestidade essa ignorância não vale como explicação.

E – além disso – também não pode a parcimônia simplesmente significar que nos recusamos a utilizar mais de um critério de explicação, economizando nossos métodos básicos de raciocínio. Essa foi, na verdade, a ideia que levou os primeiros behavioristas dogmáticos a excluir qualquer referência a motivações subjetivas de seus relatos sobre o comportamento tanto animal quanto humano. Sua abordagem foi considerada insatisfatória para casos humanos, porque implica ignorar um conjunto de evidências relevantes e úteis. Na verdade, ela pro-

A presença dos mitos em nossas vidas

vou que dificilmente é possível até mesmo descrever a própria evidência "objetiva" acerca de seres humanos, sem referência constante ao aspecto subjetivo que constitui parte inseparável dela – ou seja, a motivação.

Entretanto, os métodos psicológicos behavioristas realmente impressionaram muitos durante algum tempo, sendo considerados científicos porque utilizavam termos que eram familiares na área das ciências físicas, e evitavam formas de pensar exclusivas da psicologia humana. Com razão, Griffin chama a atenção para o enganoso efeito dessa imitação deliberada de outra ciência e o perigoso e falso conforto que se pode derivar da ideia de que essa mera imitação de superfície torna alguns métodos científicos, quando, na verdade, um tema característico exige seu próprio método. O simples efeito negativo implicado na remoção de elementos subjetivos contidos em determinada explicação não tem qualquer valor especial. O que a parcimônia pede é que removamos elementos *irrelevantes*; e não está claro por que devemos supor que elementos subjetivos sejam irrelevantes ao comportamento.

Por que se considera o interesse por estados subjetivos como não científicos? O que parece dar às pessoas essa impressão é uma confusão bastante simples acerca do *status* da própria subjetividade, uma impressão de que estudar os fenômenos subjetivos é a mesma coisa que "ser subjetivo", isto é, ser lançado para lá e para cá pelos próprios sentimentos e estado de espírito. Parece que esse é o mesmo erro de se supor que o estudo da insensatez deve ser um estudo insensato, ou que o estudo da má conduta seja um estudo malévolo, ou, falando de maneira mais geral (como disse Dr. Johnson), que "aquele que conduz bois gordos deveria ser, ele próprio, gordo".

Atrás desse erro simples encontra-se a questão bem mais sólida de que temos dificuldade em ver como podemos saber alguma coisa sobre os estados subjetivos dos outros. É verdade e importante que nosso conhecimento desses estados é limitado, mas, se realmente não soubéssemos nada sobre eles, nosso mundo seria muito diferente daquilo que é, e não deveríamos possuir também conceito algum para descrever ou compreender nossos próprios estados subjetivos.

Se dissermos que não sabemos de forma alguma se alguém mais está zangado ou receoso, ou sentindo dor, ou consciente de algo, ou esperando algo de nós, nossas ações imediatamente irão nos contradizer, e sabemos muito bem que fingir a suspensão de um juízo sobre tais questões seria, de fato, mera trapaça. Se, por exemplo, um torturador justificasse sua atividade afirmando que não sabia que suas vítimas estavam sentindo dor, ele não convenceria nenhuma plateia humana. E uma plateia de cientistas não precisa ter como objetivo fornecer qualquer exceção a essa regra.

23
Negando consciência aos animais

Dilemas sobre os primatas

Se aceitarmos as argumentações de Griffin no sentido de que elas, pelo menos, uniformizam o quadro relativo à questão da parcimônia, haveria outras considerações que deveriam nos convencer de que os animais, na verdade, *não* pensam e sentem, enquanto sua conduta e o tamanho de seu cérebro tornam natural supor que eles o fazem? Ou que seus pensamentos e sentimentos em situações específicas *não* são, *grosso modo*, do tipo que esperaríamos que fossem, quando nossas expectativas baseiam-se na experiência humana coligida no decorrer de eras, experiência tanto de nossa própria espécie quanto daquelas ao redor dela? Existe, por exemplo, alguma boa razão para supormos que um bebê de macaco rhesus, quando retirado de sua mãe ao nascer e colocado em um poço de aço inoxidável, *não* sente algo como o mesmo tipo de angústia que se poderia esperar de um bebê humano na mesma situação?

É interessante notar que a linguagem não parece realmente fazer muita diferença aqui. A maioria de nós não duvidaria que um bebê humano sentiria essas coisas, mesmo que ele jamais nos contasse. E, em geral, ao lidar com bebês, nunca permitimos que sua incapacidade de falar nos leve a duvidar que eles têm sentimentos e capacidade de raciocínio, porque só é possível nos relacionar com eles de forma bem-sucedida se os tratarmos como conscientes da mesma forma como somos, nós próprios, conscientes. Bebês, tanto quanto adultos humanos, insistem em ser tratados como pessoas, não como coisas. O ceticismo que exigiu um método diferente só poderia levar ao desastre.

A mesma coisa vale para filhotes de símios e macacos, e aqueles que lidam com eles constantemente têm que agir de maneira adequada. Esse caso é interessante também por causa de um dilema que surge das justificativas que têm sido oferecidas para tais experimentos. Essas justificativas têm se concentrado no argumento de que elas lançaram luz sobre as origens e a natureza da depressão e de outros distúrbios mentais em seres humanos. Estados como, por exemplo, depressão são, no entanto, estados em que elementos subjetivos são de importância fundamental e, normalmente, supõe-se que isso seja verdade também em relação à história que leva a ela. Se, de fato, considerássemos os filhotes rhesus como meros robôs, chorando apenas de forma mecânica como uma máquina rangendo porque não foi lubrificada (como se expressaram os seguidores de Descartes[1]), seria possível traçar algum paralelo útil entre as reações que eles apresentam e as de um ser humano? Mesmo que eles tenham sensibilidades, mas sensibilidades mais simples e menos intensas do que as dos humanos, o paralelo poderia ter algum valor?

---

1 Ver Rupke, *Vivisection in Historical Perspective*, p.27.

A presença dos mitos em nossas vidas

Tendo em vista a obscuridade que cerca esse ponto, não é surpresa que a longa série de experimentos desse tipo parece, de fato, não ter tido praticamente nenhuma consequência de valor para o tratamento de doenças mentais humanas.[2] Os efeitos prejudiciais advindos da privação materna eram conhecidos antes de seu início, e os danos posteriores causados por ambientes como poços de aço têm pouca relevância, já que essas coisas não acontecem com humanos. Nos últimos anos, um número crescente de cientistas começou a se preocupar com esse dilema perturbador a respeito dos primatas e a raciocinar que se eles são suficientemente semelhantes a nós para serem, de fato, comparáveis, eles podem ser semelhantes demais a nós para serem usados livremente como sujeitos de experimentos.

Deveríamos, então, promover todos os primatas – ou, pelo menos, os grandes símios – à posição de humanos honorários, creditando-lhes estados subjetivos semelhantes a estados humanos e conferindo-lhes direitos semelhantes aos dos humanos, embora deixemos ainda do lado de fora o restante do reino animal na escuridão? Isso foi proposto, mas um minuto de raciocínio mostra que essa não pode ser a resposta. Há continuidade em demasia entre os primatas e o restante. Nenhuma única e sacrossanta marca escolhe a ordem dos primatas dentre todas as outras, da mesma forma como se considera que a posse de uma alma imortal escolhe a alma humana. Se pensarmos que os macacos rhesus são capazes de ter pensamentos e sentimentos que mereçam nossa consideração, então precisamos pensar

---

2 Ver *Maternal Deprivation – Experiments in Psychology*: a critique of animal models, em um relatório da American Anti-Vivisection Society [Sociedade Americana Anti-Vivissecção], 1986.

a mesma coisa de outros mamíferos e pássaros e muito provavelmente de muitas outras criaturas também, como o polvo, por exemplo. Embora a natureza de seus estados subjetivos, sem dúvida, varie muito e muitas vezes nos seja obscura, sua mera existência nos coloca em uma relação com essas criaturas que não pode ser a mesma que temos com uma pedra ou uma bandeja de estanho. Quão próximos, então, eles são de nós?

Sentimentos divididos

Examinei nossa ambivalência acerca dessa questão de forma bastante pormenorizada, porque acredito que ela constitui um fator deveras relevante, embora seja um fator negativo, que afeta todas as concepções positivas que formamos a respeito de outras espécies. Na medida em que ele obstrui nosso livre pensar acerca desses assuntos, trata-se de algo a respeito do qual precisamos ter consciência. O quanto ela, na verdade, obstrui é uma questão de opinião, e o tema da influência certamente varia muito em diferentes áreas. Jane Goodall, sozinha, sem qualquer assistência, fez muito, acredito eu, para transformar nossa concepção a respeito dos grandes símios, simplesmente mostrando que um alto grau de rigor científico pode juntar-se a uma abordagem inteiramente pessoal dos indivíduos estudados, e quanto da abordagem pessoal, então, ajuda no rigor envolvido no melhor desenvolvimento de nossa compreensão, não apenas desses símios em particular, mas da natureza animal e humana como um todo. Entretanto, Goodall é parte de uma tradição etológica muito mais ampla, que tem trabalhado dessa forma em âmbito universal e vem mudando profundamente nossas atitudes. Quanto aos primatas em particular, essa nova abordagem, conforme mencionei antes, começou a levantar dúvidas que afetam a ética da experimentação, e já está começando a mudar a prática científica. Porém, essa mudança ainda não foi muito longe, e o mais surpreendente a respeito da situação atual é sua extraordinária irregularidade.

Somos movidos, com frequência, por um forte senso darwiniano ou franciscano de parentesco com outras criaturas, o que pode exercer tanta influência quanto o distanciamento e a repulsa que, outras vezes, o substituem. O que é realmente preocupante no presente é a impressão que muitas pessoas têm de que a repulsa é, de alguma forma, mais científica do que a afeição e o respeito. Essa ideia repousa em duas suposições muito estranhas: primeiro, que a ciência não deveria ser influenciada por nenhuma emoção; e, segundo, que repulsa e desprezo não são emoções, ao passo que admiração e amor são. Parece ser possível deduzir que todos os pesquisadores que trabalharam por pura admiração pelo seu tema – dos astrônomos gregos contemplando as estrelas aos naturalistas de campo, que amam seus pássaros e besouros – seriam anticientíficos e deveriam, se possível, ser substituídos por outros que sejam indiferentes a essas coisas, ou que, de fato, não gostem delas.

É muito provável que essa seja uma atitude que ninguém aprova, uma vez abertamente explicitada. Em geral, a maioria das pessoas agora admite que é errado maltratar animais sem necessidade; porém, reformadores que querem chamar atenção para as maneiras que podem sugerir que os maltratamos, precisam usar nossa linguagem moral existente, que em grande medida é, sem dúvida, adaptada para descrever as relações entre os humanos. Quando, portanto, se sugere que devemos nos preocupar também com o sofrimento de outros animais, essa ideia pode ter o inquietante efeito que mencionei antes: ela pode parecer monstruosa. Isso acontece muito facilmente quando a criatura em questão é uma criatura familiar, mas não está integrada à vida humana como companhia ou serviçal. Aqueles que ouvem protestos em nome de tais criaturas muitas vezes refugiam-se de sua reação escandalizada em gargalhadas: "Você está mesmo criando toda essa confusão por causa de porquinhos-da-índia — ou porcos — ou (o que é mais estranho ainda) ratos?".

Dessensibilização seletiva

Todos esses casos possuem alguns aspectos de interesse. Na verdade, os ratos são criaturas vivazes, inteligentes e sociáveis, uma espécie oportunista que explora naturalmente seu meio ambiente, de forma que podem se aborrecer quando essa exploração é frustrada. Eles são também capazes de responder bem a seres humanos, como bem sabem aqueles que os mantêm como bichinhos de estimação. Entretanto, a imagem pública que eles oferecem é, com certeza, formada principalmente por sua longa história não como animais de estimação, mas como animais pestilentos, isto é, primeiro como fortes concorrentes nossos, do alvorecer da agricultura ao acesso a armazéns de grãos e, depois, como portadores de doenças. Sua incapacidade de desenvolver pelos na cauda também lhes concede uma reputação ruim, fazendo muitas pessoas se lembrarem de cobras, outro foco simbólico de medo e aversão.

Tudo isso tornou fácil para o homem moderno ver os ratos como algum tipo infame de monstro. O medo projetado que comparece na descrição de um ser humano ruim como um

A presença dos mitos em nossas vidas

"rato" serve para dramatizar ainda mais essa noção. Como são menores, os camundongos transmitem uma impressão menos perversa, mas não se saem tão melhor com isso porque, de qualquer forma, o que é menor parece menos significativo. Ademais, o roedor ganhou uma nova e estranha distorção no apogeu da psicologia behaviorista, quando ratos e camundongos foram amplamente utilizados como sujeitos-padrão de experiências em laboratórios, tanto que um pesquisador chegou a dedicar seu livro a "Rattus Norvegicus, sem cuja ajuda a obra jamais teria sido escrita".

Esse amontoado de teoria psicológica "ratomórfica", supostamente aplicável aos humanos, hoje em dia não é considerado como algo que tenha sido muito útil, mas ele, de fato, conseguiu fazer uma coisa: fixou a noção de que o próprio rato é apenas um objeto padrão, um exemplo de equipamento de laboratório com a função de ser utilizado para testar hipóteses, uma espécie de robô de carne e osso feito para um propósito, e isso serviu para condicionar os cientistas a essa visão do animal. Esse condicionamento é em parte visual, porque qualquer um que vê uma pilha de pequenas gaiolas padrão, feitas de metal, cada uma delas contendo um entediado roedor branco, que nunca é visto ocupando-se de outra coisa, provavelmente absorverá essa impressão. Porém, ele é também verbal. Em artigos científicos, animais de experimentos nunca gemem, gritam, choram, rugem, choramingam, uivam, rosnam ou ganem; eles apenas vocalizam discretamente. De forma semelhante, eles raramente sofrem algo tão vulgar quanto serem mortos; pelo contrário, eles são educadamente sacrificados — um termo que combina um sentido de reverência piedosa diante da importância do projeto com um refinado senso da relutância do cientista em dar continuidade a tais condutas notórias.[3] Muitos outros indícios dessensibilizantes servem para incutir as mesmas atitudes de modo semelhante ao tipo de insensibilização a que estudantes de medicina necessariamente se submetem: uma supressão consciente das sensibilidades normais. Todavia, há diferenças interessantes. Para estudantes de medicina, fica bem claro que a insensibilização deve ser apenas contra a aversão superficial relacionada com a visão de sangue, substância viscosa, etc.; ela não deve provocar frieza em relação ao paciente. Quanto a animais em experimentos, não está claro, de forma alguma, que isso é verdadeiro. Repetindo, supõe-se que o treinamento de estudantes de medicina produza atitudes que se aplicam a toda a raça humana; espera-se que qualquer paciente humano receba o mesmo tratamento respeitoso e compassivo. Entretanto, ao lidar com outras espécies, surgem surpreendentes anomalias. Alguns indivíduos selecionados recebem deferência semelhante, enquanto outros são tratados com pouca ou nenhuma consideração, ficando tão próximos quanto possível das coisas.

Os cientistas visitantes de outro planeta que mencionei no início poderiam se surpreender com isso e poderiam perguntar o que é que determina a diferença. Ela depende (eles poderiam se perguntar) de observações etológicas acerca da natureza dos próprios animais, de suas diferentes capacidades para vários tipos de alegria e dor? A resposta seria: "Bem... não; na verdade, depende apenas de escolhermos esses animais em especial

---

[3] Ver o ensaio de Gill Langley, Plea for a Sensitive Science. In: _____.
Animal Experimentation: the consensus changes.

como amigos ou não". Essa decisão é puramente social e emocional, e grande parte dela é mero acaso. Ela parece também ser muito antiga e o hábito de escolher e afagar animais como esses faz parte de uma ampla gama de sociedades humanas, conforme James Serpell mostrou de maneira fascinante.[4] Via de regra, cientistas, tanto quanto outras pessoas, mantêm as duas categorias nitidamente distintas. Poucos deles desejariam até mesmo imitar o grande fisiologista Claude Bernard, que vivisseccionou o cãozinho de sua esposa sem qualquer aviso prévio, da mesma forma como, com a maior tranquilidade, eles cozinhariam os coelhinhos de seus filhos para servir no jantar. E é interessante notar que, algumas vezes, os técnicos de laboratório escolhem um camundongo ou alguns camundongos em particular para manter como animais de estimação, considerando-os de maneira muito diferente do conjunto de suas relações no grupo principal de gaiolas de metal. A mesma diferença revela-se de um modo muito intrigante no horror presente na história bíblica do rico que roubou uma ovelhinha do pobre e cozinhou-a.[5]

Há também todo um grupo de cientistas – veterinários – cujo trabalho normalmente envolve a adoção de uma abordagem pessoal e ponderada de criaturas não humanas, porque seus clientes já estão fazendo isso. Mas as duas abordagens não podem, na verdade, ser mantidas em separado sem sofrerem uma interferência mútua, da mesma forma como não poderiam no bem conhecido caso da escravidão humana. Muitas situações

---

[4] Ver seu livro *In the Company of Animals:* a study of human-animal relationships.
[5] Ver o *Segundo Livro de Samuel,* 12:3.

provocam um nítido conflito prático, notadamente aquelas que influenciam os próprios veterinários em relação a modernos métodos industriais de armazenagem, e também em relação a animais utilizados em testes de laboratórios. Por isso, os veterinários começaram a participar de fato do movimento atual para estudar e rever as condições nessas áreas, sobretudo na configuração dos Procedimentos Científicos da Lei de Proteção aos Animais [Animals Act] de 1986, no Reino Unido. Esses veterinários estão entre aqueles que começaram a achar que não é mais possível combinar dois sistemas tão diversos quanto esses, ou seja, sua atitude humana normal e a perversa abordagem behaviorista, que considera os animais – ou mesmo certos animais selecionados – puramente como coisas, excluindo-as da comunidade moral por um decreto arbitrário.

Sobre ser uma cobaia

Essa velha abordagem é bem ilustrada com o que aconteceu ao porquinho-da-índia utilizado como cobaia. O uso experimental desses animais típicos da América do Sul tem sido tão comum que, em inglês, a palavra – *guinea-pig* – é utilizada tanto no sentido de "cobaia" quanto no de "porquinho-da-índia". Falamos com horror de uma pessoa que é usada "como cobaia" para algum propósito experimental (como, por exemplo, testar os efeitos da radiação) sem nem mesmo nos lembrarmos que há porquinhos-da-índia, capazes de viver sozinhos, que são tratados como cobaias, sem causar qualquer estranhamento. Se, em algum planeta distante, os seres humanos que lá chegassem fossem vistos como animais de teste em laboratório particularmente convenientes, e criados com esse intuito, o

A presença dos mitos em nossas vidas

termo para "ser humano" poderia, depois de algum tempo, vir a ter o mesmo significado. E, é claro, se os seres humanos se queixassem, os cientistas de lá poderiam muito bem recorrer à mesma justificativa que provavelmente é dada ao caso dos porquinhos-da-índia terrestres – ou seja, que esses não são, de acordo com padrões locais, animais muito grandes, nem, de fato, têm uma inteligência especial.

Os porcos também são interessantes; são criaturas vivazes e inteligentes. Aqueles que domesticaram porcos selvagens na Nova Zelândia os consideraram tão inteligentes e ativos quanto são os cães. Os porcos, no entanto, cometem o equívoco de serem o animal sagrado de Baal, o que levou os hebreus a formarem uma opinião negativa a respeito deles, e que desde então vem lhes causando muito mal. Neste país, também, eles adquiriram uma imagem subserviente e um tanto desonrosa, resultante de rígido confinamento em granja. Sem mais nada a fazer exceto comer, o que é feito ruidosamente, eles eram considerados insaciáveis; sem espaço para se manterem limpos, foram considerados sujos. Recentemente, foram ainda mais rigidamente confinados em unidades industriais, o que, com toda probabilidade, intensifica esses traços. Diante dessas circunstâncias, é bem possível que ninguém perceba seus padrões de comportamento, exceto quando causam alguma inconveniência de ordem prática. A imagem simplesmente se torna cada vez mais estereotipada. Embora ainda não tenham muita importância como animais utilizados em testes de laboratório, os porcos são de interesse porque, como os ratos, são outro óbvio caso de animal tratado sem consideração porque são vistos como a encarnação do vício – uma atitude que, seja lá o que mais for dito a respeito disso, seguramente não é científica.

Existe, entretanto — como os costumes de nossa cultura ainda nos levam a indagar–, algo ridículo e monstruoso a respeito da proposição de que devemos tratar ratos e cobaias com alguma consideração? Pode haver culturas em que tal proposição não seja entendida de forma alguma, sobretudo quando o animal é imperativamente necessário como alimento. No entanto, a nossa cultura, na verdade, não é uma delas. Valores humanos são centrais para nossa moralidade oficial. Em geral, não achamos que infligir sofrimento seja uma questão muito trivial. Então, às vezes, vemos claramente a objeção das criaturas a serem tratadas dessa forma, e se (por exemplo) nossos filhos começassem a dilacerá-las por diversão, nós iríamos interferir. Da mesma forma, se outros seres inteligentes começassem a nos dilacerar, provavelmente pensaríamos que, além de não gostarmos nada disso, teríamos um sério ressentimento contra eles, e tentaríamos expressá-lo. Na verdade, não colocamos essa questão fora do âmbito da moralidade; simplesmente acreditamos que ela seja confusa e, portanto, lidamos com ela (como fazemos como outros casos dúbios) evitando pensar a seu respeito tanto quanto possível. Atualmente, considera-se que o uso científico de animais precisa de justificativas, o que se obtém em parte com razões que apontam para o benefício humano e em parte enfatizando o valor do conhecimento. Essas, no entanto, não são defesas para todos os fins. Caso o uso ou o conhecimento seja trivial, a justificativa se esvaece.

Visões em mudança

Esse não é um tópico fácil. Não obstante, é possível refletir a seu respeito. Ideias tradicionais acerca dele são confusas e

A presença dos mitos em nossas vidas

substituições supostamente científicas da tradição nem sempre têm sido melhores – algumas vezes são piores. A comunidade moral da qual nos consideramos parte não é uma comunidade fixa, nítida; ela tem fronteiras incertas e sombrias. As diferenças entre nossa espécie e aquelas a nosso redor não são simples e definidas, mas complexas e obscuras. Não somos a espécie única e incomparável. Tanto quanto nós, os elefantes são sob muitos aspectos incomparáveis; também o são os albatrozes; e os pandas gigantes. Todo estudo sério das peculiaridades de qualquer espécie deve nos enviar de volta à prancheta de desenho.

Ultimamente, estamos nos tornando conscientes dessa necessidade. Meras fotografias do mundo que mostram nossa espécie em um pedestal, isolada dos reinos físicos ao redor, nos fazem sentir cada vez mais incomodados. Entretanto, como vimos, tais mitos não são carga a granel. Eles não podem ser alijados de imediato e substituídos por novos. Hábitos de raciocínio que os expressam estão profundamente entrelaçados em nossa vida.

Em geral, o que fazemos em tais casos é abrandar aos poucos o efeito da visão insatisfatória, contemplando outras, já disponíveis, que propõem atitudes diferentes e, dentre elas, selecionar material. Oscilamos entre esses diferentes modos de pensar, que geram muita confusão e inconsistência. Nossas ideias conflitantes produzem tensões que algumas vezes permitimos que se consumam inutilmente em irritação e dissonância cognitiva. Algumas vezes, entretanto, essas tensões se revelam criativas e permitem que surjam visões melhores.

É possível que agora estejamos desenvolvendo uma dialética desse tipo em relação à visão que temos dos animais. Nas últimas décadas, nosso desejo de encontrar maneiras mais realistas de nos relacionarmos com o restante do mundo natural tem nos levado a esboçar vários modos possíveis de pensar que podem nos ajudar nessa questão. Uma dessas abordagens é o modo de pensar ecológico. A noção de *ecossistema* – um amplo contexto envolvendo muitas espécies interdependentes, no qual nós, bem como outros organismos, podemos encontrar um lugar – agora tornou-se imensamente importante em nossas reflexões. Trata-se de um desdobramento bastante recente; meu exemplar do *Oxford English Dictionary*, que data de 1971, não registra esse verbete. Ao enfatizar nossa dependência do restante do mundo vivo, essa noção vem influenciando nossa atitude em relação a outros animais, trazendo-os, bem como as plantas, para dentro de nosso horizonte moral.

Tal atitude, no entanto, também tem sido colorida com ideias que surgem de um contexto bem diferente, ou seja, da controvérsia política acerca de direitos morais. Aqueles que se sentem incomodados quanto ao tratamento que damos aos animais começaram a trazer essa questão para o contexto da obrigação política. Eles perguntam: se todos os indivíduos humanos têm certos direitos, os outros animais também não os têm? Por vezes, essa preocupação com animais individuais pode requerer diferentes políticas da perspectiva ecológica – que trata de populações inteiras – e resultar em conflito prático. Isso levanta um debate que visitaremos no capítulo seguinte.

24
Animais versus biosfera?

A questão

Existe necessariamente conflito entre o interesse por animais e o interesse pelo meio ambiente como um todo? Cerca de trinta anos atrás, quando ambas as causas tornaram-se proeminentes pela primeira vez em nossa vida, elas foram muitas vezes consideradas conflitantes. "Ecologistas arraigados" e radicais inclinavam-se a enfatizar o valor do todo de uma forma tão exclusiva que rejeitavam qualquer consideração quanto ao interesse de suas partes e, sobretudo, quanto ao interesse de indivíduos.[1] Isso valia tanto para animais individuais quanto para humanos. Por outro lado, os radicais "liberacionistas de animais", por sua vez, ocupavam-se com a ampliação da rigorosa concepção atual dos direitos humanos

---

[1] O primeiro arauto a esse respeito parece ter sido o livro de Aldo Leopold, *Sand County Almanac*. Os pronunciamentos alarmantes de Leopold e outros de profetas posteriores são muito bem discutidos por John Passmore em *Man's Responsibility for Nature*, cap. I e ao longo do livro.

individuais para que cobrisse os animais individuais.[2] Isso realmente parecia significar que os direitos dos animais – de fato, o direito de qualquer animal individual – deviam sempre prevalecer sobre qualquer outro direito, por mais forte que fosse, inclusive os direitos em relação ao meio ambiente. Cada uma das partes tendia a ver apenas seu ideal principal e a ver o interesse da outra parte como uma maneira perversa de se desviar desse ideal. Esse é um típico caso em que um mito particular, expressando uma visão particular, afeta as pessoas tão profundamente que preenche toda a cena moral.

Conciliando fatores

Desde aquela época, tem havido muita conciliação que, em parte, decorreu do mero exercício do bom senso. As pessoas começaram a perceber como, na prática, ambas as causas são convergentes. Os animais e os organismos a seu redor sempre precisam uns dos outros. O meio ambiente não pode ser atendido como um todo, a não ser por meio de suas partes – e os animais formam uma parte essencial de cada ecossistema. A esmagadora maioria dos animais ainda vive em áreas selvagens, onde toda a sua chance de sobrevivência depende das plantas, das bactérias, dos rios, etc. a seu redor (apenas algumas espécies, como os ratos e as gaivotas-prateadas que se alimentam de arenques, podem se dar bem, explorando recursos fornecidos por humanos). Da mesma maneira, plantas e rios normalmente

---

2 O principal arquiteto desse posicionamento foi Tom Regan, em seus livros *The Case for Animal Rights*, *All That Dwell Therein* e em vários outros escritos.

precisam de muitos de seus animais típicos. Exemplos óbvios são a polinização feita por insetos e pássaros, a preservação de pantanais graças aos castores, a reciclagem do lixo por animais detritívoros, sem contar os organismos insetívoros – dos tamanduás às rãs, que evitam que as populações de insetos consumam em demasia a vegetação. Os efeitos negativos da remoção de tais animais têm sido observados com frequência. Ademais, mesmo com animais cativos, também maus tratos em larga escala inevitavelmente acarretam efeitos nocivos ao meio ambiente. Não é apenas por acidente que a pecuária intensiva produz uma poluição espantosa. É uma consequência lógica, porque o tratamento apropriado de refugo representa um preço alto demais para permitir o barateamento de custos, que é seu principal objetivo.

Portanto, as duas causas imbricam-se de forma ampla e profunda. Naturalmente, entretanto, ambas também possuem partes que ainda permanecem separadas. O interesse por todo o meio ambiente não dá motivo direto para nos opormos a touradas, nem o interesse dos humanos por touros proíbe diretamente a proliferação de carros. São campanhas distintas. Mesmo que pareçam intimamente ligadas e sejam amiúde empreendidas pelas mesmas pessoas, elas diferem muito em ênfase, mas esse tipo de diferença não torna necessário um conflito total.

Não é surpresa que tenha havido uma verdadeira frustração entre os primeiros militantes quando eles descobriram que aqueles acolhidos como aliados não eram almas gêmeas perfeitas, mas apenas assistentes para alguns de seus objetivos. Em toda campanha séria, quando a discussão geral precisa se converter em ação, esse tipo de desilusão de rompimento dos elos emerge subitamente e cria dificuldades reais. O senso de harmonia com os aliados garante um amparo poderoso na árdua tarefa da politicagem, e, quando surgem as diferenças, elas sempre parecem ameaçar esse apoio. Entretanto, se quisermos manter o elemento legítimo nesse apoio, precisamos iluminar nossa mente acerca de que tipo de união precisamos e podemos esperar. Aprender a fazer isso é indicação fundamental de que uma campanha se tornou séria.

Sem dúvida, há também algumas exceções a essa convergência geral das duas causas, alguns casos de conflito genuíno. Eles são importantes e é necessário que os examinemos criteriosamente logo a seguir. Porém, de maneira geral e em termos pragmáticos, há de fato uma convergência e, apesar da endêmica tendência de buscar confusão onde for possível, a rivalidade acabou parecendo muito menos feroz do que foi. A percepção gradual dessa convergência equipara-se à ainda mais necessária mudança, por meio da qual, finalmente, as pessoas estão também começando a entender que o bem-estar dos humanos coincide em muitos pontos com os interesses tanto da biosfera quanto de outros animais. O público – se ainda não seus governos – está começando a compreender que a biosfera não é um luxo, um parque temático a ser visitado nas tardes de sábado, mas algo necessário à sobrevivência humana. Por mais hesitante que seja, esse público está começando a entender que se não há meio ambiente não há pessoas, e que um meio ambiente sombrio e distorcido significa pessoas sombrias e distorcidas.

O público está também passando a suspeitar, muito mais intensamente do que costumava, de que a exploração brutal e incontrolável de animais não pode ser compatível com o verdadeiro bem-estar humano. As pessoas estão ficando mais críticas do que seus antepassados em relação a alguns propósitos humanos para os quais os animais são explorados, propósitos como esportes cruéis, uso de peles em vestuário, ou o maior uso de drogas ou o constante consumo de carne. Agora elas estão mais dispostas a pensar que essas coisas são menos essenciais para o bem-estar humano do que supunham, e que ter uma consciência clara acerca da crueldade pode ser mais importante. Não quero com isso dizer que essa nova sensibilidade já se traduziu em ação efetiva. Isso ainda não aconteceu. Por um impiedoso acaso histórico, as vastas novas tecnologias, através das quais as indústrias agora exploram os animais, foram estabelecidas antes do surgimento dessa sensibilidade, e agora estão protegidas por sólidos interesses escusos. Há, entretanto, um verdadeiro deslocamento moral com relação a elas, um deslocamento que tornou mais difícil para esses interesses escusos defenderem seus hábitos diretamente, forçando-os a depender mais do sigilo ou da mentira franca.

A noção de que as metas da vida precisam, de alguma forma, incluir o bem-estar de todas as espécies vivas, não apenas a espécie humana, está ganhando terreno. As qualidades especiais que fazem valer a pena preservar a humanidade são agora, muito mais do que costumavam ser, aquelas que envolvem preocupação com o restante do planeta, não apenas conosco. Por mais vago que possa parecer, isso, de fato, fornece um contexto dentro do qual as pretensões de criaturas animadas e inanimadas podem, em princípio, se relacionar de alguma forma, em vez de serem percebidas como se estivessem encerradas em um conflito incurável e sem sentido. Essa ideia ainda precisa ser expressa com muito mais clareza, embora esteja crescendo visivelmente.

O problema do fanatismo

Em termos pragmáticos, então, a competição parece manifestamente menos feroz do que parecia. Sem dúvida, contudo, queremos mais do que isso. É necessário que pensemos com muito critério a respeito dos princípios envolvidos. Precisaríamos fazer isso, de qualquer forma, para limpar nossas próprias ideias, mesmo que a convergência incompleta que temos não deixasse muitos conflitos específicos pendentes. No entanto, da maneira como as coisas andam, precisamos dela ainda mais, porque, na fase inicial do conflito desenfreado, ambos os lados pareciam sugerir que realmente não havia qualquer problema moral envolvido na questão. Cada parte inclinava-se a ver seu próprio princípio moral como inquestionavelmente superior. Cada um achava o do outro uma irrelevância, uma trivialidade perversa, um desvio do que era com toda a certeza o único ponto moralmente relevante.

Isso é fanatismo. Fanáticos não são apenas moralistas rígidos; são moralistas obsessivos que se esquecem de tudo, exceto uma parte do cenário moral. Eles não veem necessidade de respeitar ideais que parecem conflitar com os ideais que escolheram, ou de se empenhar em uma conciliação entre eles. É claro que esse estado de espírito não é peculiar a fanáticos que atuam em período integral. É fácil acreditar nisso sempre que alguém esteja, no momento, totalmente absorto em alguma boa causa, e boas causas com frequência parecem exigir esse tipo de concentração.

A presença dos mitos em nossas vidas

Ninguém, entretanto, pode se permitir manter essa linha de raciocínio. Princípios morais precisam ser vistos como parte de um todo maior, dentro do qual, quando há conflito, eles podem, em princípio, se relacionar de alguma forma. A impressão de que uma moralidade simples, unilateral é, por si mesma, mais nobre do que uma moralidade complexa é um equívoco, como mostra a questão que estamos agora considerando. Qualquer abordagem sensata e manejável em relação à vida precisa conter *tanto* uma atitude em relação a indivíduos *quanto* uma atitude em relação a totalidades maiores.[3] Nenhuma delas é redutível à outra. É sempre possível um conflito entre as duas, mas é sempre necessário tentar trazê-las para uma convivência harmônica.

O paradoxo do pluralismo moral

Nas últimas décadas, tentativas feitas por filósofos morais para encontrar alguma "teoria moral" única como, por exemplo, o utilitarismo, que consegue organizar toda a cena moral, foram equivocadas. Elas ignoram a complexidade da vida. É óbvio que precisamos relacionar nossas diferentes percepções morais da melhor maneira possível e trabalhar continuamente para que elas se harmonizem; porém, nossas metas são complexas. Não somos máquinas projetadas para um único propósito; somos criaturas multifacetadas com toda uma vida por viver. A ambição de encontrar uma base lógica única para todas as nossas metas é uma ambição tola (talvez

---

3 Abordei a necessidade de se considerar ambas e a dificuldade de mantê-las juntas em *Animals and Why They Matter*.

Deus possa ver uma, mas, com certeza, nós não podemos). Não obstante, precisamos, de fato, combinar nossas metas como um todo tanto quanto possível. Essa difícil empreitada bilateral está agora sendo ainda mais obscurecida por mais uma importante distorção por parte de acadêmicos que, com muita pertinácia, atacam ou defendem o "pluralismo". Devemos pôr um fim a esse tipo de coisa. Deveríamos perguntar: "o que é pluralismo?" ou "que tipos de pluralismo são necessários?", e não desperdiçar energia com mais outra disputa polarizada.

Entretanto, a ambição reducionista e unificadora tem obcecado muitos grandes filósofos, desde os tempos de Platão, e ela foi especialmente intensa por parte dos criadores do utilitarismo, sobretudo Jeremy Bentham. Como uma arma controversa, a ideia de que toda moralidade válida pode se reduzir a um princípio próprio favorito, de forma que qualquer coisa não redutível dessa forma pode ser desacreditada, exerce enorme fascínio; mas sua crueza tornou-se repetidamente óbvia. O utilitarismo, como outros *insights* morais, foi uma luz lançada sobre certa gama de problemas – centralizada na punição –, não uma revelação final e abrangente para todas as escolhas. Em consequência, tentativas recentes de reduzir a filosofia moral a uma batalha tribal entre utilitaristas e "kantianos", ou "teóricos dos direitos", são uma desculpa frívola e inútil dos problemas reais aí envolvidos, uma questão que Kant e Mill, em seus melhores momentos, já haviam visto claramente, embora Bentham talvez não tenha.

O que grandes filósofos fazem por nós não é distribuir um sistema multiuso como esse. O que eles fazem é iluminar e esclarecer algum aspecto especial da vida, oferecer instrumentos conceituais que farão certos tipos necessários de trabalho. Por

A presença dos mitos em nossas vidas

mais ampla que essa área possa ser, ela nunca é a totalidade, e todas as ideias perdem seu poder próprio quando são usadas fora de seu contexto apropriado. Por essa razão, um grande filósofo não necessariamente desaloja outro, pois há espaço para todos eles e muito mais para quem ainda não tem. Como nossos objetivos não são simples, somos forçados, de alguma forma, a conciliar muitos princípios e deveres complementares. Essa conciliação – já bastante difícil em nossa própria vida – é duplamente difícil na atividade pública, em que pessoas dedicadas a diferentes ideais precisam cooperar. Isso as convida não apenas a tolerar as atitudes uns dos outros, mas a respeitá-las e compreendê-las. A recusa fanática em fazer isso não é apenas uma contrariedade de ordem prática; é um pecado. Porém, ela é tão tentadora que é endêmica em toda e qualquer campanha, e provavelmente jamais nos livraremos dela.

Não causa, então, surpresa o fato de que, durante a década de 1970, tanto os ecologistas radicais quanto os liberacionistas de animais tenham levado tempo para perceber essa necessidade. Ambas as causas eram, de fato, de importância primordial e ambas haviam antes sido vergonhosamente negligenciadas. Nessa situação, uma visão estreita e uma incompreensão mútua são reações normais. Desde aquele tempo, no entanto, estamos nos familiarizando mais com ambas as causas; tem havido uma crescente percepção de que elas podem e precisam, em princípio, se unir de alguma maneira. Interesse pelo todo e interesse por indivíduos simplesmente não são alternativas; são aspectos complementares e absolutamente inseparáveis de uma abordagem digna de questões morais.

Nem a integridade nem a consistência lógica forçam-nos a escolher entre ideais gerais desse tipo. Quando conflitam quanto a questões específicas, elas o fazem de forma semelhante a outras considerações morais que já sabemos que, de alguma forma, temos que conciliar. Estamos familiarizados com tais conflitos, entre outros de ideais importantes: entre a justiça e a misericórdia, por exemplo, ou entre todos os nossos deveres em relação aos outros e os deveres em relação ao nosso próprio desenvolvimento. Não há uma maneira clara, redutiva, de resolver quem vence esse tipo de disputa. Sabemos que, nesses casos, podemos enfrentar uma escolha real entre males e, então, temos que encontrar um meio de decidir qual dos males, nesse caso em particular, é o pior.

25
Alguns dilemas práticos

Problemas com abate

No que diz respeito a princípios gerais, nos últimos vinte anos ficou mais fácil lidar com a questão envolvendo os animais e o restante da biosfera. O sentido de cooperação ficou mais natural para nós, e os atritos menos habituais; trata-se de um incontestável ganho para propósitos de campanha. Contudo, é claro que isso não representa o fim de nossos problemas. Há ainda muito trabalho extensivo a ser feito em relação a conflitos de interesse genuínos e específicos. Alguns deles ocorrem no interior de uma das duas causas – entre dois modos incompatíveis de proteção aos ecossistemas, ou entre os interesses de dois tipos de animais. Porém, naturalmente, alguns também ocorrem na fronteira, ou seja, entre ecossistemas e animais. Há realmente muitos desse tipo e provavelmente não nos livraremos deles.

Consideremos um exemplo muito comum e crucial. O que pode acontecer se uma população de herbívoros – veados, elefantes, coelhos, macacos, cabras selvagens, gambás da Nova

Zelândia, ou seja lá o que for – começar a prejudicar seriamente seu habitat pastando em excesso? Muitas vezes, sem dúvida, esse problema é consequência de ações humanas anteriores. As pessoas invadiram seu habitat, ou removeram predadores, ou introduziram, em primeiro lugar, os herbívoros; porém, saber que isso não deveria ter sido feito não necessariamente nos ajuda, porque muitas vezes essas ações passadas não podem ser desfeitas. Provavelmente não podemos agora retirar os coelhos da Austrália. Precisamos pensar no que fazer em seguida. Nos casos em que, depois de considerar todas as alternativas, o abate parecer o único meio prático de salvar o habitat, ele se justifica? Ou devemos banir toda matança?

É fundamental que não tratemos um problema desse tipo como um dilema arbitrário, um confronto vazio, ininteligível, entre princípios morais desconexos, cada um deles adotado por uma tribo diferente, uma questão a ser resolvida através do combate tribal entre exploradores e humanitários. Todos reconhecemos ambos os valores envolvidos aqui. Existe uma escolha real entre males. Deixar que um habitat se degenere é prejudicar todos os animais que lá vivem, inclusive a espécie envolvida; pode destruir todos eles. O abate é, de fato, um mal em si mesmo, e existe o risco de ele se estabelecer como exemplo e abrir precedente para outras matanças muito menos justificáveis. É absolutamente verdadeiro que a escolha de animais individuais para abate nada tem a ver com justiça a indivíduos. Como muitas vezes acontece em relação a questões humanas, quando (por exemplo) é necessário distribuir às pressas alimento ou providenciar transporte em determinado lugar em detrimento de outro, o abate ignoraria o mérito individual em favor do bem comum. Em questões humanas, achamos isso legítimo se o perigo ao bem comum for suficientemente sério. Mas ele é legítimo aqui? O problema é que, de fato, algum tipo de acordo precisa ser alcançado. O ponto fundamental neste caso é uma questão geral, não apenas a do abate; temos que fazer justiça à complexidade do problema. Há, na verdade, dois males. Em casos difíceis como este – como também em casos em que um desses interesses conflita com os dos humanos –, temos que proceder a um estudo cuidadoso dos fatores locais, não através de qualquer decreto incondicional a partir de princípios gerais.

Ademais, não podemos rejeitar indiscriminadamente um método em particular só porque ele foi anteriormente usado como *pretexto* para justificar práticas desonrosas. O abate é, com efeito, uma prática cujo significado tem sido desvirtuado de forma gritante (quase toda caça agora tornou-se abate, tido como "gestão inteligente"). Não obstante, o repetido desvirtuamento de um epíteto não pode arruinar uma prática. Afinal de contas, é difícil encontrar uma boa prática em existência cujo nome não tenha sido, às vezes, emprestado para dourar algo vergonhoso. A hipocrisia é, de fato, o tributo que o vício paga à virtude. Entretanto, a questão em cada caso em particular é: qual é, na verdade – aqui – o mal menor? Sem dúvida, é de importância fundamental confrontar tais questões realisticamente e não desmerecer a causa de alguém, recusando-se a admitir que existe algum conflito.

Desvio benigno

Encontrar uma maneira criativa de contornar esse conflito é, sem dúvida, uma excelente solução – ou uma solução parcial.

Recentemente, conservacionistas encontraram muitas maneiras de contorná-lo e estão, de fato, envolvidos no planejamento dos detalhes. O turismo inteligente pode, algumas vezes, ser utilizado para financiar a proteção de habitats. Embora haja muitas dificuldades práticas para que isso se concretize efetivamente, e também algumas objeções de princípio quanto a depender muito dele, ainda assim, o turismo com certeza tornou possível a conservação de muitos ambientes. Ademais, uma educação conscienciosa dos habitantes locais, levando-os a valorizar e respeitar suas criaturas, pode contribuir muito para proteger reservas e reprimir o conflito. Foi dessa maneira que Jane Goodall conseguiu evitar a caça ilegal de chimpanzés no Parque Nacional de Gombe, na Tanzânia.

Afinal de contas, esses chimpanzés não são uma população em expansão; na verdade, eles mal têm conseguido manter seu número atualmente existente. O verdadeiro problema surge em relação a populações que não se expandem, ou que já são grandes demais para seu habitat. Se estão confinadas a esse habitat, elas irão destruí-lo; se (como normalmente acontece) escapam, irão destruir os campos no entorno, tornando-se "pestes de colheitas". Elas podem também fazer ambas as coisas. O problema é premente; o que fazer?

Às vezes, sugere-se a contracepção como resposta. A contracepção, no entanto, requer dosagem criteriosa e precisa; já vimos os efeitos nocivos de seu uso displicente com humanos. Diante da situação, utilizá-la adequadamente com animais selvagens significaria mais ou menos domesticá-los. Na verdade, é possível imaginar uma pequena população de criaturas grandes e facilmente reconhecidas – digamos elefantes – tratadas

A presença dos mitos em nossas vidas

dessa forma. Presumivelmente, eles precisariam ser visitados com regularidade, examinados e tratados. Porém, haveria então efeitos comportamentais imprevisíveis quanto a um diferente equilíbrio de idade das manadas e à ausência de filhotes, efeitos que necessitariam de uma observação cuidadosa. Com efeito, todo o comportamento teria que ser monitorado com muito critério, o que inevitavelmente aumentaria a interferência na vida dos animais.

Para tais seres, isso provavelmente não é impossível, mas – excetuando-se a despesa – será que iria satisfazer as exigências expressas nas reivindicações pelos direitos dos animais? Não há dúvida de que seria uma interferência significativa, duradoura e não escolhida na existência dos animais; e trata-se de uma interferência que talvez não seja endossada por aqueles que, em princípio, se opõem a experiências com animais em laboratórios, pois está claro que um programa extenso e contínuo para tais experimentos seria necessário para torná-lo viável.

No entanto, quando passamos de elefantes para grandes populações de criaturas que devastam plantações – por exemplo, pássaros, ratos e coelhos –, ficamos muito espantados e todo o esquema começa a parecer impossível. Alguém consegue pensar em um modo de tratá-los? Mesmo em um nível intermediário, as coisas não estão melhores. Tratar uma grande população de cervos ou babuínos da mesma maneira sugerida para os elefantes seria uma atitude extremada e, além disso, teria efeitos bastante imprevisíveis sobre o comportamento. Também, por mais que fosse feito com cuidado, alguns, com toda a certeza, conseguiriam escapar ao controle, produzindo descendentes não planejados e desestruturando o projeto.

Conclusão

Não sinto o menor prazer em levantar essas dificuldades. Se a contracepção fosse projetada para funcionar, ela teria grandes méritos, e se alguém, de fato, encontrar um modo de fazê-la funcionar, desejo-lhe boa sorte. Como acabei de dizer, ideias criativas e inesperadas desse tipo são muitíssimo necessárias. Porém, ideias que não são planejadas em nível praticável permanecem meras fantasias, sonhos que somente nos consolam e nos permitem fazer discursos. Eles causam um verdadeiro mal, porque menosprezam a causa central e nos desviam de novas ideias acerca do problema real.

É claro que esse problema deriva principalmente do crescimento constante do número de humanos e da má prática humana. Ao enfrentá-lo, teremos, sem dúvida, que tomar muitas medidas que são, de uma forma ou de outra, condenáveis. Por exemplo, precisaremos restringir a liberdade humana para fazer muitas coisas que seriam, por si mesmas, inofensivas, mas que se tornaram ecologicamente prejudiciais. As circunstâncias nos forçarão a continuar a fazer mudanças incômodas naquilo que permitimos e proibimos. Moralmente, isso exigirá grande honestidade e uma escrupulosa discriminação entre mudanças que são, de fato, necessárias e mudanças que não são.

Entretanto, haverá também dilemas inevitáveis em relação ao mundo exterior. Lá também, teremos que escolher entre dois modos de agir, ambos condenáveis. O problema em questão aqui – os conflitos entre os interesses de animais específicos e aqueles do ambiente mais amplo – é apenas um desses casos. Nos casos em que for possível encontrar meios de manter a biosfera seguindo adiante sem matar ou prejudicar membros de outras espécies – ou, na verdade, de nossa própria espécie –, é, sem dúvida, nossa função usar esses meios, e devemos nos empenhar para encontrá-los. Nos casos em que não pudermos encontrar tais instrumentos inofensivos, devemos restringir a destruição ao que for, de fato, inevitável. Mas quando a única alternativa significar danos graves e em larga escala – por exemplo, permitir a desertificação de uma floresta –, fica difícil ver qualquer justificativa para um veto continuado à matança.

De qualquer forma, não somos seres que podem existir sem causar algum tipo de dano. Não somos mentes puras, mas animais dependentes que não conseguem, da mesma forma como outros organismos, viver sem destruir outros seres vivos – tanto animais quanto plantas. Quaisquer que sejam nossos desejos, somos, inevitavelmente, parte da grande massa de criaturas predatórias e destruidoras que produzem a maior parte das mortes no ambiente selvagem. E entre essas mortes, aquelas do tipo violento são, com frequência, mais frequentes do que mortes por inanição.

Evidentemente, isso não é desculpa para a matança injustificada, mas torna-se relevante quando a questão é: "que mortes e quando?". Já estamos na infeliz posição de causarmos algum tipo de dano, uma posição em que nossa decisão acerca de que tipos de danos a ser feitos afetam quase todos os outros seres vivos do planeta. Isso, no entanto, significa que, ao aceitar e assumir essa responsabilidade, podemos também contribuir com muito bem-estar. De alguma maneira, temos que direcionar as coisas no sentido de minimizar prejuízos em larga escala. Parece plausível pensar que essa responsabilidade deve algumas vezes ultrapassar as objeções ao abate.

Quanto aos insetos, a maioria das pessoas já aceita essa posição (objeções a inseticidas por motivo de poluição são, é claro, outra questão). E mesmo quanto a "pragas da lavoura", levemente maiores — ratos, coelhos, pássaros pequenos —, a atitude compassiva dos humanos é, na prática, geralmente a mesma. Afinal de contas, nem mesmo os veganos teriam seus cereais e vegetais se as lavouras não fossem protegidas, tanto no campo quanto no celeiro, através da matança em grandes números desses pequenos e potenciais competidores.

À medida que "ascendemos" na escala da vida, hesitamos mais em aceitar o abate. É uma atitude sensata, porque a individualidade torna-se, sem dúvida, mais importante na vida dos seres mais sociais e inteligentes. Significa que devemos estar menos dispostos a abater cervos do que coelhos, e elefantes em vez de veados. Isso também exige cuidado especial acerca das escolhas das criaturas para o abate, se de fato, formos praticá--lo. Porém, vetar todo e qualquer abate, por mais infeliz que seja essa alternativa, parece ser uma simplificação excessiva e pouco realista.

Direitos?

Propor esse tipo de consenso não significa que abandonamos a ideia dos direitos, depois de aprovarmos seu uso no conceito dos direitos humanos em nossa discussão anterior. Mesmo considerando o cenário humano, essa noção é uma ferramenta um tanto quanto precária. Por ser essencialmente competitiva, ela é muito mais apropriada para certas situações políticas de larga escala do que para transações mais sutis entre indivíduos (por exemplo, meu direito à liberdade de expressão não necessariamente prevalece sobre o seu direito de não ser insultado). Porém, se pensarmos que a essência dos direitos humanos está centralizada no conceito das transgressões humanas – na ideia de que há algumas coisas que não devem ser feitas a ninguém, em lugar algum –, inclino-me a pensar que isso, não há dúvida, se aplica a outras espécies. Seria possível citar como exemplos experiências como ferver deliberadamente criaturas ainda vivas, o que ocorre com lagostas, ou colocar, ainda em tenra idade, um filhote em total isolamento dentro de um poço de aço e deixá-lo lá, como aconteceu com jovens macacos rhesus em experiências sobre isolamento social, na área de psicologia.

Por outro lado, quando se concebe a ideia de direitos humanos, centralizando-os na noção de que cada indivíduo é completamente autônomo e deve ter total controle de seu próprio destino, isso me parece irrealista até mesmo para seres humanos, e unilateral em demasia para ser usado como instrumento básico da moralidade. A linguagem dos direitos é apenas uma parte do amplo repertório da linguagem moral que temos à nossa disposição. Nada nos obriga a usá-la em locais onde isso conflita com outras percepções que parecem mais importantes.

Com relação aos animais, a linguagem dos direitos tem sido amplamente utilizada porque ela pareceu aos ativistas um instrumento poderoso que poderia ser explorada para ganho de sua causa em um único movimento. Algumas vezes, na verdade, ela funciona bem dessa maneira, convencendo imediatamente as pessoas de que uma mudança profunda é necessária. Outras vezes, entretanto, ela simplesmente desacredita todo o projeto porque parece irrealista demais para ser levada a sério. Esse efeito "faca de dois gumes" da linguagem radical é uma característica muito comum de debates morais, uma característica que apresenta constantemente dilemas àqueles que pretendem implementar as reformas. É mais um exemplo dos conflitos que vimos examinando ao longo deste livro entre diferentes visões imaginativas: diferentes quadros do mundo, diferentes mitos através dos quais tentamos tornar nossas escolhas inteligíveis. No próximo capítulo, examinaremos mais alguns conflitos interessantes entre os nossos vários modos de ver os animais que vivem ao nosso redor.

26
Dificuldades de convivência com a alteridade

Os lobos devem voltar?

Atualmente, há vários esquemas em andamento para a reintrodução de lobos e outros grandes mamíferos — linces, castores, javalis — em regiões dos Estados Unidos, e, na verdade, em regiões da Europa. Tal proposta, que, no momento, está gerando uma animada discussão, visa a trazer os lobos de volta para as florestas das montanhas Adirondack, situadas ao norte do estado de Nova York. É interessante considerar o simbolismo associado a tais projetos. Vou tentar não dizer nada aqui sobre as questões práticas envolvidas nisso, porque elas devem, evidentemente, ser deixadas para aqueles que estudam os fatos. Está claro que há muito o que dizer a respeito de ambos os lados.[1] Mas preciso dizer alguma coisa logo de início acerca da intrigante questão das prioridades.

---

[1] Para o projeto de Adirondack, as questões práticas podem ser estudadas em *Wolves and Human Communities, Biology, Politics and Ethics*, ed. Virginia A. Sharpe, Bryan Norton e Strachan Donnelley.

Como se classifica esse projeto em comparação com outras maneiras possíveis de salvar o meio ambiente? Ele é mais ou menos urgente do que, por exemplo, encontrar um modo de reduzir a poluição ou proteger o combustível fóssil? E o que dizer da necessidade geral de proteger habitats? Será que deveríamos sempre concentrar nossos esforços para impedir formas atuais de prejudicar antes de tentarmos reverter os danos causados anteriormente?

Essa questão a respeito de prioridades é, de fato, uma questão genuína, algo que devemos sempre levar em consideração quando estamos escolhendo que causas promover; entretanto, a resposta não é, acredito, tão simples quanto pode parecer. Em primeiro lugar, deve haver alguma divisão de trabalho entre os diferentes lados de uma mudança. Não podemos todos concordar em classificá-los objetivamente em determinada ordem e depois convergirmos todos para apoiar a que vem no topo. Há sempre causas muito boas, de maior ou menor importância. E, em segundo lugar, essas várias causas muitas vezes operam para ajudar uma a outra. Em especial, projetos ambientais psicologicamente instigantes podem servir para deixar bem clara a importância de questões mais amplas àqueles que, de outra forma, não as entenderiam. Assim, quando *Silent Spring* [*Primavera silenciosa*], o livro de Rachel Carson, esclareceu a um vasto público que os inseticidas estavam destruindo pássaros canoros, esse perigo atingiu as pessoas mais intensamente do que teria atingido se elas tivessem simplesmente sido informadas de que o solo e a atmosfera estavam sendo degradados. Muito embora a degradação geral incluísse uma ameaça real ao seu próprio bem-estar, muitos não teriam percebido essa ameaça com tanta clareza sem a referência dramática e inesperada aos pássaros.

Dessa maneira, a necessidade de proteger as aves canoras enfatizou ideais que motivaram outros projetos menos emocionantes. Dramatizar, na verdade, não significa necessariamente um afastamento da praticidade; algumas vezes pode ajudar.

Ambivalência em relação ao mundo selvagem

Acredito que isso possa ser particularmente verdadeiro no caso dos lobos, porque se trata de uma ambivalência em que nossa motivação fica muitíssimo confusa, não pela ausência de drama, mas por um drama pré-existente que é deveras enganoso. Precisamos do novo drama para corrigir o antigo. Em geral, nós, seres humanos, sempre fomos ambivalentes em relação ao mundo natural no qual vivemos e, em especial, em relação aos seus outros grandes habitantes. Por um lado, sabemos que somos parte desse mundo natural, que devemos nossa vida a ele e que ele transborda tesouros que nos encantam. Por outro lado, é também uma poderosa fonte de morte e perigo.

Por serem fisicamente fracos, nossos ancestrais tinham bons motivos para se alarmarem em relação a várias criaturas a seu redor. Entretanto, além dessa ameaça prática, os animais selvagens sempre foram vistos como símbolos poderosos, portadores de significados perturbadores. Os mais fortes dentre eles, aqueles que com mais frequência são mostrados em pinturas de cavernas, obviamente exerciam um fascínio especial na imaginação humana. Porém, até mesmo seres menores e menos assustadores podiam ser vistos como uma ameaça psíquica, simplesmente porque representam uma espécie de vida muito diferente da nossa. Eles são misteriosos — e mistério sempre pode significar perigo.

Em tempos muito remotos, parece que as pessoas muitas vezes lidavam com essa ameaça – como ainda fazem caçadores-coletores – com base no princípio de que se você não pode vencê-los, deve juntar-se a eles. Eles se identificavam com esses seres poderosos e enigmáticos, apaziguavam seu medos através de rituais apropriados e tentavam extrair desses seres sua força peculiar por meio de uma magia solidária. Dessa forma, eles esperavam domesticar o poder misterioso e estranho, torná-lo externo e menos alarmante. O totemismo é uma tentativa sistemática de desativar, dessa maneira, os perigos psíquicos apresentados pela alteridade. Mais tarde, entretanto, à medida que as pessoas desenvolviam suas habilidades especificamente humanas e estabeleciam comunidades maiores, esse tipo de identificação parece ter adquirido mais força. As pessoas, cujo estilo de vida se tornou bem diferente da vida de um porco-espinho, acabaram achando difícil pensar no porco-espinho como um parente próximo.

Nesse ponto, o patente fato da alteridade emerge com mais clareza. O estilo de vida humano começa a ser visto, em princípio, como diferente do estilo de vida de outros seres. Essa mudança provavelmente torna-se marcada, de fato, quando as pessoas começam a criar rebanhos – e, mais ainda (é claro), a se dedicar à agricultura. Quando você é dependente do produto de animais domésticos, não pode mais permitir-se identificar-se com eles, nem com os outros seres que poderiam ameaçar seus rebanhos, atacando-os ou competindo com eles por causa da forragem. E se você tem plantações, você quer, acima de tudo, impedir que as safras sejam devoradas pelos outros.

Esse parece ser o ponto em que o conflito de interesses entre humanos e outras criaturas tornou-se acentuado demais para

A presença dos mitos em nossas vidas

ser contemporizado por identificações míticas. Sem dúvida alguma, esse conflito de interesses volta muito no tempo. Ele já existia para caçadores que, muitas vezes, inventavam rituais muito interessantes para lidar com o problema. Por exemplo, os povos norte-americanos nativos que caçavam búfalos e dependiam de produtos de búfalo costumavam praticar rituais que mostravam que o búfalo aceitava seu destino em troca de transações espirituais que os honrassem e celebrassem sua relação com seus amigos humanos. Sem levar em conta se o búfalo aprovava ou não esses arranjos, é claro que tais cerimônias serviam a um propósito importante para os próprios caçadores. De maneira semelhante, muitas vezes árvores ganham agradecimento, são honradas e acalmadas antes de serem derrubadas.

Esse tipo de simbolismo seguramente tem alguma importância prática no controle da ganância humana, mas tem também uma importância psicológica mais profunda, que acredito ser menos percebida. Mostra que até mesmo aqueles que regularmente derrubam árvores e tiram proveito de búfalos ou coisas afins, como uma atividade normal, já estão tendo algum sentimento de culpa, algum desconforto acerca da exploração sistemática que fazem desses seres admiráveis. Sentem que não os compreendem como deviam, que existe algo de sagrado em relação a eles, e que talvez haja algum perigo, seja prático ou espiritual, no fato de simplesmente subjugá-los às nossas necessidades e desejos. Essas pessoas com frequência aceitam a vida, mas não se sentem totalmente satisfeitas em relação a isso. Há mitos por toda parte a respeito de desastres que se seguem a uma exploração dessa natureza. Atirar no veado sagrado de Diana provavelmente trará consequências ruins, e não adianta dizer que não sabia que esse veado em particular pertencia a ela.

A natureza de dentes e garras vermelhas – do lado de fora e do lado de dentro

Pois bem, esse tipo de culpa e mal-estar é bastante conhecido. Uma questão interessante é: *o que acontece com ela depois que as pessoas voltam para o pastoreio e a agricultura?* Esse tipo de culpa é passageira ou adquire novos contornos? Vale a pena procurar esses novos contornos, porque motivações fortes como essa geralmente não desaparecem sem deixar vestígios. E, sem dúvida, encontra-se um resíduo disso na tendência, por parte de pessoas mais bem estabelecidas, em rebaixar moralmente os seres que elas agora estão explorando com mais liberdade.

Com animais domesticados, esse rebaixamento adquire, sobretudo, a forma de desprezo, um desprezo que, às vezes, é suave e ameno, mas pode facilmente se tornar bestial. Ele se manifesta quando um ser humano chama outro de cachorro, vaca, porco, bode ou carneirinho. Todavia, com relação a animais selvagens, as coisas podem ser muito mais sérias. Se esses animais produzem um impacto na vida humana, eles tendem a ser vistos não apenas como uma contrariedade de ordem prática, mas como a encarnação das depravações humanas. Referir-se a alguém como sendo um lobo, um rato, uma víbora, um tubarão ou um abutre não é apenas dizer que essa pessoa é desprezível ou arruaceira; trata-se de acusá-la diretamente de imoral. E entre esses animais perversos, o mais perverso em nossa tradição é geralmente o lobo, como se pode verificar examinando os verbetes de "lobo" em qualquer dicionário de citações.

Há, na verdade, algumas exceções interessantes a esse paralelo entre o mundo selvagem e o mal. Alguns animais selvagens ganham um significado favorável. Eles mostram uma interessante ambivalência, que logo iremos examinar. Contudo, o paralelo geral entre animais não domésticos e o mal é tão forte que realmente merece atenção. Essa projeção nos absolve de qualquer culpa por matá-los ou por persegui-los, já que eles merecem isso em razão de sua maldade. Essa atitude ainda persiste no discurso comum, por exemplo, no uso sexual do termo "lobo". Os lobos são culpados não apenas por serem predadores, mas também por serem astuciosos e traiçoeiros, porque não uivam avisando sua presa antes de saltarem sobre ela. De forma semelhante, os ratos são odiados por serem sujos, como se tivessem se sujado de propósito por pura maldade antes de rastejar furtivamente para dentro das casas de suas vítimas para infectá-las. Em geral, os animais são retratados como se fossem seres humanos que agiram deliberadamente de maneira tão antissocial que merecem ser mortos. Até certo ponto, é claro, esse tipo de justificativa é também usado para assassinar humanos que pertencem a uma cultura estranha – "selvagens". Porém, seu uso mais básico está no lidar com outras espécies. A acusação mais grave que se pode fazer contra os humanos tidos como selvagens, aquela que finalmente justifica aniquilá-los, é que eles se comportaram como animais.

 Essa projeção da degradação humana parece ter o intuito de fazer as pessoas de uma sociedade estabelecida se sentirem justificadas em matar essas criaturas para sua própria conveniência; mas ela com certeza também serve a outro propósito, até mais interessante, de ordem psicológica. *Ela fornece às pessoas estabelecidas uma personificação daquelas degradações persistentes por si mesmas, que constantemente tornam a vida estabelecida tão difícil.* Matar a personificação faz com que elas sintam que, de fato, mataram o que é ignominioso. Simbolicamente, elas estão destruindo seu próprio lado selvagem.

Projeção e santimônia

A noção do que é selvagem resume, então, todas essas tendências antissociais que tanto nos amedrontam, tendências que são, sem dúvida, uma ameaça constante à vida civilizada. Seguramente, é por isso que as pessoas civilizadas, até mesmo as pessoas urbanas, continuam a se dedicar tanto à caça, caçando sobretudo predadores. Nesse tipo de caça, formas ritualísticas e convencionadas circundam o ato real do matar, saneando-o das perigosas consequências sociais que, de outra forma, poderiam vir na sequência da violência. Ele permite que as pessoas expressem alguns de seus próprios desejos selvagens, ao mesmo tempo em que sentem que estão destruindo a selvageria que existe no mundo exterior. As velhas fotografias de caçadores de grandes animais na África, posando com um ar triunfante, um pé sobre vários animais mortos, sem dúvida expressam esse senso de conquista de algo seriamente pernicioso. Cabeças como troféus penduradas nas paredes das casas desses caçadores transmitem a mesma impressão – um fato que vários cartunistas às vezes exploram de forma muito feliz.

Apenas para mostrar que não estou inventando, aqui está um exemplo que mostra essa bem curiosa espécie de santimônia. Ele vem do relato de um jornalista a respeito de um caçador de crocodilos chamado Craig, que vem torturando seu crocodilo há muitas horas. Atirou nele vários arpões, levando-o para o fundo do rio, e agora está esperando que ele volte à superfície para respirar e, finalmente, ser morto. Enquanto isso, ele monologa consigo mesmo:

"Ele tem a moralidade de um raio laser", disse Craig, conforme sentávamo-nos lá. [...] "Um crocodilo, depois que sai do ovo, abocanha qualquer coisa que se move, seja uma sanguessuga ou uma perna humana." À medida que falava, ele puxava com força uma linha do arpão, tentando persuadir o animal lá embaixo a se mover. "Ele é uma devotada máquina mortífera, matador de qualquer peixe, animal ou pássaro."[2]

Esse estranho tipo de juízo moral, evidentemente, não se restringe a caçadores. À medida que a civilização se expande, à medida que mais e mais terras são colonizadas, a conquista do mundo selvagem é amplamente celebrada como símbolo da vitória do bem sobre o mal, da ordem sobre o caos, da virtude sobre o vício. Assim, no poema "Northern Farmer, Old Style" [Agricultor do Norte, estilo antigo], de Tennyson, o ancião, que, no leito de morte, está meditando sobre os feitos de sua vida, encontra apenas um que realmente o satisfez: ele "limpou o campo da grande terra deserta de Thurnaby". Omitindo a maior parte do dialeto, abaixo estão suas reflexões a respeito:

> Não olhe senão para a grande terra deserta. Não havia ração para uma vaca
> Nada, absolutamente nada, senão samambaia e lanugem, e observe agora –
> Não vale nem um acre e agora há muita ração
> Oitenta ovelhas sobre ela e algumas chegando até a semente.

O ancião não via o mundo selvagem apenas como inútil. Ele não era um mercenário; na verdade, o objetivo do poema é con-

---

[2] *London Observer*, suplemento em cores, 15 fev. 1976.

trastá-lo com seu filho mercenário. Sua mente não focalizava o lucro. Ele via o mundo selvagem como essencialmente estranho e perigoso, e aqui está muito claro que Tennyson o aplaude. E nisso ele não estava sozinho. No início do século XX, pensadores altamente respeitados ainda expressavam essa visão — ainda ocupados em escavar a grande terra deserta de Thurnaby — ainda falando de nossa necessidade de declarar "guerra geral contra a natureza". Assim, Freud escreveu que o ideal humano propriamente dito é o de "combinar-se com o restante da comunidade humana e *começar o ataque à natureza*, forçando-a, dessa forma, a obedecer à vontade humana, sob orientação da ciência".[3] Marx havia adotado linha semelhante, e William James havia feito a mesma proposta em seu famoso ensaio The moral equivalent of war [O equivalente moral da guerra], no qual ele declarou que a cura para o militarismo humano estava simplesmente em redirecionarmos nossa agressividade — para a guerra contra a natureza.

É óbvio que tanto James quanto Freud tinham sérios motivos para fazer essa sugestão. Ambos queriam fornecer uma saída para a agressividade humana que não fosse lutar contra outros humanos, e ambos viram o quão terrivelmente difícil era fazer isso. Porém, lançar-se em uma guerra contra a natureza pressupõe que a "natureza" seja algo suficientemente semelhante a um adversário humano para que essa mudança psicológica seja praticável. Presume-se que o drama seja o mesmo, de uma forma que só pode funcionar se o mundo selvagem da natureza se assemelhar muito à natureza selvagem

---

3 Abordei a necessidade de se considerar ambas e a dificuldade de mantê-las juntas em *Animals and Why They Matter*.

A presença dos mitos em nossas vidas

de um inimigo humano. Isso envolve fazer seres humanos naturais personificarem vícios humanos. Esses profetas não estão falando apenas acerca de nos livrarmos de nossa agressividade, direcionando nossas energias para o trabalho físico. Essa ideia não necessitaria de menção à guerra. Eles estão falando em redirecioná-la para um tipo diferente de hostilidade.

Então, a terra deserta de Thurnaby, por si mesma, não pode realmente ser vista como uma marca adequada de hostilidade pessoal. Parece-me que o inimigo sinistro imaginado na Guerra contra a Natureza deve, na verdade, ser o inimigo interior, as motivações selvagens dentro de todos nós que nos causam constante alarme, bloqueando nossos esforços para levar uma vida civilizada. Esse – proponho eu – é o tipo de natureza sanguinária que realmente nos amedronta. Quando nos vemos endemoninhando algum grupo no mundo de fora para nos fornecer um inimigo externo, essa é realmente a direção para a qual precisamos dirigir nosso olhar.

27
Mudando as noções acerca do mundo selvagem

O outro lado – natureza generosa

Há, sem dúvida, outro conjunto de símbolos, uma tendência compensadora em honrar e louvar certas criaturas como símbolos de glórias e virtudes humanas. Alguns animais muito fortes mereceram comentários excepcionalmente positivos – embora fossem, na verdade, perigosos – como imagens de virtudes humanas. O principal exemplo é o leão, sempre citado como nobre e dotado de virtudes majestosas, por exemplo, a magnanimidade. Como escreve Chaucer:

> Pois veja a garbosa espécie [natureza] do leão!
> Pois quando uma mosca o ofende ou pica
> Ele a castiga afastando-a com a cauda
> Com muita facilidade, pois em sua nobreza de caráter
> Ele não se permite vingar-se de uma mosca
> Como faz um cão vira-lata ou algum outro animal.[1]

---
1 Chaucer, *Legend of Good Women*, prólogo, linha 377.

Considerava-se com frequência que esse majestoso leão simbolizava Cristo, uma noção da qual Aslan, a personagem de *As crônicas de Nárnia*, de C. S. Lewis, é um exemplo recente, simbolizando um tipo especial de mundo selvagem que é tão grandioso que se torna aceitável ("Você bem sabe que ele não é um leão domesticado"). Águias, elefantes e (entre os seres aquáticos) a baleia também eram vistos como símbolos de realeza e, portanto, como exemplos de augustas virtudes. Na *scala naturae*, a hierarquia natural, considerava-se que essas impressionantes espécies escolhidas eram vistas como reis de seus próprios grupos particulares (ou, como ainda dizemos, seu "reino" natural). Portanto, elas representavam a ordem – não a desordem que era associada com outras criaturas selvagens. As abelhas também ganharam crédito por suas virtudes sociais, sendo vistas mais como civilizadas do que como selvagens. Pombos, cisnes e alguns outros pássaros encantadores eram louvados como exemplos de monogamia fiel. Cavalos e cães também eram muitas vezes enaltecidos por sua lealdade, uma espécie de enaltecimento que era, sem dúvida, bem diferente da linguagem do simbolismo, porque era realística. Ela, entretanto, não inibia a retórica muito mais comum do desdém. Por isso, Falstaff disse: "Asseguro-te uma coisa, Hal: se estou a te contar uma mentira, cospe na minha cara, chama-me de cavalo."[2]

Por que símbolos são importantes

Ao apresentar esses símbolos, estou tentando mostrar quão irreais, quão fantasiosas foram até recentemente – e, na verdade,

---

2 *Henry IV*, parte 1, ato 2, cena 4, linha 195.

algumas vezes, ainda são – as noções tradicionais que herdamos acerca dos animais selvagens de nosso planeta. No decorrer da maior parte da história moderna, os ocidentais dividiram esses animais em alguns grupos simples. Primeiro, havia as pequenas criaturas que mais ou menos apoquentam a vida civilizada, convenientemente classificadas como insetos e pequenos roedores e que não requerem nenhuma atenção mais detalhada. Em seguida, vinham certas espécies imponentes e distantes que existiam sobretudo como símbolos, mas podiam às vezes ser vistas nas coleções que humanos poderosos tinham de alguns animais, nas quais eles ganhavam um significado simbólico extra como sinal do poder de seus proprietários. Nenhum desses grupos parecia levantar quaisquer problemas morais específicos.

Em seguida, havia os animais que eram caçados, em especial ursos, lobos e outros predadores, javalis, veados, e os grandes e exóticos animais típicos da África. Tais criaturas eram frequentemente vistas como merecedoras de algum tipo de respeito, porque o caçador recebia honra por tê-las vencido. Além disso, caçadores que se davam o trabalho de estudá-las ficavam muitas vezes impressionados com sua coragem, inteligência e outras boas qualidades. Não obstante, elas ainda eram tão selvagens que podiam ser apropriadamente mortas. Algumas vezes, isso levou tais caçadores a um tipo de ambivalência em que, sem desistir de caçar, honravam genuinamente seus animais de caça e se davam o trabalho de preservar seu habitat, não apenas para realizar mais caçadas, mas também pelo bem dos próprios animais. Theodore Roosevelt deu uma notável mostra dessa dupla noção, mas há uma profusão de outros eficientes caçadores-conservacionistas – um fato de que os conservacionistas que odeiam caçadas precisam se lembrar.

Dentre essas criaturas, entretanto, os lobos mantiveram um simbolismo especialmente sinistro. Com exceção de alguns mitos nórdicos, representações complacentes deles na literatura e na mitologia são muito raras em nossa tradição. O contraste com o leão é surpreendente e provavelmente se deve em grande parte à simples diferença em sua postura. Os leões vivem e caçam em planícies abertas; portanto, eles dependem muito da visão e muitas vezes precisam observar atenta e fixamente a distância. Isso lhes dá aquela aparência respeitável e ilustre que tanto impressiona os observadores humanos. Em oposição, os lobos são principalmente criaturas das florestas e para caçar fazem uso do olfato. Portanto, agem sob disfarce muito mais do que os leões e não têm muitas chances de erguer a cabeça, daí a sua aparência dissimulada que os humanos acham arrepiante. Além disso, na Idade Média, grande parte da Europa estava livre de leões, ao passo que os lobos sobreviveram e, até o século XIX, em alguns locais, atacavam rebanhos. Embora raramente atacassem humanos, isso fez que eles ainda fossem temidos e determinou seu valor simbólico especial. Os lobos representavam a natureza na medida em que a natureza era oposta à civilização. E durante longo tempo ninguém duvidou de que a civilização era, em sua essência, uma coisa boa.

Letargias dogmáticas do antropocentrismo

Na tradição ocidental, esse quadro do mundo só foi chacoalhado no nosso próprio tempo, mesmo que protestos contra ele tenham ressoado nos três últimos séculos. Não há exagero na enorme confiança moral com que os europeus, absoluta-

A presença dos mitos em nossas vidas

mente seguros de sua missão civilizadora, invadiram países não europeus. Wordsworth e outros poetas românticos realmente protestaram (seguindo os passos de Rousseau) contra a vida civilizada moderna, que estava se distanciando demais da natureza, mas eles foram vistos como uma minoria dissidente e pouco prática. Porém, durante o século XIX, uma variedade bem maior de pessoas começou a dizer coisas maldosas sobre a civilização.

Assim, sardonicamente, Carlyle falou dos "três grandes elementos da civilização moderna – a pólvora, a imprensa e a religião protestante".[3] Tais comentários continuaram e se intensificaram em nosso próprio século. Will Rogers comentou: "Entretanto, não se pode dizer que a civilização não tenha progredido, pois a cada guerra eles adotam uma nova maneira de matar."[4] E um jornalista certa vez perguntou a Gandhi: "Senhor Gandhi, o que o senhor acha da civilização moderna?". Gandhi respondeu: "Que essa seria uma boa ideia."[5] Mas a opinião geralmente acolhida entre a maioria das pessoas em posição de autoridade era ainda aquela manifestada por Calvin Coolidge: "Civilização e lucro caminham de mãos dadas."[6]

Foi só muito recentemente que começou a parecer que nem sempre isso poderia ser assim. Só há pouco tempo começou a parecer que os modernos poderiam, de fato, em algum sentido monstruoso, vencer sua guerra bizarra, que eles podiam

---

3 Carlyle, *Critical and Miscellaneous Essays*, v.1, ensaio sobre The state of German literature.
4 *New York Times*, 23 dez. 1929.
5 Schumacher, *Good Work*, cap. 2.
6 Discurso proferido em Nova York, 27 nov. 1920, publicado no *New York Times*, 28 nov.1920, p.20.

"derrotar a natureza", cortando assim o galho no qual estavam sentados e, portanto, prejudicando não apenas os poetas, mas também a margem de lucro. Compreender essa mudança requer uma revolução inaudita em nossa consciência moral. Mesmo aqueles de nós que lutam para promover essa percepção não a assimilam completamente.

Desde meados do século XX, a começar das primeiras explosões atômicas, vários fatos físicos foram, aos poucos, deixando a mudança bem clara na consciência pública. Em teoria, a maior parte das pessoas que seguem os eventos atuais agora compreende que há um perigo, e elas querem fazer alguma coisa a respeito. Mas *não temos os conceitos prontos para expressar essa necessidade*. A mudança exigida em nossa atitude em relação à natureza é grande demais – provavelmente maior do que qualquer mudança moral desse tipo desde o surgimento da agricultura; e acontece que nossas ideias atuais sobre o assunto são ideias que foram deliberadamente estreitadas durante os últimos quatro séculos, de forma a tornar a mudança muito difícil. Sobretudo em termos de pensamento político, essas ideias foram moldadas com critérios cuidadosos, tendo como objetivo fixar nossa atenção unicamente nas relações entre humanos dentro da sociedade.

Como vimos, o pensamento iluminista rompeu em grande medida com a ideia de que a obrigação política extraía sua força dos céus, de nossos deveres para com Deus; agora, pelo contrário, nossa obrigação deriva do contrato social. Na vida política humana, isso foi, sem dúvida, um enorme ganho, mas deixou de fora o restante da Natureza, que não assina o contrato; nem suas partes constituintes o fazem. Assim, a linguagem política do Iluminismo torna quase impossível afirmar que

A presença dos mitos em nossas vidas

podemos ter quaisquer deveres em relação a elas. Não obstante, qualquer pessoa de mente sã que examina nossa situação atual pode perceber que precisamos fazer alguma coisa a respeito delas. A pergunta é: em que termos devemos manifestar essa necessidade?

Esse é o vácuo em nosso pensamento moral corrente, e ele nos deixa patinando em problemas como esse, com o qual deparamos aqui. Até certo ponto, podemos construir uma ponte para preencher esse vácuo com conversas sobre egoísmo, pensando nessas necessidades como questões de prudência mais do que de dever. Mas essa ponte é estreita demais para suportar o pesado trânsito de que necessitamos. É absolutamente verdadeiro que todos corremos o risco de um desastre se não atacarmos a poluição, limparmos os mares e tentarmos consertar o buraco na camada de ozônio. Entretanto, para muitos, esse desastre iminente ainda parece algo distante e difuso, comparado com o (digamos) perigo de perder o emprego, ou ficar sem carro, ou empobrecer fazendo um protesto. Há uma tendência natural para equilibrar os riscos pessoais e esperar que o mundo resista ao nosso tempo.

É possível enriquecer um pouco a concepção contratualista de modo a ampliar nossa noção de prudência. Por exemplo, podemos dizer que somos todos parte de uma sociedade que inclui a posteridade, de forma que nosso interesse inclui o de nossos descendentes. A ideia de assinar um acordo com possíveis futuras pessoas não é uma ideia muito clara; ainda assim, talvez o contrato seja frequentemente concebido dessa maneira mais generosa. Porém, se essa é, de fato, a intenção, então não estamos mais falando em termos de egoísmo intransigente. Esse tipo de concepção contratualista já se tornou muito menos reducionista, menos tosco, menos distinto da moralidade do que algumas vezes tenta parecer.

Dentro desse espírito mais idealista, algumas vezes as pessoas o expandem de modo a incluir uma discussão sobre um contrato universal com a natureza, um acordo básico que todos nós fazemos ao aceitarmos a dádiva da vida. Contudo, nesse ponto, o mito do contrato torna-se frágil e visivelmente mítico. De qualquer forma, é importante lembrar que essa conversa sobre contrato é sempre apenas um mito, e não parece ser exatamente o mito de que, na verdade, necessitamos aqui. Sua linguagem não é direta o bastante para a obrigação que sentimos. Quando vemos a necessidade de salvar as baleias, ou as sequoias, ou os Grandes Lagos, são *essas coisas* que precisamos tentar proteger. Não estamos tentando estabelecer um contrato com uma natureza remota e abstrata. A reivindicação que nos é feita é específica e imediata.

O *background* religioso

A maior parte das culturas diferentes da nossa tem, na verdade, reconhecido essas reivindicações e tem lidado com elas sob a rubrica da religião – ou pelo menos alguma coisa na ampla categoria que os antropólogos chamam de religião. As crenças que essas culturas mostram acerca de tais reivindicações, entretanto, não necessariamente comprometem quaisquer das distorções que tornaram muitos pensadores do Iluminismo tão hostis à religião. Elas não necessariamente envolvem referência a quaisquer divindades pessoais. A reverência dos budistas e dos japoneses à natureza não é de forma alguma teísta; ela é direta (acredito que essa seja uma razão por que muitos ocidentais estão agora tão impressionados com o budismo). E em culturas nas quais estão envolvidas divindades, elas são muitas vezes expressões da natural tendência humana de personificar em vez de prejudicar formas de superstição.

Nossa própria tradição, é claro, inclui um poderoso elemento de respeito pela natureza como obra de Deus, um elemento que é forte no judaísmo e no islamismo, e está agora sendo reenfatizado por teólogos cristãos. Porém, no início do cristianismo, os Santos Padres empurraram essa noção para um segundo plano, porque estavam muito ansiosos por destruir qualquer vestígio de culto à natureza. Apesar de São Francisco, essa visão assim permaneceu durante a Idade Média; e desde o Renascimento, o humanismo, em grande parte, decretou que o pensamento cristão bem como o ateísta devem restringir considerações morais inteiramente aos seres humanos. Em nosso próprio tempo, os cristãos as estão estendendo aos animais não humanos, mas eles obtêm pouca ajuda de sua própria tradição ao fazê-lo.

Repetidas vezes, pensadores de nossa cultura tentaram escapar dessa camisa de força. Já mencionei a campanha pelo culto direto à natureza, oriundo de Rousseau. Essa campanha teve ressonância especial nos Estados Unidos, porque as pessoas que para lá foram já protestavam contra muitos aspectos da civilização em seus países de origem. A noção de civilização como tal não tinha para essas pessoas exatamente o mesmo tipo de sacralidade que era tendência na Europa. Ademais, em épocas anteriores, elas necessariamente levavam uma vida menos urbana e menos protegida do que a que levavam em casa, e algumas delas foram para a América do Norte porque se sentiram muito atraídas pela ideia dessa existência mais simples. Assim, muitas pessoas concordavam com Thoreau e com os fundadores dos grandes parques nacionais, exaltando o mundo selvagem.

Por outro lado, entretanto, muitas vieram decididas a conquistar as selvas, não aceitá-las, e devotaram sua enorme energia à urbanização das coisas o mais rapidamente possível. Não obstante, essas pessoas ainda conservaram uma espécie de reverência às forças contra as quais estavam lutando. O compromisso mais comum entre esses dois sentimentos é, sem dúvida, aquele manifestado no ato de eliminar grandes animais.

Outro acordo do mesmo tipo é o entusiasmo mostrado diante da noção de uma fronteira selvagem com habitantes selvagens atrás dela, uma fronteira que está sempre lá, mas que é sempre empurrada mais e mais para trás. Essa ideia é tanto uma celebração romântica da natureza selvagem quanto, ao mesmo tempo, uma declaração de guerra contra ela. O poder desse duplo sonho pode ser visto na notável mudança pela qual ele conseguiu sobreviver à domesticação da verdadeira fronteira do oeste e foi transferido para o espaço externo, para o Restaurante no Fim do Universo. Lá, provavelmente estamos resguardados de qualquer tipo de interrupção por parte da realidade e podemos continuar a girar indefinidamente em gratificantes círculos. Mas aqui embaixo precisamos de uma resposta mais realista.

Então, o que precisamos fazer?

É por essa razão que temos de desenvolver novas formas de pensar e é também por isso que ficamos tão desesperadamente confusos quando temos que aplicá-las em detalhes. Nas últimas décadas, aprendemos uma longa série de novos termos: "ecologia", "ecossistema", "biosfera", "simbiose", "Gaia", "desenvolvimento sustentável" e outros mais. São termos estruturados para exprimir uma relação cooperativa mais do que competitiva com outras formas de vida, uma relação crucial no funcionamento tanto de nossa própria natureza como na natureza a nosso redor, mas que nossa cultura, desde o Iluminismo, recusou-se a levar a sério. Além disso, essa abordagem cooperativa entra em surpreendente conflito com o individualismo competitivo que ultimamente tem sido tão proeminente em nossa vida política e social.

Duas perspectivas diferentes como essas não podem se harmonizar de maneira rápida. Elas não podem educar uma à outra rapidamente. Fica difícil ver como podemos combiná-las de modo a utilizar o melhor de ambas. Mesmo assim, é possível perceber que elas realmente precisam uma da outra, porque ficou claro que nenhuma das duas pode, sozinha, ser suficiente. O individualismo competitivo já está enfrentando sérios problemas, porque se tornou tão radical que acabou ficando impraticável, como está claro a julgar pelas crises nos mercados financeiros. Ele apela para uma exaltação romântica unilateral de liberdade individual que distorce a vida pública de uma maneira muito negativa e está dando mostras de que também não garante felicidade privada – um ponto que Robert Bellah levantou em seu impressionante livro *Habits of the Heart*[7] [Hábitos do coração]. E o pensamento ecológico, por sua vez, se quiser colocar seus projetos de proteção em prática, precisa atracar-se com as realidades de uma sociedade humana organizada competitivamente.

---

7 Bellah, *Habits of the Heart: Middle America Observed*.

Desordens acerca de ideais estão, portanto, empilhadas no topo de dificuldades práticas. É claro que isso é o que torna a controvérsia acerca de projetos ambientais específicos, tais como o de reintroduzir lobos ao meio ambiente, tão irremediavelmente desorganizada. Eles, por necessidade, envolvem grandes mudanças no pensar e no sentir. Cada um desses projetos tem sua própria relevância especial, mas as mudanças mais amplas de atitude que eles envolvem não são menos importantes do que os detalhes do que acontece no chão e na prática. O que é crucial quanto à mudança de atitudes é o aspecto negativo. É muito importante que nos *livremos* de algo. Precisamos nos livrar da noção de que as coisas naturais – todas elas – não têm valor em si mesmas, que são extras, meramente bonitas, prescindíveis ou secundárias aos propósitos humanos, ou são, na verdade, perniciosas. Essa noção é tão terrivelmente enganosa que, de alguma forma, precisamos nos livrar dela, mesmo que ainda não tenhamos um mapa muito claro dos ideais que precisamos colocar em seu lugar. Temos noções parciais e desconexas daqueles ideais que precisaremos desenvolver melhor, como sempre acontece quando as pessoas fazem uma mudança de prioridade necessária. Só podemos dar esse passo se abandonarmos sem qualquer dúvida a atitude de exploração que até agora nos tem governado. Trata-se de um hábito da mente que nossa sociedade precisa desesperadamente reverter e tem, é claro, sido um hábito muito arraigado, como o simbolismo que mencionei antes comprova. É uma atitude manifestada em incontáveis costumes em nossa vida.

Para desenterrar algo tão profundo em nossa psique, precisamos de fato revertê-lo explicitamente em prática. As dolorosas palavras NÓS ERRAMOS devem não apenas ser expressadas, mas explicitadas por meio de ação, e precisa ser uma ação com um forte simbolismo que diga respeito às ofensas que têm sido centrais aos nossos crimes. Por isso, o Papa está certo em se desculpar com os judeus pelo antissemitismo da Igreja, mesmo que essa desculpa possa parecer absurdamente inadequada e desproporcional à ofensa. Da mesma forma, é correto que aqueles que foram condenados injustamente por ofensas e depois comprovadamente inocentados sejam reabilitados após sua morte, mesmo que isso não possa mais ajudar as próprias vítimas.

Medidas como essas não significam ficar apenas lamentando o passado. São maneiras de *nos empenharmos na mudança de direção* no presente e no futuro. De maneira análoga, quando as pessoas hipercivilizadas de hoje salvam em primeiro lugar um habitat existente e depois vão além disso, chamando de volta seus habitantes anteriores, isso parece ser o que elas, de fato, pretendem fazer. Elas não agem dessa forma como um movimento isolado e um tanto artificial, restrito ao mundo selvagem, mas como uma campanha séria, muito mais abrangente, que precisará envolver grandes mudanças na vida humana. Essas pessoas estão mudando o mito a fim de se comprometerem a mudar a realidade mais ampla, e é dessa maneira que mudanças sérias, no fim das contas, ocorrem.

Referências bibliográficas

ADDISON, J. Ode. *Spectator*, n.465.
AMERICAN ANTI-VIVISECTION SOCIETY. *Maternal Deprivation – Experiments in Psychology*: A Critique of Animal Models, 1986.
ARISTÓTELES. De partibus animalium. In: _____. *Aristotle's Works in Translation*. v.5. Trad. inglês W. Ogle. Oxford: Oxford University Press, 1912.
ARMSTRONG, A. C. *Transitional Eras in Thought, with Special Reference to the Present Age*. Nova York: Macmillan, 1904.
ATKINS, Peter. The limitless power of science. Em: CORNWELL, John (ed.). *Nature's Imagination:* the frontiers of scientific vision. Oxford: Oxford University Press, 1995.
_____. Will Science Ever Fail? *New Scientist*, 8 ago. 1992.
BARASH, David. *Sociobiology, the Whisperings Within*. London: Souvenir Press, 1980.
BARLOW, Nora (Ed.). *The Autobiography of Charles Darwin, 1809-1882*. With original omissions restored. Nova York: Harcourt, Brace and World, 1958.
BARROW, J. D.; TIPLER, F. J. *The Anthropic Cosmological Principle*. Oxford: Oxford University Press, 1986.
_____. *The Anthropic Cosmological Principle* .Oxford: Oxford University Press, 1988.

BEHRENS, C. B. A. *The Ancien Régime*. London: Thames and Hudson, 1967.

BELLAH, Robert. *Habits of the Heart*: middle America observed. Berkeley: University of California Press, 1985.

BERNAL, J. D. *The World, the Flesh and the Devil*. London: Jonathan Cape, 1929. [Reimpressão: Bloomington, Ind.: Indiana University Press, 1989.]

_____. *The World, the Flesh and the Devil*. London: Kegan Paul, 1929.

BÍBLIA SAGRADA. Segundo Livro de Samuel, 12:3.

BLACKMORE, Susan. Meme, myself, I. *New Scientist*, n.2177, p.40-4, 13 mar. 1999.

_____. *The Meme Machine*. Oxford: Oxford University Press, 1999.

BLAKEMORE, Colin. *The Mind Machine*. London: BBC Books, 1988. [Ed. port.: *Os mecanismos da mente*. Trad. Eduardo Nogueira. Lisboa: Presença, 1986 (1977). Col. Limiar do futuro.]

BOAKES, Robert. *From Darwin to Behaviourism*: psychology and the mind of animals. Cambridge: Cambridge University Press, 1984.

BOOTH, Ken. "Human Rights and International Relations". *International Affairs*, v.71, p.103-26, 1995.

BOYLE, Robert. *Works*. v.1. T. Birch (Ed.). London, 1744.

BURCKHARDT, T. *Alchemy, Science of the Cosmos, Science of the Soul*. Trad. inglês W. Stoddart. Londres: Stuart and Watkins, 1967.

BURNET, Thomas. *The Sacred Theory of the Earth*. Introdução B. Willey. Carbondale: Southern Illinois University Press, 1965.

CARLYLE, Thomas. The state of German literature. *Critical and Miscellaneous Essays*. v.1.

CARNAP, Rudolf. *The Logical Structure of the World*. Trad. inglês R. George. Berkeley: University of California Press, 1967.

CHAUCER, Geoffrey. *Legend of Good Women*. [S.l.: s.n.].

COOLIDGE, Calvin. Discurso proferido em Nova York, 27 de novembro de 1920. *New York Times*, 28 nov. 1920, p.20.

CREEN, Karen; John BIGELOW, John. Does Science Persecute Women? The Case of the 16th-17th Century Witch-Hunts. *Philosophy*, v.73, n.284, p.199, abr. 1998.

CRICK, Francis. *What Mad Pursuit?* Harmondsworth: Penguin, 1989.
DARWIN, Charles. *The Expression of Emotions in Man and Animals.* Londres: John Murray, 1872. [Ed. bras.: *A expressão das emoções no homem e nos animais.* Trad. Leon de Souza Lobo Garcia. São Paulo: Companhia das Letras, 2009. Col. Companhia de bolso.]
_____. *Origins of Species.* 6.ed. 1872. [Ed. bras.: *A origem das espécies e a seleção natural.* Edição revista. São Paulo: Hemus, 2013.]
DAVIES, Paul. Seven Wonders. *New Scientist*, v.21, p.28 e 33, set. 2002.
DAWKINS, Richard. *The Blind Watchmaker.* Harlow: Longman, 1986. [Ed. bras.: *O relojoeiro cego*: a teoria da evolução contra o desígnio divino. São Paulo: Companhia das Letras, 2001.]
_____. *The Selfish Gene.* Oxford: Oxford University Press, 1976. [Ed. bras.: *O gene egoísta.* Trad. Rejane Rubino. São Paulo: Companhia das Letras, 2007.]
DAWKINS, Richard. Viruses of the mind. In: DAHLEN, Bo (Ed.). *Dennett and His Critics*: demystifying mind. Cambridge, Mass.: Blackwell, 1993.
DENNETT, Daniel. *Darwin's Dangerous Idea.* Harmondsworth: Penguin, 1996. [Ed. bras.: *A perigosa ideia de Darwin.* Rio de Janeiro: Rocco, 1998. Col. Ciência atual.]
DESCARTES, Renè. *Philosophical Writings.* Trad. inglês e ed. G. E. M. Anscombe e P. T. Geach. Londres: Nelson, 1970.
_____. *Discourse on Method.* [Ed. bras.: *Discurso do método.* Trad. Maria Ermantina de Almeida Prado Galvão. São Paulo: WMF Martins Fontes, 2004.]
DESMOND, Adrian; MOORE, James. *Darwin.* Londres: Michael Joseph, 1991. [Ed. bras.: *Darwin – a vida de um evolucionista atormentado.* Trad. Cynthia Azevedo. São Paulo: Geração Editorial, 2007.]
DEVLIN, K. *Goodbye Descartes.* New York: John Wiley, 1997.
DORAN, Bernard. *From Taylorism to Fordism*: a rational madness. Trad. inglês David Macey. Londres: Free Association Books, 1988.
DUNNE, Timothy; WHEELER, Nicholas (Ed.). *Human Rights in Global Politics.* Cambridge: Cambridge University Press, 1998.

DYSON, Freeman. Time without end: physics and biology in an open universe. *Reviews of Modern Physics*, n.51, p.447-60, 1979.

EASLEA, Brian. *Science and Sexual Oppression*. Londres: Weidenfeld and Nicolson, 1981.

EHRENREICH, Barbara; ENGLISH, Deirdre. *For Her Own Good*: 150 years of the experts' advice to women. Londres: Pluto Press, 1979. [Ed. bras.: *Para seu próprio bem*: 150 anos de conselhos de especialistas para mulher. Rio de Janeiro: Rosa dos Tempos, 2003.]

ELSHTAIN, J. B. To Clone Or Not To Clone. In: NUSSBAUM, M. C.; SUNSTEIN, C. R. (Ed.). *Clones and Clones, Facts and Fantasies about Human Cloning*. Nova York: W. W. Norton, 1998.

EINSTEIN, Albert; BESSO, Michele. *Correspondence 1903-1955*. Hermann: Paris, 1972.

EISNER, Thomas. *Chemical Ecology and Genetic Engineering*: the prospects for plant protection and the need for plant habitat conservation. Symposium on Tropical Biology and Agriculture, Monsanto Company, St. Louis, Mo., 15 jul. 1985.

FOOT, Philippa. When is a Principle a Moral Principle?, *Aristotelian Society Supplementary*, v.XXVIII – Belief and Will, Londres: Harrison, 1954. p.95-110.

FREUD, Sigmund. *Civilization and its Discontents*. Viena: s.n., 1930.

_____. On Narcissism (1914-16). v.XIV. *Collected Works*. Coord. trad. James Strachey. Londres: Hogarth Press, [s/d]. [Ed. bras.: *Obras psicológicas completas*. v.24 São Paulo: Imago, 2009.]

FUDGE, E. C. Phonology. In: LYONS, John (Ed.). *New Horizons in Linguistics*. Harmondsworth: Penguin, 1970.

GOODWIN, Brian. *How the Leopard Changed its Spots*. Londres: Weidenfeld and Nicolson, 1994.

GOULD, Stephen Jay. *Time's Arrow, Time's Cycle*. Cambridge, Mass.: Harvard University Press, 1987. [Ed. bras.: *Seta do tempo, ciclo do tempo* – mito e metáfora na descoberta do tempo geológico. São Paulo: Companhia das Letras, 1991.]

GRIFFIN, Donald. *Animal Thinking*. Cambridge, Mass.: Harvard University Press, 1984.

HALDANE, J. B. S. *Possible Worlds*. Londres: Chatto and Windus, 1927.

HARE, R. M. *Freedom and Reason*. Oxford: Oxford University Press, 1963.

_____. *The Language of Morals*. Oxford: Clarendon Press, 1952. [Ed. bras.: *A linguagem da moral*. São Paulo: Martins Editora, 1996.]

HAWKING, Stephen. *A Brief History of Time*. Londres; Nova York: Bantam Press, 1988. [Ed. bras.: *Uma breve história do tempo – do Big Bang aos buracos negros*. Rio de Janeiro: Rocco, 2002.]

HOBBES, Thomas. *Leviathan*. [Ed. bras.: *Leviatã – ou matéria, forma e poder de uma república eclesiástica e civil*. Org. Richard Tuck. São Paulo: Martins Editora, 2014. Col. Clássicos Cambridge de filosofia política.]

HUME, David. *Enquiry Concerning the Principles of Morals*. [S.l.: s.n.]. [Ed. bras.: *Uma investigação sobre os princípios da moral*. Trad. José Oscar de Almeida Marques. Campinas: Ed. da Unicamp, 2013.]

_____. *Treatise of Human Nature*. [S.l.: s.n.]. [Ed. bras.: *Tratado da natureza humana*. Trad. Déborah Danowski. São Paulo: Editora Unesp, 2009. Col. Clássicos.]

HUMPHREY, Nicholas. Nature's Psychologists. *New Scientist*, n.78, p.900-3, 1978.

HUTTON. *Theory of the Earth*. Transactions of the Royal Society of Edinburgh, 1788.

JAGGAR, Alison. *Feminist Politics and Human Nature*. Brighton: Harvester Press, 1983.

LANGLEY, Gill. Plea for a sensitive science. In: _____. (Ed.). *Animal Experimentation*: the consensus changes. Londres: Macmillan, 1989.

LAUDAN, Rachel. *From Mineralogy to Geology*: the foundations of a science. Chicago: University of Chicago Press, 1987.

LEDERBERG, J. Experimental Genetics and Human Evolution. *Bulletin of the Atomic Scientists*, out. 1996.

LEOPOLD, Aldo. *Sand County Almanac*. Nova York: Oxford University Press, 1949.

LIOYD, G. *The Man of Reason in Western Philosophy*. Minneapolis: University of Minnesota Press, 1984.

LONDON OBSERVER. Suplemento em cores, 15 fev. 1976.

LOVELOCK, James. *Gaia: the practical science of planetary medicine*. Londres: Gaia Books, 1991. [Ed. bras.: *Gaia* – cura para um planeta doente. São Paulo: Cultrix, 2007.]

LOVIBOND, Sabina. Feminism and Postmodernism, *New Left Review*, n.178, p.5-28, 1989.

LYELL, Charles. *Principles of Geology*. v.2. Londres: John Murray, 1830.

LYONS, John (Ed.). *New Horizons in Linguistics*. Harmondsworth: Penguin, 1970.

MARGULIS, Lynn; SAGAN, Dorion. *What Is Life?* Londres: Weidenfeld and Nicolson, 1995. [Ed. bras.: *O que é vida?* Rio de Janeiro: Zahar, 2002.]

MARTIN, Gerry. Stasis in complex artefacts. In: ZIMAN, John (Ed.). *Technological Innovation as an Evolutionary Process*. Cambridge: Cambridge University Press, 2000.

MIDGLEY, Mary. *Animals and Why They Matter*. Athens, Ga.: University of Georgia Press, 1983.

_____. *Beast and Man*. Nova York: Cornell University Press, 1978.

_____. Can Science save its Soul? *New Scientist*, 1º ago. 1992.

_____. *Can't We Make Moral Judgements?* Bristol: The Bristol Press, 1991.

_____. *Heart and Mind*. Brighton: Harvester Press, 1981.

_____. On not being afraid of natural sex differences. In: GRIFFITHS, M.; WHITFORD, M. (Ed.). *Feminist Perspectives in Philosophy*. Londres: Macmillan, 1988.

_____. On trying out one's new sword. In: _____. *Heart and Mind*. Londres: Methuen, 1981.

_____. *Science and Poetry*. Londres: Routledge, 2001.

_____. *Science as Salvation*: a modern myth and its meaning. Londres: Routledge, 1992.

_____. *Wickedness*. Londres: Routledge, 1984.

MILL, J. S. *The Subjection of Women*. Londres; Cambridge, Mass.: MIT Press, 1970.

MONOD, Jacques. *Chance and Necessity*. Trad. inglês Austryn Wainhouse. Glasgow: Collins, 1972. [Ed. bras.: *O acaso e a necessidade*. 6.ed. Petrópolis: Vozes, 2006.]

MOORE, James R. *The Post-Darwinian Controversies*. Cambridge: Cambridge University Press, 1979.

NAGEL, Thomas. *The View from Nowhere*. Oxford: Oxford University Press, 1986. [Ed. bras.: *Visão a partir de lugar nenhum*. São Paulo: Martins Editora, 2004. Col. Mesmo que o céu não exista.]

NEHRU, Pandit. *Proceedings of the National Institute of Science of India*, v.27, p.564, 1960.

NEW YORK TIMES. 23 dez. 1929.

NIETZSCHE, Friedrich. *Beyond Good and Evil*. Trad. inglês Marianne Cowan. Chicago: Gateway, 1955. [Ed. bras.: *Além do Bem e do Mal*. Trad. Mario Ferreira dos Santos. Petrópolis: Vozes, 2009.]

_____. *The Will to Power*. [S.l.: s.n.]. [Ed. bras.: *Vontade de potência*. Trad. Mario Ferreira dos Santos. Petrópolis: Vozes, 2011.]

_____. *Twilight of the Idols and The AntiChrist*. Trad. inglês R. J. Hollingdale. Harmondsworth: Penguin, 1969. [Ed. bras.: *O anti-Cristo*. Porto Alegre: L&PM, 2008.]

OKIN, S. Möller. *Women in Western Political Thought*. Londres: Virago, 1980.

PASSMORE, John. *Man's Responsibility for Nature*. London: Duckworth, 1974.

PERRY, J. (Ed.). *Personal Identity*. Berkeley: University of California Press, 1985.

PINKER, Steven. *The Blank Slate*: the modern denial of human nature. Londres: Allen Lane, 2002.

PLAYFAIR, J. *Illustrations of the Huttonian Theory of the Earth*. Edinburgh: William Creech, 1802.

POPE, A. *Epitaph Intended for Sir Isaac Newton*. [S.l.: s.n.].

_____. *Essay on Man*. Epístola 2, linhas 11-15. [S.l.: s.n.].

PRIGOGINE, Ilya; STENGERS, Isabelle. *Order out of Chaos*: man's new dialogue with nature. Londres: Collins, Fontana, 1985.

REGAN, Tom. *All That Dwell Therein*. Londres; Berkeley: University of California Press, 1982.

_____. *The Case for Animal Rights*. Londres: Routledge, 1983.

RIFKIN, J. *The Biotech Century*. Londres: Gollancz, 1998.

RORTY, R. (Ed.). *The Identities of Persons*. Berkeley: University of California Press, 1976.

ROSE, Steven. *Lifelines*: biology, freedom and determinism. Londres: Allen Lane, Penguin Press, 1997.

ROUSSEAU, Jean-Jacques. *Émile, or On Education*. Trad. inglês Barbara Foxley. Londres; Nova York: Dent and Dutton, 1966. [Ed. bras.: *Emílio ou da Educação*. Trad. Roberto Leal Ferreira. São Paulo: Martins Editora, 2014.]

RUPKE, N. A. *Vivisection in Historical Perspective*. Londres: Croom Helm, 1987.

RYLE, G. *The Concept of Mind*. Londres: Hutchinson, 1951.

SARTRE, J. P. *Being and Nothingness*. Trad. inglês Hazel E. Barnes. Nova York: Washington Square Press, 1966. [Ed. bras.: *O ser e o nada*. Petrópolis: Vozes, 2005.]

_____. *Existentialism and Humanism*. Trad. inglês Philip Mairet. Londres: Methuen, 1948. [Ed. bras.: *Existencialismo e Humanismo*. Trad. João Batista Kreuch. Petrópolis: Vozes, 2012.]

SCHUMACHER, E. F. *Good Work*. Londres: Jonathan Cape, 1979.

SERPELL, James. *In the Company of Animals*: a study of human-animal relationships. Oxford: Blackwell, 1986.

SHAKESPEARE, William. *Henry IV*. [S.l.: s.n.].

SHARPE, Virginia A.; NORTON, Bryan; DONNELLEY, Strachan (Ed.). *Wolves and Human Communities, Biology, Politics and Ethics*. Washington, D.C.: Island Press, 2001.

SINSHEIMER, R. The prospect of designed genetic change. *Engineering and Science*, p.8-13, abr. 1969.

SKINNER, B. F. *Beyond Freedom and Dignity*. Harmondsworth: Penguin, 1973. [Ed. port.: *Para além da liberdade e da dignidade*. Lisboa: Edições 70-Brasil, 2000.]
SKINNER, B. F. *The Walden Two*. [S.l.: s.n.]. [Ed. bras.: *Walden II – uma sociedade do futuro*. Trad. Rachel Moreno. 2.ed. São Paulo: EPU, 1978.]
SLAVNEY, P. R.; McHUGH, P. R. (Ed.) *Psychiatric Polarities, Methodology, and Practice*. Baltimore: Johns Hopkins University Press, 1987.
SORELL, Tom. *Scientism*: philosophy and the infatuation with science. Londres: Routledge, 1994.
SPENCER, Herbert. *A System of Synthetic Philosophy*. Londres: Williams and Norgate, 1862-96. [v.1., 5. ed., 1884.]
_____. *Autobiography*. v.2. Londres: Williams and Norgate, 1904.
_____. *Social Statics*. Nova York: D. Appleton, 1864.
STOCK, Gregory. *Redesigning Humans*. Londres: Profile Books, 2002.
TOCQUEVILLE, Alexis de. *Democracy in America*, 1835-40, parte 2, livro 2. [S.l.: s.n.]. [Ed. bras.: *A democracia na América*. Belo Horizonte: Itatiaia Editora, 1998.]
WADDINGTON, C. H. *The Scientific Attitude*. Harmondsworth: Penguin, 1941.
WARNER, R.; T. SZUBKA, T. (Ed.). *The Mind-Body Problem*. Oxford: Blackwell, 1994.
WATSON, John B. *Psychological Care of Infant and Child*. Nova York: W. W. Norton, 1928.
WEINBERG, Steven. *The First Three Minutes*. Londres: André Deutsch, 1977. [Ed. port.: *Os três primeiros minutos do universo*. Lisboa: Gradiva, 1997. Col. Ciência aberta.]
WERTHEIM, Margaret. *Pythagoras' Trousers*: God, physics and the gender wars. Londres: Fourth Estate, 1997. [Ed. port.: *As calças de Pitágoras: Deus, a física e a guerra dos sexos*. Porto: Via Óptima, 2004.]

WILLIAMS, Bernard. *Morality*: an introduction to ethics. Harmondsworth: Penguin, 1972. [Ed. bras.: *Moral*: uma introdução à ética. São Paulo: WMF Martins Fontes, 2005.]

WILSON, Edward O. *Biophilia*: The Human Bond with Other Species. Cambridge, Mass.: Harvard University Press, 1984.

_____. *Consilience*: The Unity of Knowledge. Nova York: Alfred A. Knopf, 1998. [Ed. bras.: *A unidade do conhecimento* – Consiliência. Rio de Janeiro: Campus, s/d.]

_____. *On Human Nature*. Cambridge, Mass.: Harvard University Press, 1978.

_____. *Sociobiology*. [S.l.: s.n.].

ZIMAN, John (Ed.). *Technological Innovation as an Evolutionary Process*. Cambridge: Cambridge University Press, 2000.

Índice remissivo

A
abordagem holística 76
ação: ativo *vs* passivo 112-4
    explicações 111-2, 115-25
    pensamento e 116-26, 154
Addison, J. 244
Agência 111-5, 122-5, 161-2
Agricultura 219-20, 240, 310, 333-4
algenia 231-44, 249
alma 93, 99-100, 116-7, 188-90, 253-4; *ver também* individualismo
alquimia 231, 237
alteridade 332-4
altruísmo 105-6
animais: abuso de; 219-20, 225, 299, 310-4
    agricultura 219-20, 241, 310, 333-4
    ambivalência em relação a 296-301, 306-7, 331-5

barreira da espécie 228, 269-70, 274-80, 283-4
classificações 273-4, 342-3
cobras 300
cognição 288-92
como manifestação de virtudes 341-3
como manifestação de vícios 271, 274-5, 300, 304-5, 334-5
como não humanos 274-80
comportamento 278, 283, 287-93
consciência 278, 282-3, 288-92, 295-308
de estimação 300, 302
desprezo 334, 342
dessensibilização seletiva e 300-6
elefantes 322
etologia 271, 278, 283, 301
evolução 269-70

365

experimentos com 295-8, 300-1,
    304-5, 322
leões 341-2
lobos 329-32, 334-5, 343-4; *ver
    também* direitos dos animais;
    espécies; mundo selvagem
minhocas 258-9
"modelos neurais" 289
porcos 304-5
porquinho-da-índia 304-5
primatas 295-300, 321-2
psicologia 282-3
pássaros 289-90
ratos 300-1, 311, 335
singularidade 307
terminologia 274-80
veterinários e 302
visão de Aristóteles sobre 256-7
visão ecológica sobre 308
Anistia Internacional 24, 39
Anticlericalismo 96-112
antítese Direita/Esquerda 205-6
antropocentrismo 344-8
apologias 353
Aristóteles 139, 143, 256-7, 261-2
Arquimedes 67
astronomia 255-6, 261-2
ateísmo 52, 96, 99, 259-60, 261-2
Atkins, Peter 46, 86-7
atomismo social 22
atomismo: poder atômico 237,
    242, 246-7
    cultura 129, 141-5
    limitações do 75-6
    simbolismo 21-4, 37, 89

social 23, 37
teoria do 55-6, 141, 237, 246-7
autoconhecimento 160
autodecepção 172
autoimagem 276
autointeresse 104-6, 347-8
Aveling, Edward 258-60

B
Bacon, Francis 51, 242
Barash, David 104-6
Barrow J. H. 248, 255
Beauvoir, Simone de 201
behaviorismo: animais 278, 283-94
    e ciência 31, 52-4, 98-9
    e ciências sociais 287
    e mente 186-7, 283-4
    parcimônia 287-94
    poder 97-9
    temas experimentais 300-1
Behrens, C. B. A. 132
Bellah, Robert 351
Belloc, Hilaire 246n
Bentham, Jeremy 316
Bernal, J. D. 80-1, 107-9, 211
Bernard, Claude 303
Besso, Michèle 85-6
Big Bang 268
Bigelow, John 159n
bioengenharia: algenia 231-44, 249
    alienação 237-8
    "artificial" 240
    "brincar de Deus" 245-6
    clonagem 227-8
    consequências da 216-20, 248

imaginação 237-8
monstros 228, 281
objeções a 215-8, 220-1, 239-43, 249-50
redesenhando humanos 232-6
transformação de espécies 236-82
"yuk factor" 221
"biofilia" 42
Biologia 60, 80, 82-4, 140
Blackmore, Susan 150-1
Blake, William 40, 166
Blakemore, Colin 113-4, 117, 122-4
Boakes, Robert 284
Bohr, Niels 48
botânica 76
Boyle, Robert 164-5
Bradlaugh, Charles 260
Budismo 150, 165, 348
Burnet, Thomas 263

C
caça 333-4, 343, 350
caça às bruxas 158-9
capitalismo 167, 171
Carlyle, Thomas 206-7, 345
Carnap, Rudolf 45, 57
Carson, Rachel 330
causação 115-6, 123, 152, 159
cérebro: agência 113-4, 122-4
    e a alma 46-7
    e consciência 56-8
    e pensamento 121
    figura/imagem da máquina 55-7
    visão platônica 253

céu 251-3
Chaucer, Geoffrey 341
ciência: atômica 237, 243, 246-8
    biologia 60, 80, 82-3, 140
    química 68, 81-2, 86-7
    complexidade 59-62
    emoções e 299
    hierarquia de valores 255-8, 261-2
    influência da 27, 132-4, 142
    matemática 261-2, 265-6
    significados 132-4
    mecanismo 30-1, 55-6, 243-6, 278-80
    ciências naturais 40-3
    objetividade 24-7, 52-4, 167-8, 292
    onicompetência 24-5, 30-1, 43-7, 61-4, 86-7
    profissionalismo da 284
    e religião 52
    simplicidade 261-4, 277, 291-2
    subjetividade 292-4
    valores da 24-7, 41, 46-8; *ver também* física; ciências sociais
ciências sociais: behaviorismo 28
    "científicas" 59, 133, 141
    civilização 345, 349
    profissionalização das 285
    classe 179-80
Clodd, Edward 139n
Clonagem 227-8
Cobras 300
Invisible College 164-5
Coleridge, Samuel Taylor 164-6

complexidade 56, 59-62, 276
computadores 210-1, 232-4,
　246-9
Comte, Auguste 45, 51, 132
conhecimento 67-73, 87-8
consciência 56-8, 60-4
　animais 278, 282-3, 288-92,
　　295-308
　aspecto social da 288
　parcimônia 287-8
　psicologia 60-1
　visão behaviorista 187, 283-4
　visão epifenomenológica 93-4
conservação 322-3, 343
construtivismo 64
contrato social 30, 34-9, 193-4
Coolidge, Calvin 345
Copérnico 254, 262
Cornwell, John 79
Crick, Francis 83
Cristianismo 50, 52, 96-7, 101,
　253, 348
crueldade 220, 225, 299, 310-4
cultura: espécies culturais; 180-3
　memes 128

D
Dante, Alighieri 253
Darwin, Charles: e Aveling; 258-
　60
　críticas de 120,133, 138-9,
　　269-70, 273-4
　e darwinismo 145
　e simbolismo 286
　e Spencer 169-72

estudo das minhocas 258-9
religião 259-60
reverência pela natureza 41, 261
teoria da evolução 60, 269-70,
　273-4, 282-3
Davies, Paul 56-8
Dawkins, Richard: sobre agência
　112-13
　sobre *memes* 128-30, 144, 149,
　　153, 156
　reducionismo 80, 106, 151
　darwinismo social 169-72
　de Toqueville, Alexis 159, 183
　Demócrito de Abdera 75, 142
　Dennett, Daniel: sobre *memes* 145-8,
　　150, 153-4, 157
　sobre o *self* 151
　teoria do tudo 134, 138-9
deriva continental 270
Descartes, René: sobre animais
　278
　dualismo mente/corpo 83, 90,
　　94, 115-7, 123, 137, 150-2
　racionalidade 62-4
　sobre mudança ideológica 28
　teoria do tudo 62-4, 67-8, 82-3,
　　243
desconstrução 145-6
Desmond, Adrian 259n
determinismo biológico 191
determinismo genético 247
Deus 99-100, 174, 242-3; *ver
　também* religião
dimensão acima/abaixo 251-3,
　261, 271-2

direitos dos animais 308
　e abate 319-22, 324-5
　e conservação 321-2
　e contracepção 322-4
　e o bem-estar humano 310-4
　vs "ecologia profunda" 309, 319-22
direitos humanos 35-8, 224, 326-7; *ver também* direitos animais
direitos; *ver* direitos dos animais; direitos humanos
doença da vaca louca 219-20, 241
dualismo mente/corpo: alienação 237-8
　conflito interno 189-91; *ver também* vontade
　dualismo residual 59-60, 64, 91-3, 131-4
　epifenomenalismo 92-4
　gênero e 193-6, 206-8, 213
　intelecto 210-3
　redução idealista 90-2, 187-90
　rejeição ostensiva 213
Dyson, Freeman 210-1

E
Eckhart, Meister 231
ecologia: contracepção animal e 323-4
　abate e 319-22, 324-5
　dilemas 319-28, 350-3
　ecossistemas 307, 309-12
　ideais 318
　turismo e 322
Einstein, Albert 48, 57, 85-6, 243
Eisner, Thomas 236, 242
elefantes 323
Elshtain, Jean Bethke 227-8
empirismo 137-8
Engels, Friedrich 163-8
Epifenomenalismo 93-4
Épinay, Madame d' 193-4
Escravidão 219, 222
espaço: astronomia 254-6, 261-3
　a Terra no/a partir do 271-2
　colonização do 80-1, 107, 210-1, 350
　evolução 269
　superioridade do 252-3
espécies: algenia 231-43
　ataques sobre 220-1
　barreira das 228-30, 269-70, 274-6, 283-4
　híbridas 230
　reintrodução de 329, 351
　transformação 236-8; *ver também* animais; *Homo sapiens*
estoicismo 40
ética; *ver* direitos animais; moralidade
etologia 271, 278, 283, 301
evolução cultural 161-4; *ver também* seleção natural; mudança social
evolução 22
　como progresso 44, 182-3
　cósmica 269
　do Homem 269-70, 282-3
　e biologia 82-3
　espécies 230
　funções evolutivas 230
　genes 80, 248

Lei de Spencer 169-70; ver
também evolução cultural
  objeções à 269-70
existencialismo 201-2, 208-10
Extropistas 235

F
Fanatismo 314-5, 318
Fatalismo 153, 160, 163-6
Fé 155-6
Feminismo 196-9, 206
figura/imagem da máquina 29-31,
  55-6, 238, 242-3, 278-80,
  287-8
Firestone, Shulamith 224
física: causação 115-6
  e química 68, 81-2
  mecanismo 29, 55-6, 243-6,
    278-80
  objetividade 52-7, 67
  onicompetência 86-7
  primazia da 82-7
  teoria do tudo 56-8, 62
  termodinâmica 269
Flaubert, Gustave 157
fonemas 130-1
Foot, Philippa 202-3
Ford, Henry 54
Fossey, Dian 278
Freud, Sigmund 100, 104, 199,
  338

G
Galileu, Galilei 48, 52, 63, 82, 262
Gandhi, Mahatma 345

gênero 193-6, 205-8, 213; ver
  também misoginia
genes/genética 80, 148, 248; ver
  também bioengenharia
geologia 266-7, 271
Godwin, William 166
Goodall, Jane 278, 298-9, 322
Gould, Stephen Jay 267n
Green, Karen 158-9n
Griffin, Donald 289-3

H
Haldane, J. B. S. 48, 107-8
Hare, R. M. 209
Hawking, Stephen 86
Hegel, Georg Wilhelm Friedrich
  173, 269
Heidegger, Martin 199
Heisenberg, Werner 48
heterogeneidade 169-71
Hobbes, Thomas 51, 77, 84, 96-7,
  104
Homo sapiens: clonagem 227-8
  evolução 269-70, 282-3
  filhotes 295-6
  horizontes em expansão 33-4
  natureza humana 224, 275-7,
    280-3
humanidades 59, 152-3
humanismo 40, 100, 152-3, 259-
  60, 349
Hume, David 90-3, 96, 133-4, 137
Humphrey, Nicholas 153, 289
Hutton, James 266-9
Huxley, T. H. 48, 93-4, 103

I

idealismo 64, 92-3, 97, 154
"ideia reguladora" 73
identidade 192, 205-10, 212, 276
ideologia neoclássica 165
Iluminismo: versão britânica do
   164-6
   e individualismo 188-90, 193,
      253
   e natureza não humana 40, 173,
      225, 250, 279-82, 346
   liberdade 29, 172-3
   mitos 29, 43-4, 61-4, 132-4,
      192
   moralidade 36
Ilusão 85-6, 89, 150-1
Imparcialidade 166-8
imperialismo intelectual 43-4, 59,
   62
individualismo: desvantagens do
   30, 37
   a alma 188-9
   e sociedade 183, 191-3, 350-1
   gênero e 199-201, 207
informação 88, 148
intelecto 209-12, 253-5
inteligência artificial 210-1, 232-4,
   242, 248
Islã 349

J

James, William 338
Johnson, Samuel 293
Judaísmo 101, 349
Jung, Carl Gustav 101

K

Kant, Immanuel 138
   sobre ideias reguladoras 73
   sobre moralidade 199-200,
      202-4, 316
   sobre a vontade 200, 209
Kelvin, Lord (William Thomson)
   120
Kepler, Johannes 263
Kierkegaard, Soren Aabye 173-4,
Kingsley, Charles 269
Kurzweil, Ray 233

L

Lamarck, Jean Baptiste de 45, 107
Laplace, Pierre Simon de 244
Lederberg, Joshua 231
Leibniz, Gottfried Wilhelm 137,
   143
Leões 341-2
Leucipo de Mileto 142
Lewis, C. S. 342
liberacionistas de animais 309,
   317
liberdade 30, 170-1
Libet, Benjamin 151
literatura 145, 157
livre comércio 170-1
lobos 329-31, 334-6, 343-4
Locke, John 132, 137, 165
Loeb, Jacques 130
Lorenz, Konrad 283
Lovelock, James 41, 257, 271
Lyell, Charles 182, 268-9
Lyons, John 130n

M

Margulis, Lynn 60
Martin, Gerry 180-2
Marx, Karl; e Aveling 258
  influência de 165, 242
  sobre a natureza 338
marxismo 107, 145, 166-8, 184
  como ideologia científica 31, 51, 166-8
  e injustiça social 172
  fatalismo 166
  ilusão de imparcialidade 167-9
matemática 63, 261-3, 265-6
materialismo 63, 90, 96-7, 107-8, 164
materialismo dialético 107-8, 163
Mead, Margaret 161
mecanismo do relógio 55-6, 82-3, 283-4; *ver* figura/imagem da máquina
medicina 54, 92,135
megalomania 107
meio ambiente: animais e ecossistemas 309-14, 317
  alteridade 331-4
  antropocentrismo 344-8
  conservação 321-2, 343
  dilemas 319-28, 350-3
  mundo selvagem 331-4
  pensamento do contrato 348
  preocupação com 39-43, 344-53
  prioridades 329-31, 351-3
  reintrodução de espécies 329, 352
memética 127-31, 134, 142-57

mente 56-8, 83, 187-90
metafísica 92
metáfora gravitacional 67-9
métodos históricos 69, 87-8, 162
Mill, John Stuart 165, 206-7, 316
minhocas 258-9
Minsky, Marvin 51
misoginia 193-201, 208
mitos 21-4, 27-31, 228; *ver também* simbolismo
modernidade 43-7
Monod, Jacques 24
monstros 228, 280
Montaigne, Michel Eyquem de 225
Moore, James 170, 259n
moralidade: atos e consequências 215-21
  "artificial" 221-8
  background comunal 200, 203-4
  bem comum 321
  como contrato 34-9
  fanatismo 313-5, 317
  papel do sentimento 220-1, 225
  pluralismo 315-8
  privatização da 199-206
  redução e 96-100
  subjetividade *vs* objetividade 93-9
  utilitarismo 315-16; *ver também* direitos dos animais; direitos humanos
  valores inventados 201-2

Moravec, Hans 232-3
Morris, Dick 55
motivação 90-2, 103-6, 156-7, 185, 282
movimento "humanitário" 225
Movimento pela Unidade das Ciências 62
mudança social: atitudes em relação à natureza 350-3
   como desígnios de Deus 174
   evolução cultural 161-4
   expandindo horizontes 32-4
   fatalismo 163-6
   Hegelianismo 173
   ideias 27-30, 146
   imparcialidade 166-9
   "leis da história" 172
   mecanismos 183-6
   seleção natural e 175-86
   spencerismo 169-74
mudança: mitos 27-30
   reversibilidade 269
   tecnologia 243-50; ver mudança social
mundo selvagem: ambivalência sobre 331-4
   caça 333-6, 343, 350
   conquista da 336
   fronteira 350
   personificação de vícios 334-5
   santimônia 335-9

N
Nagel, Thomas 65, 96
natureza: atitudes em relação à 350-3

civilização e 344, 349
reverência pela 39-42, 261, 348-52; *ver também* mundo selvagem
Nehru, Pandit 46-51
neurociência 121-2, 143
New Scientist 86
Newton, Isaac: e Eckhart 231
   e mecanismo 243
   o Iluminismo e 131-3, 165-6
   sistema eterno 266, 269
   sobre utilidade 90-2
Nietzsche, Friedrich: sobre mudança 28
   misoginia 199, 201
   sobre moralidade 199-201, 206
   sobre poder 75-6, 80
   religião 97

O
objetificação 52-7
objetividade: graus de 64-8
   científica 24-7, 52-7, 166-9, 292
   moralidade 96-9
Occam, Guilherme de 154
Odisseia 145-6
onicompetência 24-6, 30-1, 43-5, 62-4, 86-8

P
Paine, Tom 166
parcimônia 76-8, 287-9
pássaros 290-1
pensamento 133-5

considerações morais 96-9
dogmatismo 44
dualismo residual 59-60, 64, 131-4
e ação 116-27
memes 127-31, 134, 142-57
minutíssima 141-5
objetividade 64-8, 93-9
percepção 70-7
pontos de vista 70-3, 112-4, 115-20, 161-2
subjetividade 64-6, 93-9, 124-5, 292-3
visão platônica 253
percepção 69-73
Pinker, Stephen 147, 187
Pitágoras 261
Platão 223, 253-5, 261, 263
Playfair, J. 266-7
pluralismo 71-3, 111-2, 115-24, 315-6
poder 33-4, 52, 75-6, 80, 98
política 34-6, 52, 97, 170, 206, 308, 313, 247
Pope, Alexander 245-6, 281-2
Popper, Karl 133, 141
porcos 304-6
porquinhos-da-índia 304-5
positivismo 45
preocupação parental 104, 289-91
primatas 295-300, 321-3
Princípio Antrópico Forte 253-4
progresso 30, 33-4, 43-5
psicologia 52-4
  animais 282-3

consciência 60-2
e a alma 100-1; *ver também* behaviorismo
redução 98-9, 103-8
psiquiatria 92, 101

Q
Química 68, 81-2, 86-7

R
Racine, Jean 157
racionalidade 62-4, 138
ratos 300-1, 310, 335
razão: e sentimento 36-7, 215-8, 220-3
  o *self* 192-3, 210
  vontade 210
realidade 72-3
  e ilusão 84-6, 89
realistas 34-5
redução: austeridade 79-82
  considerações morais 96-9
  epifenomenalismo 92-4
  idealismo 64, 91-3, 97
  materialismo 64, 90, 96-8, 107-8
  neutralidade de valor 76-87
  padrões de informação 123
  psicológica 998-9, 103-8
reducionismo 62, 75-9
relatividade 246
religião: anticlericalismo 96-7
  ateísmo 52, 97, 99, 259-60, 349
  Budismo 150, 164, 349
  ciência e 52, 263-4

Cristianismo 50, 52, 96-7, 101, 253, 349
Deus 99-101, 174, 243-8
escolha 173
fé 156
humanismo 40, 99, 156-8, 259-60, 349
Islã 349
Judaísmo 101, 349
pensamento religioso 221
respeito pela natureza 348-52
Renascimento 158, 262
responsabilidade 115
Rifkin; Jeremy 249
Rogers, Will 345
Romantismo ingles 164-6, 345
Roosevelt, Theodore 343
Rousseau, Jean-Jacques: individualismo 199
  misoginia 193-4, 199-201
  reverência pela natureza 40, 345, 349
Royal Society 164
Russell, Bertrand 97

S
Sagan, Dorion 61
santimônia 336-9
Santo Agostinho 40
São Paulo 190
Sartre, Jean-Paul 199, 202, 205-7, 208-9,
Schaller, Arthur 278
Schopenhauer, Arthur 201
Schrödinger, Erwin 48

Schumacher, E. G. 345n
Secularismo 97-9
seleção natural: abstrações 177, 182-4
  artefatos 180-2
  como *designer* 245
  conceito biológico 140
  mudança social e 175-86
  unidades de seleção 176-80
self 150-2, 192-3, 210
sentimento: escolha e 213
  ciência e 299
  papel na moral 220-2, 225
  razão e 36-9, 215-7, 220-3, 225
Serpell, James 303
Shakespeare, William 157, 342n
simbiose 153
simbolismo: animalidade 271
  animais como manifestação de vícios 271, 274-5, 300, 304-5, 334-5
  animais como manifestação de virtudes 341-3
  atomismo 21-4, 37, 89
  bioengenharia 237-8
  dimensão acima/abaixo 251-2, 261, 271-2; *ver também* mundo selvagem
  e significado 21-4, 94, 228, 249
  figura/imagem da máquina 29-31, 55-6, 238, 242-3, 278-9, 287-8
  monstros 228-9, 280
  ratos 335
  tecnologia 22, 248-9

simplicidade 60, 261-3, 277, 291-4; *ver também* reducionismo
Sinsheimer, Robert 231-2, 242, 245
Skinner, B. F. 47, 53, 94, 103
Smith, Adam 172
sociobiologia 104-7, 190
Spencer, Herbert 139, 169-74, 184
Spengler, Oswald 172
Spinoza, Benedictus de 137
Squire, J. C. 246
Stock, Gregory 232-5, 242
subjetividade 64-5, 94, 124-5, 293-4, 297

T
Tales de Mileto 75
taylorismo 54-5
tecnologia: inteligência artificial 210-1, 232-3, 242, 248
    computadores 210-1, 232-3, 246-9
    figura/imagem da máquina 29-31, 55-6, 238, 242-6, 278-9, 287-8
    mudança 243-50
    simbolismo 22, 248-9; *ver também* bioengenharia
tempo 86, 267-9
tendência autodestrutiva 156-7
Tennyson, Alfred, Lord Tennyson 337-8
teoria de Gaia 41, 60, 265, 271

teoria de tudo 56-8, 63, 134, 138-9
Terra: geologia 266-7, 270
    como oposição ao céu 252-4
    formato 263-4; *ver também* teoria de Gaia
    no/do espaço 271-2
Thomson, William, Lord Kelvin 120
Thoreau, Henry David 350
Tinbergen, Niko 283
Tipler, F. W. 248n, 254n
Tolstói, Leon 157
tortura 219, 225
Toynbee, Arnold 172, 184
tropismos 131

U
uniformitarianismo 268
universalismo 56-8; *ver também* onicompetência
utilitarismo 315-6
valores: inventados 201-2
    ciência 24-7, 41, 46-51
    conceitos de 279-82
veterinários 303

V
Vico, Giambattista 269
vontade 188-9
    individual 192-3
    moralidade 199-201, 204-6
    ousadia 191
    primazia da 211-3
    razão *vs* sentimento 206-8

W

Waddington, Conrad 24
Walpole, Horace 195
Warens, Madame de 193-4
Watson, J. B. 53, 224, 278, 283
Weinberg, Steven 255-6
Wells, H. G. 45
Williams, Bernard 100
Wilson, Edward O. 41
    sobre cultura 141-4, 152
    sobre *minutissima* 141-4
    sobre motivação 105, 105n
    sobre sociobiologia 105-7, 107n
Wollstonecraft, Mary 166, 195-6
Wordsworth, William 40, 164-6, 345

Z

Ziman, John 177-8, 180-2

SOBRE O LIVRO

Formato: 14 x 21 cm
Mancha: 23 x 44 paicas
Tipologia: Venetian 301 12,5/16
Papel: Off-white 80 g/m^2 (miolo)
Cartão Supremo 250 g/m^2 (capa)
1ª *edição*: 2014

EQUIPE DE REALIZAÇÃO

Edição de texto
Nair Hitomi Kayo (Preparação de original)
Roberto Candido Francisco – Tikinet (Revisão)

Capa
Moema Cavalcanti

Editoração eletrônica
Eduardo Seiji Seki

Assistência editorial
Jennifer Rangel de França